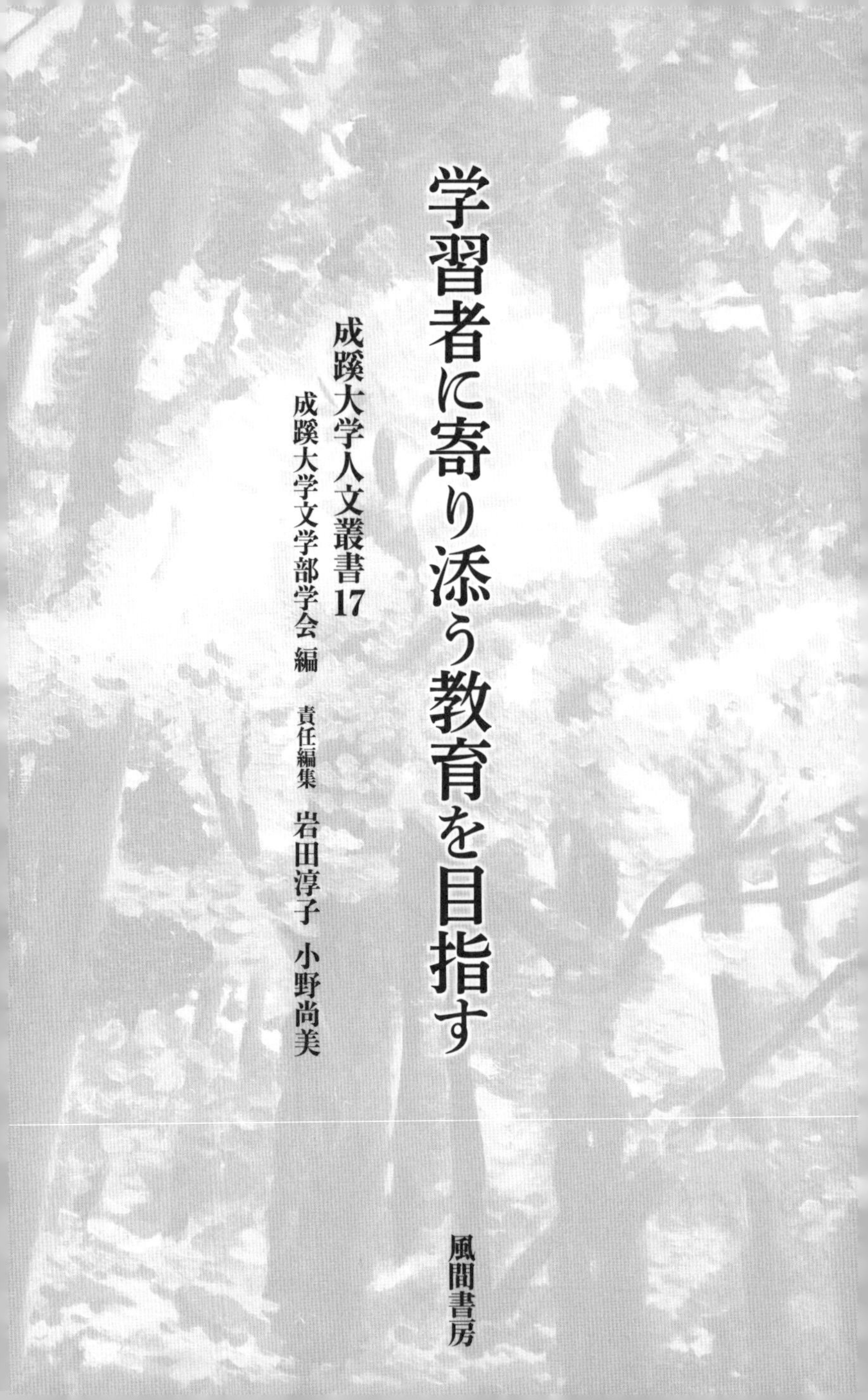

学習者に寄り添う教育を目指す

成蹊大学人文叢書17

成蹊大学文学部学会 編

責任編集 岩田淳子 小野尚美

風間書房

はじめに

文部科学省は、二一世紀を展望した日本の教育の在り方について、成長過程にある学習者の「生きる力」の育成の重要性を強調している。「生きる力」という文言は平成一〇〜一一年改訂の学習指導要領に初めて記載されて以降、それを表す内容を洗練させながら令和の時代となった今回の新しい学習指導要領にも生かされている。学校教育の目標として学習者の「生きる力」の育成は、改めて述べる必要があるだろうかと考えるくらい説得力のある目標である。私たちは一生涯学校で学ぶわけではなく、また学校ですべての教育を完結するわけでもない。学校である一定期間学んだ知識や学びを通して育まれた経験は、学校を卒業した後の長い人生に起こり得るあらゆる場面に何等かの形でその成果が発揮されるはずである。

新しい学習指導要領（小学校は二〇二〇年度から、中学校は二〇二一年度から、高等学校は二〇二二年度から全面実施となっている）では、児童生徒に身につけて欲しい資質・能力として、①「知識及び技能」②「思考力、判断力、表現力等」③「学びに向う力、人間性等」を示しており、すべての教科で、これら「資質・能力の三つの柱」に基づく学習者の学びを育むとしている。さらに、「どのように学ぶか」を重視し、主体的・対話的で深い学び（アクティブ・ラーニング）の視点から授業改善に努めることが明記されている。新しい学習指導要領リーフレットには、目指す授業として次の例が挙げられている。
・一つ一つの知識がつながり、「わかった！」「おもしろい！」と思える授業
・見通しをもって、粘り強く取り組む力が身に付く授業
・周りの人たちと共に考え、学び、新しい発見や豊かな発想が生まれる授業
・自分の学びを振り返り、次の学びや生活に生かす力を育む授業

このような授業は、学習者と授業者が共に創り上げていくとともに、授業者は学習者の能力を一様に扱うのではなく、多元的な視点からそれぞれの学習者の特徴や個性を見極め、その特徴や個性を伸ばす教育が重要であると考えられる。なぜなら、学習者が「今」有している知識及び技能、思考・判断・表現する力、主体性や意欲は、個々に異なり、往々にして躓きながら学んでいるからである。多様な学習者の学習意欲を高め、生き生きとした学びを実現させる、この難問に私たち教育者が取り組むことは責務であろう。

本書は、初等・中等教育、および大学での学びが、学習者の今と未来へとつながり、それぞれの思い描く幸せを実現してほしいとの願いのもとに、教育に携わる研究者が、それぞれの専門的視点から、学習者に寄り添うための教育を目指して編んだものである。

小野尚美は、英語教育の立場から、日本の英語学習者にとって重要な英文読解能力をいかに育成すべきかについて、読解指導における読みの躓きの原因をこれまでのように読み手要因からではなく、躓きを引き起こすテクスト要因の究明という切り口で周到な研究を行った成果を報告し

ている。二〇二〇年度から公立小学校五、六年生の英語が教科となるこの時期に、現任英語科教員はもとより英語科教員を目指す学生にも有用な論文である。

宮下敦は、理科教師としての長年の教育経験を基礎として、理科における躓きの克服と、対話的・主体的な深い学びを目指す教育が、第二次世界大戦後数十年間の間、日本の理科教育において実現されていたことを、理科教育全体を俯瞰しながら丁寧に説明した論文である。付録に掲載された理科教育史年表は我が国の理科教育にとっても極めて貴重な資料である。

稲葉佳奈子は、スポーツ社会学者であり成蹊大学ではスポーツ科目も担当している。「体育嫌い」を生みだす体育のありよう、体育固有の文化的構造等を論じた上で、大学での体育教育がもつ可能性と課題について論じている。「体育嫌い」は身に覚えのある読者が少なからずいるであろう。「わかる!」「そういうことだったのか」と読者の苦笑いを誘う論文である。

喜岡淳治は、小学校児童を主たる対象として、「覚えること」ではなく「わかること」に関連する学びの重要性について述べている。子供たちはどこで躓いてしまうのか、そのために学びが中断し、次の学びへのつながりが途絶えてしまうのか、もう一度学び直したいと思ったときに、教師はどのように支援していくことができるのかについて、算数、国語、体育の三教科を中心に考察している。

松沼光泰は、「既有知識」、特に誤った知識あるいは不十分な知識を持っている学習者の学びに着目し、それらを効果的に修正するにはどうしたら良いか（教授方法）について注意を払うことによって学習者の躓きにアプローチした。教育実践から何を学問に生かしていくか、理論を実践にどう生かしていくか、課題であり続ける現場と学問の関係性を「教育の改善に資する」教育心理学の大きな目標として真摯に論じている。

馬上美知は、「できなくなる」「できないことを知る」という人間の衰退や喪失、無力といった人間の有限性、脆弱性に伴う自己変容における学びと教師の役割をヌスバウヌの思想、共苦という概念から考察した。教育哲学は、読者にとって馴染みのない学問分野であると思われるが、学習者に寄り添う教育の視点として、それを知る契機となるかもしれない。

最後の二つの論文は、「躓き」ではなく「障害」がキーワードの一つである。文部科学省は、共生社会について「これまで必ずしも十分に社会参加できるような環境になかった障害者等が、積極的に参加・貢献していくことができる社会である。それは、誰もが相互に人格と個性を尊重し支え合い、人々の多様な在り方を相互に認め合える全員参加型の社会である。このような社会を目指すことは、我が国において最も積極的に取り組むべき重要な課題である。」と位置づけている。

澁谷智子は、コーダ（聞こえない親を持つ聞こえる子ども）やヤングケアラーなどの研究で知られる社会学者である。成蹊大学におけるノートテイク制度の成り立ち、仕組み、運用の手順や方法などをまとめた貴重な記録が論文としてまとめられた。ノートテイクを必要とする人と提供する人が必要な時に情報を適宜参照できる手引きである。同時にインタビューで得られた語りには説得力があり、知識を得られるのみならず、さまざまな立場の思いに引き込まれる論文である。

岩田淳子は、授業に参加することに困難を抱えている学生に着目した。身体障害のある学生の大学進学にかかる困難、精神障害（発達障害を含む）のある学生の授業参加の困難と合理的配慮、そして一般の学生の能動的あるいは主体的な授業参加の困難の三点を軸に据えて論じた。学生相談カウンセラーとして学生に寄り添うミッションをも持つ立場からの論考である。

以上のように本書は、教科教育の立場からだけでなく、教育学、教育心理学、教育哲学、社会学、臨床心理学の立場から、学習者に寄り添う視点の意味について考察している。近年、どの校種においても教育効果を上げることが益々難しくなってきているとの声も聞かれる。学びの過程で起きる学習の躓き、学びのテーブルにつく困難に対して、教育者が学習者にいかに寄り添い、躓きをはじめとした、さまざまな学習上の課題に向き合うのかという喫緊の課題があるとの共通認識の基に書かれた論文集である。

学習者の躓きに向き合い学習者に寄り添う教育を目指すために、現任の学校教師はもとより教職を目指す学生、教育に関心を持つすべての方々がさまざまな視点から問題解決方法について語り合うための素材を提供できることを願っている。

二〇二〇年三月二五日

編著者　岩田　淳子
　　　　小野　尚美

学習者に寄り添う教育を目指す　目次

英文読解プロセスの再考

――テクスト構造と日本の英語学習者の読みの躓き――

小野尚美

はじめに

日本語を主要語とする人々にとって、英語で読む能力はとても重要である。メディアの発達とともに、私たちは毎日多くの情報が分刻みで入ってくるという情報化社会に生きており、優れた情報処理能力が要求されている。日本では英語を外国語として学んでいるので、日常生活でどうしても使わなければならない状況は少ないが、近年ますます英語で提供される情報が私たちの社会生活には欠かせなくなってきている。日常生活においても英語で書かれたテクストを読む機会は年々増え続けており、英語によるテクスト理解能力は必要である。特にインターネット上で提供されている情報量は多く、また頼りになるものが多い。二〇一七年のデータによると、世界のネット使用人口四一億六千万人のうち最も使っている言語は英語で、使用者数全体の二六％にあたる一〇億五千五百万人が英語による情報を使っており、次に多い言語が中国語で八億四百万人と全体の一九％を占めている（小柳 2019）。ちなみに日本語のネット情報を使っている人の数は一億千九百万人で全体の三％となっている（前掲 2019）。英語でネットから情報を得ている人達の中には英語を第一言語としている人達だけでなく第二言語や私たちのように外国語として英語を使っている人も含まれている。情報収集を英語で行う機会がますます多くなってくる中、インターネット検索で読むテクストは、内容的にも文構造という点からも、学校で読んでいる検定教科書にあるような教育目的のために整えられた教材とは異なり、多様な内容と英語表現を含むものになる。このため、日常生活の中ではあらゆる種類のテクストを英語で理解する必要性が高まっている。

日本の早期英語教育において、読み書き指導の重要性が認められている。二〇二〇年度から日本の公立小学校では五、六年生の英語が「外国語活動」から「必修教科」となり、授業時間数も三五時間から七〇時間に増え、英語による読み書き指導も本格的に始まる。「本格的に」と述べた理由は、いくつかの私立小学校、国立小学校では既にそれぞれの学校のカリキュラムの中で独自に英語を教えているという事実があり、また公立小学校でも二〇二〇年度からの読み書き指導の導入を見据え、二〇一八年と二〇一九年が二〇二〇年から始まる教科としての英語科目の移行期間となっていて、小学校では新学習指導要領対応外国語教材の *We Can!* を使って既に読み書き活動を行っている。また、この期間に英語の授業数を七〇時間確保する動き（二〇一八年では全公立小学校一九、三三三校のうち二九％の学校が五、六年生の英語の七〇時間の授業を確保し、二〇一九年には四二%の学校が五、六年生のための英語の授業を七〇時間確保する）もあり（文部科学省 2018a）、二〇二〇年度には七〇時間を有効に使って英語指導ができるカリキュラムへと整えていくことが課題となってくる。音声によって理解した英語を書記言語で理解することで、その英単語や英語表現が学習者の記憶により残るという利点があるため、小学校の英語指導で「聞き話す」活動だけでなく、「読み書く」活動を入れていくことは、英語習得を目指すのであれば理にかなっている。また小学校高学年で英語の読み書きを始めることにより、中学校からの本格的な英語による読み書き活動との連携を図ることができる。

　日本の中学校や高等学校での英語の授業では、現行の学習指導要領が強く主張しているように四技能（聞く、読む、話す、書く）を統合的に教えることを目指しているが、実際には発信する能力である英語で話す・書く指導の時間が英語で聞く・読む指導よりも少ない（早瀬 2017）。四技能間の差に関しては、文部科学省の平成二九年度英語力調査結果（中学三年生・高校三年生）の概要の中で示されている高校三年生の英語力の

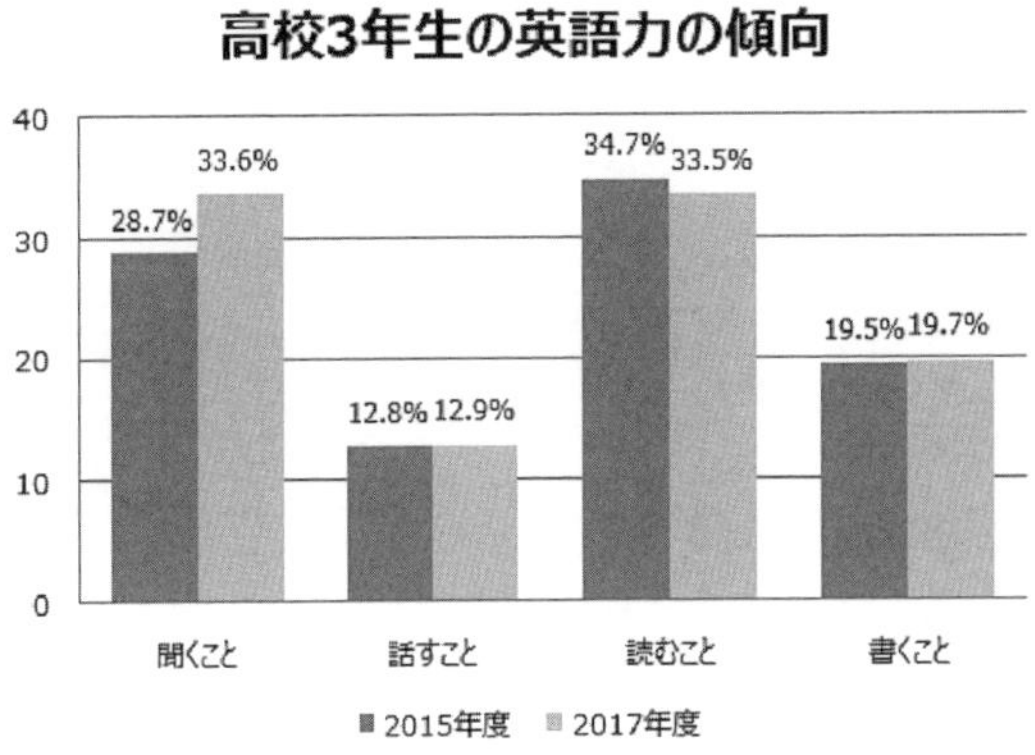

グラフ１　高校３年生の英語力の傾向

傾向を表すグラフからも分かるように、聞く・読む技能の方が英語で話す・書く技能よりも高い(1)。英語で聞く読む訓練のために時間を多く費やしていることと前頁のグラフから推察すると、日本の英語学習者は英語で聞く・読む能力が向上していると考えられるかもしれない。しかし、このグラフの値は、CEFR（ヨーロッパ言語共通参照枠）A1上位レベル以上の割合を表しており、四技能全ての目標である五〇%にはまだどのスキルも到達していないことになる（文部科学省 2018b）。日本の英語学習者の英語力は、どのスキルもさらに改善されなければならない。

言語学習において当該言語によるインプット（または理解能力）は、アウトプット（または発信能力）のために重要である。聞く・読むことにより得られる言語知識（competence）は、話す・書くといった発信（performance）の前段階として十分に蓄積される必要がある。その中でも読むことで得られる知識は、文字を媒介として蓄積されるので人の記憶に残りやすくなる。読むことによって、言語活動のための情報源（information pool）を豊かにすることができる。さらに、人が聞いたり読んだりすることで理解できる語彙量は、実際に話したり書いたりすることで運用できる語彙量よりも多いと言われている（小野・高梨 2018）。そのため受容している語彙数をなるべく実際のコミュニケーションに使えるように訓練しなければならない。日本では中学校と高等学校を通して英語の授業では読む活動には多くの時間を費やしている。また、語彙を暗記し、文法規則の知識に基づきテクスト分析をしながら英語で書かれた文を理解する活動を多く行っているため、日本の英語学習者は、四技能のうちで「読む」スキルは最も得意だと考える傾向がある。

しかし前述したように、CEFRを基準とした英語力の判定では、未だ目標値までは届いていない現実があり、日本の英語学習者の読む力は、他のスキルと同様により一層改善される必要がある。英語で読む能力は、情報化社会で必要なスキルであること、またコミュニケーション能力養成という視点から他のスキルの発達に影響を及ぼすことから、本稿では日本の英語学習者にとって重要な英文読解能力をいかに育成すべきかについて論ずる。そして、従来の読み手の語彙力と文法力を養成する訓練や背景知識の改善が読解能力を発展させることができるという読み手要因に注目するだけではなく、読み手の躓きを引き起こすテクスト要因を究明することがさらに読解能力改善の鍵であろうという発想から実施した調査とその結果について述べる。

一　読み手要因に注目した読解理論と指導法

二〇二〇年度から公立小学校で英語の読み書き指導を実施するといっても、まずは絵本やテクストに書かれているアルファベット文字を目で見て認識し、聞いたことのある英単語の音と文字と意味を一致させる訓練から入る。また書く指導の始めの一歩は、アルファベット文字をなぞる、テクストに出てくるアルファベット文字や単語をノートに書き写すこと（書写）から始める。アルファベット文字に慣れ親しむレベルから始めるのだが、テクストにはイラストが十分に入っているので、学習者はテクストを音読しながら、イラストの助けを得て意味の推測をすることで英語の文字、単語理解が可能になる。学習者は、英語について既に知っている事柄や様々な知識を駆使して、英語の音の体系、文字、意味の関係を理解していくのである。このような状態はemergent literacy（リテラシー発現）ということばで説明できる（小野・高梨 2014）。学習者は学校で初めて英語を学ぶのだとしても、英語についての何らかの知識は既に持っていて、その知識だけでなくそれまで他の教科などで学んできたことを活用して英語学習に役立てることのできる能力が既に備わっている（前掲 2014）。二〇二〇年から小学校五年生と六年生の英語が教科となるが、二〇一九年まで期間限定で使われている英語教材 *We Can!* では六年生の「夏休みの思い出」という単元で過去形が使われている。文法事項として教えるのではないが、過去形や"he"と"she"が入っている話を読むことは、中学英語でこの文法規則を学ぶときの素地作りに役立つはずである。もし、教材の文字を読む、文字を書くという文字指導を行わずに音声を聞いたり話したりするだけだとすれば、英語の文の切れ目の理解や英単語が記憶に定着せず、中学校で本格的に学ぶ英語学習との連携が難しくなる（小野・高梨・土屋 2017）。どんなことばを習得するときでも音声言語からだけでは習得は難しい。音の理解から始めて、音声で聞いたそのことばを文字で認識し声を出して読んで内容を理解し、聞いて読んだ単語を実際に書き写してみるという一連の活動を通して、やがて学習者は音、文字、意味を結びつけることができ、記憶にも定着させながら英語を取り込んでいく（小野・高梨 2014；小野・高梨・土屋 2017）。

小学校における英語学習は、中学校での英語学習の素地になると考えられている。特に英語による絵本の読み聞かせは、中学校の授業で英文を読む機会が増えてくることを考えると重要な活動である。一人でテクストを読む能力のある学習者（independent readers）の養成に役に立つからである。絵本には、文字も書かれているが挿絵があるため、文字を正確に読むことができない段階にある児童でも内容を予測しながら理解することができる。教師は、児童に身の回りで起こった出来事や既に知っていることを関連づけさせ、話の内容について質問する、次にどんなことが起こるか予測させるための質問をするなどインタラクションを通して、絵本の理解を促す。絵本の読み聞かせをするときの教師とのインタラクションは、ちょうど学習者が自分でテクストを読むプロセスと同じであると考えられる。例えばGoodman（1967）は、英語の母語話者を被験者とした実験結果から、読むことは、心理言語学的な推測ゲーム"a psycholinguistic guessing game"と結論づけている。読み手は、読んでいるときに自身の背景知識を活用しながら、テクストを読み進め、その内容について予測を立て、その予測が正しかったかどうかテクストに書かれている情報から検証し、もしその予測が間違っていることに気づいたときにはそれを修正しながらさらに予測を続け、内容理解をしていくという見解を示している（前掲1967）。背景知識を使う、予測する、予測を検証し修正または確認することを繰り返し行うという読み方は、まさに絵本の読み聞かせで教師がインタラクションを通して児童の理解を助けるために行っている指導と同じであるという理由から、絵本の読み聞かせは、自立した読み手（independent readers）を育てるための素地作りに役立つ重要な指導法といえる。Goodman（1967）の見解に対しては、実験に参加した被験者が英語の母語話者であったこと、またその被験者が上級の読み手であったことから、この実験結果をそのまま英語が第二言語や外国語である学習者の読解方法と同じとみなすことには疑問があるという批判もある。しかし、それまでの読解理論では、読み手はテクストから情報を与えられるという「読み手は受け身」と考えられていたが[2]、テクストとのインタラクションを通して背景知識を活用しながら、能動的にテクストの意味を理解し、さらに意味を構築（making meaning）していく読み手の役割の重要性を明らかにしたGoodmanの主張は、その後の読解理論と読解指導に大きな影響を与えている。この読み手の役割の重要性に基づく読解理論では、テクストそれ自体には意味はなく、むしろ読み手がいかに背景知識を駆使して意味を構築していくかによって「理解された内容」は違ってくるのだという考え方になっていく。読解過程とは、読み手がテクストとのインタラクションを通してテクストから意味を構築していく過程だという捉え方に基づき、読み手が効率よく背景知識を引き出し、蓄えた単語の知識を基に句や文の意味を構築することができるようになるためには、どのような読解方略（reading strategies）を教えるべきかに英語指導者の関心が集まっていく。大学で使われている英語の教科書に、skimming, scanning, guessing meaning from contextsといった読解ストラテジーを訓練するための問題が含まれている背景にはこのような理論が前提として存在しているからである。

読み手が積極的にテクストから意味を構築する過程について説明した理論の一つにスキーマ理論（schema theory）がある。絵本の読み聞かせの効果についてこのスキーマ理論によって説明することができる。絵本や昔話などの物語には典型的な話の展開がある。まず物語では登場人物が出て来て、何か事件が起きる。そして登場人物が行動を起こし、最後にその事件が解決していくという筋書きであるが、最終的にはその話で提起されている結論（またはテーマ）を読者が読み取るように導き出されるなど、物語の展開の仕方には型がある。いくつもの絵本を読み聞かせることにより、その物語の典型的な流れまたは型を理解するようになり児童は話の内容理解ができるようになる。このように物語構成についてのこうなるであろうという一連の予測を引き出すために活用することのできる一般化され構造化された知識群を物語スキーマ（story schema）という。この物語スキーマの概念は、Bartlett（1932）の記憶の研究から生まれている。Bartlett（1932）は、物語の recall（思い出すこと）の実験から、人が物語の内容で記憶に残っていない部分を自身が既に持っている物語スキーマを使って補いながら、話の内容を再構築していく現象に注目し、人は物語を読むことによって物語の展開についての物語スキーマを発展させていくのだと述べている。Bartlett の記憶の研究（1932）の後、多くの研究者が人の認知過程に関する調査を重ね、物語スキーマと読解力との関係について検証し、一九七〇年代になると読解における読み手の背景知識の役割を説明するスキーマ理論（Schema Theory）の中で体系化されていった。認知心理学の分野で生まれた用語であるスキーマは、読解理論の中では読み手が既に持っている背景知識または構造化された知識群と定義され（小野 2000）、読み手のスキーマを活性化することのできる読解前活動（pre-reading activity）をさせることで読み手の背景知識を活性化する訓練になり、テクスト理解能力を高めることができると考えられるようになった。スキーマ理論もまた、読解とは読み手がテクストから情報を得るといった受け身的な行為ではないという考え方に基づいており、その上で読み手がテクスト内の鍵となる手がかり（単語、句、文、いくつかの文の塊、さらにパラグラフ全体である可能性もある）を使って、それに関する背景知識を活性化しながらテクストの意味を再構築して、もしその再構築した内容とテクストに書かれている情報が一致すれば理解（comprehension）できたことになると説明している。また一方でこの理論によると、読み手がそのテクスト理解に必要な知識や経験がなかった場合や、間違った知識や経験を呼び起こした場合は、正確なテクスト理解はできないということになる。一九八〇年代の研究ではスキーマの範疇は、物語スキーマの他に社会文化的内容に関する知識群を意味する内容スキーマ（content schema）と、異なるレトリックタイプのテクスト構成（例えばcause and effect, problem and solution, comparison and contrast, descriptive paragraphなど異なるパラグラフのレトリック構造）に関する知識群を意味する形式的スキーマ（formal schema）に分けられ、これらのスキーマの読解力への影響について多くの研究が行われた（Carrell, 1983a, 1983b, 1984）。

この理論から、テクスト理解の過程では二種類の情報処理（テクストを理解すること）が行われることが考えられる。Bottom-up processingとtop-down processingである。Bottom-up processingとは、読み手が単語の理解、句の理解、文の理解というようにテクストの中の最小単位である単語の音声化と意味の理解から次第により大きな単位の理解を経てテクスト理解を進めていく理解の仕方であり、top-down processingとは、背景知識を使ってテクスト全体の意味を再構築しながら次第にパラグラフ、文、単語の理解といった小さい単位の理解へと進んでいくテクスト理解の仕方である。読み手は、読解過程でこの二つの情報処理を適宜行いながら理解していると考えられている。さらに、読解力のある読み手は単語及び構文解析能力が優れているためbottom-up processingが自動化され、テクスト全体の意味について背景知識を使って予測しながら理解(top-down processing)できるが、読解力の弱い読み手は、単語や文理解のレベルで躓いてしまうために、背景知識を活性化してテクスト全体の意味を予測することからテクストを理解すること(top-down processing)が困難であると考えられている(Grabe, 1991)。この読解の考え方は、読みの苦手な学習者には、単語力や文法力を高めるための訓練を行うことが読解力養成に役立つという示唆を多くの教育者に与えており、語彙習得研究に基づく指導法や構文解析能力を養成するための指導法にもその考え方が影響を与えている。

しかしながら、スキーマ理論に基づく読み手の理解のメカニズムについては疑問もある(Ono, 1998)。スキーマ理論では、社会文化的知識を特定できるもの、または量的に測ることができるものとみなしているが、実際読み手の持つ背景知識としての社会や文化についての知識は相互に関連し合いながら読み手に内在しているものであり、テクスト理解のための個々の独立した知識(entity)と扱っていいのだろうかという疑問がある(前掲 1998)。さらにこの理論では、テクスト理解をその文字上の正確な理解力(literal comprehension ability)とみなしているが、読む過程で出てくる解釈(interpretation)は読解能力と無関係とみなしていいのだろうか。このようにこの理論は、読みのプロセスの一部の現象を説明しているに過ぎないという見方ができる（Ono, 1998）。これらのスキーマ理論の欠点を補う考え方として、読み手の解釈がテクスト理解に影響を及ぼし、読み手自身が変化していくという視点から読解過程を説明する transactional model of reading という読解過程モデルがあり（前掲 1998）、このモデルは読解過程についてより説得力がある。いずれにしてもこれらの読解理論は、読み手要因に注目した考え方に基づいているという共通点がある。この読み手要因に注目した読解過程についての考え方は、ことばの意味の抽象性と読解行為の能動的な特性が根拠となっている。つまり、ことばは意味を運ぶ容器のようなもので、その意味は解釈をする側の背景知識や理解の仕方次第で異なってくる。また Goodman（1967）の研究結果が結論づけているように読み手はテクストから情報を受け取っているだけでなく、むしろ能動的に仮説検証を繰り返しながらテクストから意味を構築している。しかしながら、読解過程が読み手とテクストのインタラクションであるならば、英文読解能力養成を目的とする指導を行うためには、読み手要因からだけでなく、テクスト要因の影響も考えてみるべきであろう。なぜならば、テクストは、書かれたものであれ発話によるものであれ、単に情報を提供している文の集合体ではなく、そこには構造があり、何らかの目的があって発信されていて、書き手または話し手が繰り広げる論理があり、テクストの社会文化的特性、書き手または話し手の個人的特性も関係してくるため、書き手や話し手の目的とそのテクストの特性を理解していなければ、テクストを理解したことにはならないからである。(3) テクスト要因に注目した読解過程についての研究は、これまで読み手要因にのみ基づいてきた読解指導の弱点を明らかにすることが可能となるのではないだろうか。

二　テクスト構造の特徴と英文読解

テクスト（text）とは何か。それは、文字で表現されたもの（written texts）でもあれば発話により表現されたもの（spoken texts）でもあり、他の表現媒体でもあり得る。また、テクストは、孤立した一文ではなく、二文以上の文（書かれた文と発話文の両方を含む）が意味的につながっている談話（discourse）とも呼ばれる。談話は、ある特定の状況下で、ある特定の話し手と聞き手、書き手と読み手により、ある特定の目的をもって展開されているものである[4]（田窪 他 1999）。テクストも談話も語や文から構成されているものであるが、その本質は意味を表すものである（ハリデー・ハッサン 1991）。テクストと似た用語にコンテクスト（context）がある。読み手がテクストを読むとき、必ずテクストに伴ってコンテクストが存在する。コンテクストは、テクストと共に存在するもの（co-text）であり、口頭で発信された内容や書かれた内容を超え、さらに非言語的に表現されたものをも含み、テクストとそこで述べられている内容や状況を関連づけ、読み手や聞き手の理解を助ける役割を果たしている（前掲 1991）。このコンテクストという概念は、文化人類学者マリノフスキーによる南太平洋上の島々の人々とその言語の研究をきっかけに、言語環境だけでなくテクストが生み出された状況を含む環境全体を表現する概念が必要だ

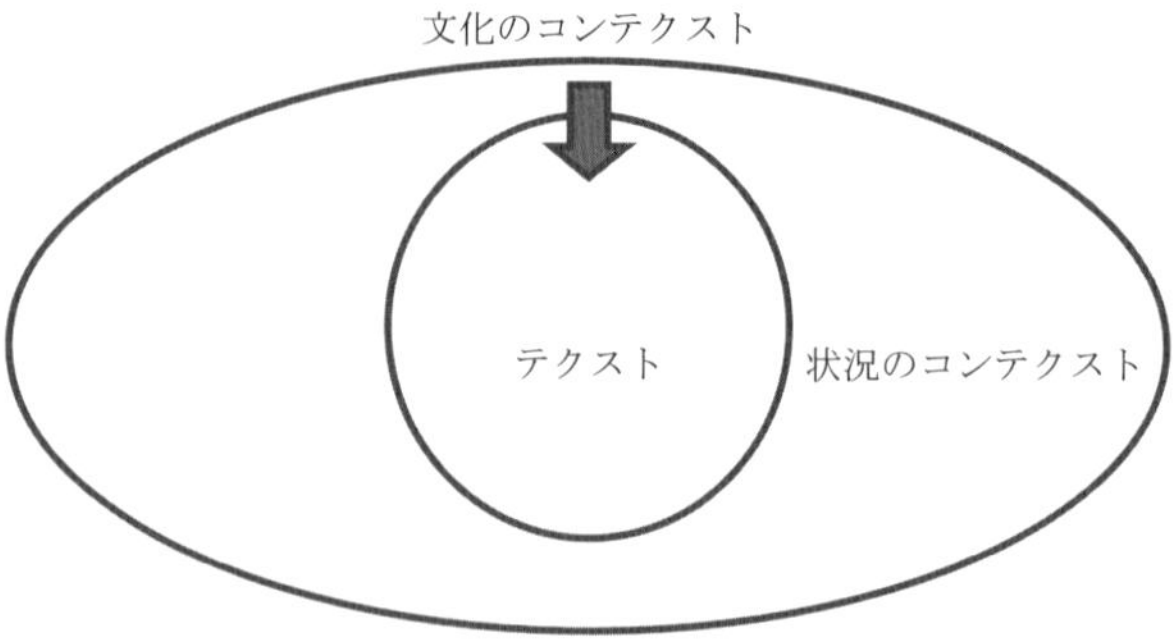

図1　テクスト、状況のコンテクスト、文化のコンテクストの関係

として創られた「状況のコンテクスト」という用語と、状況のコンテクストより大きな概念として文化全体の背景を表す「文化のコンテクスト」という用語によってその意味が明確になった（ハリデー・ハッサン 1991）。例えば学校での英語の授業の状況を例に考えてみる（前掲 1991）。学校の授業で使われている教科書の中の文章は、テクストである。そのテクストに関連して先生が加える説明、関連資料を与える資料の内容、そのテクストの内容について生徒同士で行ったディスカッションの内容といった状況のコンテクストが常に存在する。そしてそれが、日本の文部科学省の指導要領に沿ったカリキュラムの中での英語学習、教育方針に沿った教材を使って教育するというように日本の文化の中の制度としての学校教育または教育イデオロギーを表す文化のコンテクストが存在するということになる。上の図1が示すように、文化のコンテクスト、状況のコンテクストが結局はテクストを決定するのである。状況のコンテクストとより広い文化のコンテクストが、テクストを創造しているので、テクストを理解する

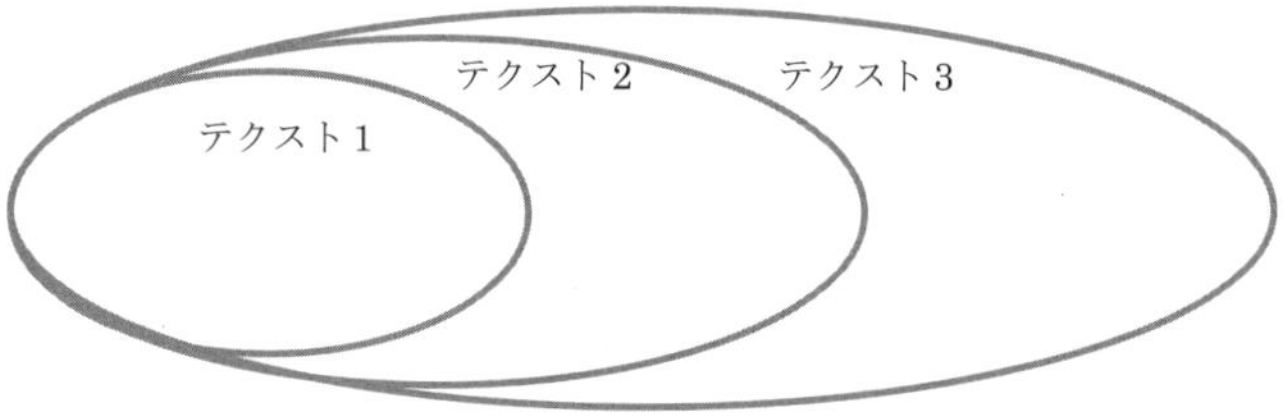

図2　テクスト間の関係（Intertextuality）

ためには、テクストに先行し、テクストを読む人達の間で共有されている文化及び状況のコンテクストを理解する必要がある。

また、図2で示されているように、テクストを読む学習者の間で共有されている、先行するテクストも学習に影響を及ぼす（ハリデー・ハッサン 1991）。例えば学校の授業では、前の授業で学んだ内容があって今日の授業が行われるのであり、前の授業で得た知識の積み重ねがその後の授業内容の理解を助けることになる。また、今学んでいるテクストに先行するテクストは一つだけではなく、他の教科で学んだテクストが今学んでいるテクスト理解を助けることもある。このように先行するテクストで学んだあらゆる経験が学習者のテクストの読みにおける予測を助け、その後のテクスト理解へと導く（intertextuality）のである（前掲 1991）。つまり、いかなるテクストも、文化のコンテクスト、状況のコンテクスト、先行するテクストからの影響を受けており、そのテクストを理解するということは、現在読んでいるテクストを日本語で訳して解読するだけでは理解は難しい。また、読み手が背景知識を使って予測しながら意味を構築するだけでもテクスト理解は不完全になる。テクスト理解のためには、そのテクストがcotextである状況のコンテクスト、文化のコンテクスト、先行するテクストと関連しながら成り立っていることを理解する必要がある。

さらに、テクスト構成を考える際に、図1に示した通り、状況のコンテクストはテクストがメッセージを発信するための直接の環境または背景（background）とみなすことができる。そのため状況のコンテクストを構成する特性の理解は、テクスト理解を助けることになる。その特性は、(1)談話のフィールド（言語活動領域：そこで起こっている事柄や、行われている社会活動の本質を表す概念）、(2)談話のテナー（その談話に誰が参加しているのか、参加者同士がどのような役割を果たしているのかを表す）、そして(3)談話のモード（伝達様式、つまり話されたものか、書かれたものか、または説明的なテクストであるか、記述的なテクストであるかなど伝達の様式）を表す概念である（ハリデー・ハッサン 1991, pp. 19–20）。書かれたものであれ発話されたものであれ、人々が何かのメッセージを伝達しようとするとき、まずは背景として状況のコンテクストがあり、そこから適切な言語を選ぶことによってテクストが生成されるのであるから、テクスト理解の際にはテクストを決定している状況のコンテクストの特性を表す三つの概念を理解しておくことも重要である。

一方、テクスト構成の特性として、テクストの首尾一貫性と結束性がある。首尾一貫性（coherence）のあるテクストとは、話題文とそれを具体的に説明する支持文、さらに話題文の内容を異なる表現で説明した結論文というようにそれぞれの文が有機的に結合され筋道の立った論理構造になっている。また、結束性または結束作用（cohesion）のあるテクストは、文と文が意味的に結びついている。文と文をつなぐ役割を果たす項目には、指示（reference）、代用（substitution）と省略（ellipsis）、接続（conjunction）、語彙的結束作用（lexical cohesion）がある（ハリデー・ハッサン 1991, p.76）。指示（reference）とは例えば“I have a really interesting book. It is expensive.”というように前に出てきた名詞をitで指示するといった代名詞のことで、その他に人称代名詞、定冠詞、指示代名詞がある。代用（substitution）の用法では、“I would like to eat this T-bone steak.”と言って“I want the same one.”と違う表現で前文とつなげることができる。省略（ellipsis）は、談話の中で既に知られている情報があって、状況から新たにそれを詳細に述べる必要がない場合である。例えば、“Where did you go yesterday? Yokohama.”の場合、“I went to Yokohama yesterday.”の意味であるが、省略しても前の文と意味的につなげることができる。また、“Although the Sumida River fireworks are very famous, I have never seen them.”のように副詞節を使って接続（conjunction）することができる。他のつなぎのことば（transitions）として、例を表す“for example, for instance”、時系列を示す“after that, later on, first, second”、他にも“consequently, as a result, however, on the other hand, moreover, in conclusion”などがある。語彙的結束作用（lexical cohesion）の例の一つとして、“I think Bob is such an unkind person. He should be kind to others.”のように、不親切な人という句と次の文の他人に親切であるべきという句は反意語であるが、二つの文を意味的につなぐ役割を果たすことができる。

これまで述べた通り、先行するテクストに加え、テクストが何らかの社会的意味を持つ理由は、より広い状況としての文化のコンテクストが内包する状況のコンテクストが凝縮されたものだからである。また、状況のコンテクストには三つの特性があり、その特性は状況のコンテクストの実際例であるテクストにも反映されている。さらに談話理解を助けるテクスト内の構造としては、首尾一貫性と結束性がある。このように、テクストには構造があり、そのテクストがことばによって何かのメッセージを伝えている。読み手や聞き手を取り巻くコンテクスト（状況のコンテクストやそれより広い文化のコンテクスト）とテクストとが関連し合う中で、読み手や聞き手はテクストの内容を予測し、次に何が来るか期待しながら理解していくので、英語を主要語としない学習者が英語で書かれたテクストの内容を予測するためには、テクストを生成する状況のコンテクストやさらに文化のコンテクストを理解していなければ、真のテクスト理解は困難になるであろう（ハリデー・ハッサン 1991）。読解は読み手とテクストのインタラクションが繰り返し行われる過程であると考えられているが、これまでは読み手の語彙力、文法力、適切な背景知識を使う能力、推測能力など読み手の能力に注目し、読み手の英語力不足が英語の躓きの原因であるとの見方から、読解力不足の学習者への効果的な読解ストラテジーや語彙を記憶に定着させるための方略の指導、読解に必要な背景知識を与えるタスクの工夫などの指導法が考えられてきた。これまでの研究では、テクスト要因と関係している考え方で形式スキーマ（formal schema）の読解力への影響に関するものがあった。形式スキーマの読解への影響は、テクストのレトリックや物話の展開の型、パラグラフのタイプ（説明文、記述文、物語文など）に慣れているかどうか（英語ではfamiliar withという表現を使っている）というレベルに留まっている。しかし、読み手とテクストのインタラクションが繰り返し行われる過程におけるテクスト構造（首尾一貫性や結束性という特徴を含む）や、テクストを生成する状況のコンテクストや文化のコンテクストとの関係をより精査に調べる研究をしていかなければ読み手の躓きの原因究明はできない。

三　英文読解の躓き研究―パイロット研究

これまで語学の授業では、長文を読む課題を出し、読解ストラテジーを教え、読解問題を与えて解き方を解説するという指導を続けてきた。しかし、このような英文読解の訓練から大学生の読解力養成に充分な効果は期待できないのではないかと考えるようになった。大学で英語を学ぶ学習者は、既に英語のテクストを読む訓練はある程度積んできているが、新たなテクストを読むときに新たな語彙と出会い、複雑な構造の文の解析には苦労する。英語で書かれたテクストを読むことは、学習者にとって常に難しいタスクである。語彙の意味と構文解説をしても、テクストから得られるメッセージについて質問すると分からないと答える学生が多い。読めたつもりでも実は読めていない現象がよく見られるが、どうして読めないのであろう。筆者の指導経験から生じてきたこの疑問が、日本の英語学習者の読解における躓きについての研究の出発点である。そこで、二〇一四年に大学で英語を学ぶ学習者を対象にパイロット調査を実施した。

パイロット研究（小野・林 2016）では、日本の英語を学ぶ都内私立大学の大学生九八名の英文読解についての意識調査とその被験者の中から二九名を無作為に選び英文読解の躓きの原因を究明するための質的分析調査を実施した。(5) 意識調査では、大学生が英語で書かれたテクストを読む際に、どのようなところで躓くと考えているかについてアンケート調査を実施した。この研究では被験者が大学生であるのでメタ言語知識が発達していると期待できること、また人の意識状態に言語（この場合は、意識の中で自分自身と対話して考えや意見を構築していくことを意味する固体内コミュニケーション）が関わっていると考えられるため（よくわかる！ホンモノの心理学！ 2018）、被験者の読みの躓きについての意識調査を実施することで、実際の躓き行動との関係について何らかの示唆を得ることができるのではないかと考えた。また、人は経験によって様々な考えや意見を持つようになるので、被験者がこれまでの英文読解の経験から困難だと意識していることは、実際に困難であった経験に裏づけられているとも考えられるであろう。

アンケートは三つのパートから構成されている。パート一では、英語の授業外で、英語で書かれた書物や雑誌をどれくらいの頻度で読むか、英語で書かれたテクストを読むのは得意であるか、また英語で読むことが楽しいと感じるかという日常の英語テクストを読む習慣に関する質問をしている。パート二は、英語のテクストを読む際に躓く原因であると考えられる四二項目の質問から成っている。質問紙に対しては五段階のリッカートスケールで答えることになっている。どれも五点が最も肯定的な答えで、一点が最も否定的な答えである。パート三では、被験者の英語圏での学習歴、TOEIC®スコアや英語学習歴に関する質問である。本稿に最も関係があるのがパート二の因子分析結果である。四二項目を最尤法、プロマックス回転で因子分析を行った結果出てきた六つの因子は以下の通りである。

第一因子：単語、句、文全体の日本語訳がわからないといった「意味理解」因子

第二因子：話題文、支持文、結論文といったパラグラフ構成の理解に関係している「パラグラフ理解」因子

第三因子：文の主語と述語の理解で躓く、cohesion（文と文の結束性）が分からず躓く「文レベル理解」因子

第四因子：関係詞の理解で躓く「節レベル理解」因子

第五因子：イラストや図表とテクストとの関係が分からない、またはテクストのジャンルが分からないといった「メタ理解」因子

第六因子：発音や抑揚が分からないという「発音理解」因子

これら六つの因子は、テクスト理解の際に実際に躓く原因を表しているのではなく、被験者が躓くと考えている要因である。この研究に参加した被験者は、TOEIC®スコアで六〇〇点以上保持している上位群と、五〇〇点未満の下位群に属する学習者で、五〇〇点以上六〇〇点未満の学習者（中位群）を除いた二群で実験を行った。六つの因子解によるテクスト理解に躓く要因の因子得点を従属変数とし、二要因分散分析を行った結果、上位群の被験者は、「文レベル理解」

因子（統計的に有意）、「パラグラフ理解」因子（有意傾向）、「メタ理解」因子（有意傾向）で躓いているという意識が高かったと考えられる。一方、下位群の被験者は「発音理解」因子で躓いている意識が高い傾向があった（統計的には有意ではなかった）。また、四二の質問項目に対して、上位群と下位群の間の t 検定を行った結果、下位群の被験者の平均点は、⑵単語を発音するとき、どの音を発音するか分からない、⑿のイントネーションが分からないという二項目で高かった。一方、上位群の被験者は、⒂指示代名詞の指すものが分からない、⒄文の文法構造が分からない、㉔関係詞節とそれが修飾する単語とのつながりが分からない、㉝パラグラフの結論文がどれだか分からない、という四項目で平均点が高かった。これらの結果から、上位群の被験者は、文の文法構造、文と文の結びつき、パラグラフ構成及びパラグラフの首尾一貫性の理解で躓くという意識を持つ傾向があることが分かったが、下位群の被験者は単語の発音やイントネーションで躓くという意識が高い傾向があるようだった。このアンケートは学習者自身の躓きについての考え、または信条（belief）を表しており、被験者が躓いていると主張する部分で実際に躓いているかどうかは分からないが、学習者の意識は読解行動に何らかの影響を及ぼしているであろうという見方をするならば興味深い結果である。つまり、この上位群の被験者は、文の文法構造、文と文の結びつき、パラグラフ構成という談話レベルの理解が難しいという意識を持っているが、下位群の被験者の場合は、発音やイントネーションに戸惑うという意識を持っていると考えられる。読解力の高い学習者は単語の発音や意味理解レベルで自動化しているので読解のために top-down

処理（パラグラフの話題文や支持文の理解、テクスト全体の要旨の理解）が可能であるが、読解力の低い学習者の場合は、bottom-up 処理（単語の音声化、意味理解）が困難なので top-down 処理ができないということが、読み手要因に注目した読解ストラテジー研究でいわれている（Grabe, 1991）。読解力の高い学習者は、top-down 処理の対象となるパラグラフ構成という談話レベルで躓くと意識している傾向があり、読解力の低い学習者はその意識が bottom-up 処理の対象となる単語の音声化やイントネーションにあるということは、人の意識状態に固体内コミュニケーションが関わっているとすると、読解ストラテジー研究結果と何らかの関係がある可能性も考えられる。(6)

このパイロット研究では、躓きについての意識調査の後、研究に参加した九八名の被験者から無作為に二九名の被験者を選び、実際に英語で書かれたテクストを読んでどこで躓くかについての質的調査を実施した。質的分析に参加した被験者の TOEIC® スコアを基にアンケートの統計分析のときと同じ基準で上位群と下位群に分けた。上位群に属する被験者は八名で下位群は九名であった。実験用のテクストは、被験者の大学での専攻と関係のない心理学の分野から社会不安障害（social phobia）を話題としているものを選んだ。テクストの難易度を表す Flesch-Kincaid Grade Level は13.5と幾分難しいものである。テクストの総語彙数は、一七〇語で、二つのパラグラフから構成されている。調査方法は、テクストの音読、テクストの黙読（三分）、Free-writes（五分）、被験者への個別インタビュー、内容理解度テスト（五分）で、この順番にデータ収集を行った。データ分析のためにまず、テクストの文ごとに番号を付け、内容理解度テストの質問の答えがテクストのどの文に当たるかテクストに問番号を付けた。テクストの中の文の数は八つで、内容理解度テストのために作成した問題はこの八つの文の内容を問う内容であることを確認した。被験者には、黙読の後、発音の分からない語と句、意味の分からない語と句を自己申告してもらい、Free-writes の内容と内容理解度テスト結果との関係を質的に分析し英語の読みの躓きを引き起こしている現象を探った。Free-writes は、テクストを音読し黙読した後テクストを伏せて、そこに書かれた内容を思い出し、五分以内に書き出すという活動である。この活動では英語でも日本語でも両方使っても、箇条書きやイラストで表してもいいという指示を出した。Free-write に書かれている内容はテクストの文ごとに付けた番号を使っていくつの文の内容が記憶に残ったかを記録した。テクストの音読の後、被験者が自己申告した発音の分からなかった語、意味の分からなかった語、意味の分からなかった句や文を分類し、(1)被験者が理解できなかった語、句や文と、(2) Free-write に実際書かれている内容、(3)内容理解度テストの解答状況を調べ、被験者が実際にどの語、句、文で躓いたのかを分類していった。

このように分析した結果から、意味の分からなかった語、句、文に関する内容理解度テストの質問には正確に答えられなかったこと、語、句、または文の意味が分からない場合は、Free-write にはその文に関連した情報が出てこないこと、さらに Free-write に出てこない情報について問う問題には答えられなかったことから、語彙力や構文解析能力不足は被験者がテクスト理解に躓く要因であることが分かった。しかし、文と文をつなげている指示代名詞や幾つかの具体例から共通項を見つけてテクストの主題である社会恐怖症という単語"social phobia"をめぐる問題について推測できなかったのはなぜかという疑問が残った。首尾一貫性や結束性といった談話理解能力が不足していたためか、または社会恐怖症についての社会文化的背景知識（状況のコンテクストや文化のコンテクスト）がなかったためこのテクストの中で著者が例として出しているエピソードを主題に結びつけ、一般化することができなかったのか、様々な可能性が考えられる。コミュニケーション能力（communicative competence）の一要素である談話理解能力（discourse competence）は、テクスト構成についての理解能力を意味する。被験者である大学生がたとえ語彙知識や文法知識（grammatical competence）が十分あったとしても、談話理解能力の不足を補うことは難しいということだろうか。Grammatical competence, sociolinguistic competence, discourse competence の不足を補ってコミュニケーションを円滑に行う strategic competence はいかにして養われるのだろうか。

さらに、私たちは主要語で書かれた文章を理解するときに、その文章が書かれているコンテクストが必ずしも常に自身が熟知している分野であるとは限らず、全ての単語の意味を理解しているわけでもないことがある。テクストの内容やジャンルについて熟知しているかどうかその程度にもよるが、テクスト理解の過程でテクストの内容で理解できること、分かることを手掛かりとして推測または内容を予測しながら読むことはある。外国語で書かれた文章を理解するとき、語彙力や構文解析能力が不足しているのだとしても、被験者が知っている単語や表現、理解できる文章からテクストの主題について推測や予測によってテクスト理解できないのはなぜか。主要語で書かれた文章を読むときに行う推測や予測は、外国語で書かれたテクストを理解しようとするときに難しいのはなぜだろうか。読解過程を説明するスキーマ理論によるならば、テクスト理解はテクストと読み手の持つ背景知識とのインタラクションによって可能になり、読解力のある読み手は、テクストから提供される情報を自分の知識と関連づける能力に長けている（Carrell and Eisterhold, 1988）。Goodman（1967）の読解の心理言語学的モデルでも、読み手はテクストで提示されているすべての手がかりを使う必要はなく、優れた読み手であれば、正しい推測が可能になり、一語一句テクスト情報を必要としなくなると説明されている。そうだとすると、パイロット研究の被験者は、テクストが提供している情報を自分の知識と関連づけることができず、テクストとのインタラクションができなかったということになる。このインタラクションができなかった理由、特にテクストのどのような特徴が読み手とのインタラクションに影響を与えているのかについて調査する必要がある。読解はテクストと読み手のインタラクションであるならば、読み手要因からだけでなくテクスト要因と読み（reading behavior）の関係を解明しなければならない。筆者はこれまで、この躓きの原因を突き止めるために学習者要因のみに注目して英文読解研究を行ってきたが、パイロット研究を経て、二　テクスト構造の特徴と英文読解で述べた通り、テクスト、状況のコンテクスト（状況のコンテクストの特徴を含む）、文化のコンテクストとの関係、テクストとテクストの関係、テクストの首尾一貫性や結束性といったテクスト構造の特性と英文読解の関係にも注目した調査を行うことが重要であるという考えに至った。

四　テクスト要因から探る英文読解の躓き研究

二〇一六年のパイロット研究の結果、英語を学ぶ大学生が読みに躓く原因の究明のためにはテクスト要因が引き起こす躓きの原因を探る必要があることから、二〇一七年から二〇一八年にかけて、都内私立大学の英米文学専攻の大学生二一人を被験者として、テクスト構造の特徴の読み行動への影響について調査する研究を実施した。(7) 幾つかあるテクスト構造の特徴に、これまで述べてきた文化のコンテクスト、状況のコンテクスト（状況のコンテクストの特徴を含む）、テクスト間の関係（intertextuality）、テクストの首尾一貫性と結束性があるが、本研究ではその中でも文と文の結束性（cohesion）と学習者の躓きの関係に焦点を絞りデータ分析を実施した。そこで、研究課題（research question）は次の通りである。

Research Question: テクストの文と文の結束性が日本の英語学習者の読みの躓きを引き起こす原因になっているのではないだろうか。

被験者の英語力は、TOEIC（IP）三〇〇点から六九九点の間であった。被験者の英語力の内訳は、三〇〇点台の被験者が五人、四〇〇点台の被験者が五人、五〇〇点台の被験者が五人、六〇〇点台の被験者が六人であった。被験者二一人は、テクストを読んで意味が通るように日本語で訳すという課題が与えられ、制限時間は設けず、理解が難しい文に関しては辞書を使わず、文脈から推測して全文を日本語に訳して課題終了とするという指示を出した。

使用したテクストは、Judith J. Wurtman によって書かれた"Social Loneliness May Make the Depressed Even More So-How hard is it to reach out, volunteer, and help?" という心理学系の内容のテクストで、readability は Flesch Reading Ease score が60.1で standard/average レベル、Flesch-Kincaid Grade Level が9.6と、アメリカの学校の一〇学年程度のテクストである。テクストの語数は、題名を含めると五三六語となっている。実際の実験では、被験者は題名から読むことになっているので五三六語の長さのテクストを読んだことになる。テクストは二六文から構成されている。文と文の結束性を比較するために Latent Semantic Analysis@CU Boulder（以下、ＬＳＡと略す）を使って分析した。結束性が高い文と文の間は、その文同士をつなぐ役割を果たす語句があるので読み手が意味のつながりを理解しやすいということになる。[8] 結束性が弱いということは、文と文をつなぐ語句がないか、明確でない場合で、読み手にとっては意味のつながりが理解しづらくなる。このＬＳＡのソフトでは、文と文を結びつける語句があるかどうか、あるとしてもそれが意味の理解を助けることができる程度の効力があるかどうかで値を決めている。このテクスト分析の結果、文と文の間の結束性の平均値は0.22で、文と文の間の結束性の標準偏差（Standard Deviation）は、0.14であったことから、文と文の結束性が0.2以下の文を読み手の躓きを引き起こしやすい文とみなし、テクストの二六文のうち一三文（②⑤⑥⑦⑧⑨⑬⑯⑰

⑲⑳㉑㉓）がこのカテゴリーに入った。これらの一三文で躓いた場合を、テクスト要因の影響を受けている可能性があるとみなした。また、ＬＳＡの他にもテクスト構成の特徴として注目すべき点は、このテクストの著者は、social loneliness と憂鬱について効果的な説明をするために先行するテクストから引いてきた例や個人的なエピソードを入れていることである。この例やエピソードの文は、いわゆる状況のコンテクストに関係している情報であると考えられ、また前の文との関係が表面上希薄と判断される可能性があるため、この特徴にも注目した。二六文のうち七文（⑤⑮⑯⑰⑱⑲⑳）がこのタイプの文であるとみなした。ＬＳＡによって抽出した文と例やエピソードの文として抽出した文と両方のカテゴリーに入る文は、⑤⑯⑰⑲⑳となった。被験者にとってこの五つの文は最も躓きやすい文となると予想される。

　次の実験に使われたテクストの中のそれぞれの文頭には番号がついており、さらに文と文の結束性を表す値が後続する文の最初の□の中に示してある。

Social Loneliness May Make the Depressed Even More So

-How hard is it to reach out, volunteer, and help?-

By Judith J. Wurtman Ph.D

① Loneliness is something that may affect everyone at some point in his or her life. [0.07] ② It is not necessary to travel across the country, or sail alone across the ocean to feel this way. [0.21] ③ Someone sitting alone in a crowded movie theater or restaurant, or walking alone on a lovely spring afternoon in a park filled with couples, families and friends can feel just as lonely.

0.22 ④ Sometimes being alone is a matter of choice or temporary conditions. 0.05 ⑤ A relative of mine, who had to rewrite a 500-page thesis in order to turn it into a book, willingly went away from other people for months in order to finish it.

0.04 ⑥ Others are alone too much, but not by choice or due to a temporary situation. 0.14 ⑦ It is a fact of their lives. 0.07 ⑧ One example is old people. 0.13 ⑨ They weren't always so alone, but now sickness, weakness, lack of easy transportation, the death of their husband or wife, their friends, or even their adult children, often worsening eyesight and hearing, not enough money, and fear of crime may mean they stay away from others.

0.30 ⑩ Residence in an old person's home may mean an elderly person has others around, but it doesn't mean they will make friends. 0.40 ⑪ It is common to see old people lined up in wheelchairs, who are not talking to each other. 0.49 ⑫ They are alone, even with other people there.

0.15 ⑬ But one does not have to live into old age to feel this social loneliness. 0.38 ⑭ People of all ages with mental illness can experience it at any age. 0.56 ⑮ A recent report put out by an Australian mental health support organization stated that about 66% of people with mental illness reported feeling alone, compared with about 10% of the general population. [0.09] ⑯ Reasons for this include not enough money, no transportation, people not understanding them, and even fear of others. [0.19] ⑰ Those with mental illness often say that they are treated badly, or at least, differently.

[0.47] ⑱ A mental illness can also stop people from becoming involved in activities that may decrease loneliness, due to fear of public spaces, or not being able to leave the house, have a job or even communicate without difficulty. [0.06] ⑲ A weight-loss client of mine could only come to my office on certain days because of her cycles of mania and depression. [0.13] ⑳ Another client who was depressed would stay up late at night and sleep most of the day, almost never meeting other people.

[0.15] ㉑ No matter the reason, being alone is not good for someone's mental and physical health. [0.24] ㉒ Being alone most of the time is connected to increased weight, being poor, not doing enough exercise, drinking too much, greater risk of sickness, and even a shorter life span. [0.18] ㉓ Mental abilities can get worse, possibly because of less time talking. [0.34] ㉔ Added to this is the emotional pain of being lonely. [0.21] ㉕ Ordinary people who can't meet friends, family and others for a while report feeling depressed and out of touch with what is going on around them. [0.22] ㉖ Imagine if this is someone's way of life.

日本語に訳されたデータは、英文読解に躓いている読み行動に注目するという点から分析した。躓きは、⑴文構造の理解における躓き、⑵理解できなかった箇所の回避（avoidance）、⑶単語理解における躓き、⑷句の理解における躓き、⑸直訳により意味不明になり躓くという五つの躓き要因（躓きのタイプ）に分類した。⑵の avoidance は、条件として文を全て意味が通るように訳してくださいと指示を出したが、それでもどうしても訳すことができず、その難解な部分を回避して次の訳に進んでいる現象であった。分析は文単位で行い、それぞれの文が完全に意味が通るように訳すことができている文の数を正解数とみなした。躓き分析例を次に示す。

⑴構文理解で躓いている例　（被験者U）

① Loneliness is something that may affect everyone at some point in his or her life. 0.07 ② It is not necessary to travel across the country, or sail alone across the ocean to feel this way.

（被験者の訳）それは必ずしも国を渡るときや、一人で海を渡るときではない。

（分析）It is not necessary to ～の構文が分かっていない。

⑵訳を回避（Avoidance or skip）の例　（被験者U）

① Loneliness is something that may affect everyone at some point in his or her life. 0.07 ② It is not necessary to travel across the country, or sail alone across the ocean to feel this way.

（被験者の訳）それは必ずしも国を渡るときや、一人で海を渡るときではない。

（分析）to feel this way が訳されていない。被験者Uのように、②の文の構文理解で躓き、どうしても日本語に訳せないために訳を回避する現象がみられることは多い。この場合は「構文理解で躓き」、さらに困難な部分で躓き推測もできなかったので「訳を回避した」と判断した。①の文の loneliness を寂しさと名詞のように訳すと②の文とのつながりの理解は難しい。To feel this way の "this" が何を指しているのか①の文中で明確であればLSAでも高い数値が出たであろう。LSAでは機械的に前の文と次の文との語レベルまたは句レベルのつながりがあるか否かで値が出てくるので、0.07という低い数字が出ていると考えられる。しかし、この単語を「寂しいと感じること」と前の文の意味を理解できていれば to feel this way の this way の理解が可能となってくる。この例から、学習者が文を単語や句の単位で日本語に訳しても英文の意味理解ができないことが明らかである。実際の英文読解では、学習者が "loneliness" を含んだ①の文全体の意味と "to feel this way" のつながりがしっかりと理解できるように指導する必要がある。

(3)単語理解で躓いている例　(被験者MとB)

① Loneliness is something that may affect everyone at some point in his or her life.

(被験者Mの訳)一人ではないことは、彼か彼女の人生のいくつかの点で、皆に影響があるかもしれない。

(分析)LSAでは次の②の文との結束性が低いと出ている文である。"Loneliness" と "some" の意味が分かっていない。ここで躓くとこの後の文の内容の理解ができなくなってくる。

0.05 ⑤ A relative of mine, who had to rewrite a 500-page thesis in order to turn it into a book, willingly went away from other people for months in order to finish it.

（被験者Bの訳）私に関すると～、五〇〇頁の資料～

（分析）この⑤文は、前の文との結束性が0.05とかなり低い文である。また、このテクストの著者が寂しさについて自身の逸話を使って述べているところで話が急に飛んでいるように感じるかもしれない。学習者にとって躓きやすいところだといえる。さらに、"relative"と"thesis"という単語が分からなかったことで、テクスト全体の意味理解にも影響が及んだと考えられる。

(4)句の理解で躓いている例　（被験者L）

0.05 ⑤ A relative of mine, who had to rewrite a 500-page thesis in order to turn it into a book, willingly went away from other people for months in order to finish it.

（被験者Lの訳）本をめくるかわりに～

（分析）文⑤は、LSAでも前の文との関係が希薄な文である。この文中の句をこのように訳すことから、「五〇〇頁の論文を本にするために」という内容と「寂しいけど敢えて人々から離れ一人になること」との関連については分かっていないことが推測される。

(5)直訳により意味不明になり躓く例　（被験者G）

0.06 ⑲ A weight-loss client of mine could only come to my office on certain days because of her cycles of mania and depression.

（被験者Gの訳）私の低体重患者は、マニアのサイクルや鬱のせいで、特定の日しか私のオフィス

表1　被験者の英語力と文構造の躓き及び回避した文の数

被験者	英語力	文構造における躓き	回避（Avoidance）
A	650－699	③	①⑮㉓㉔
B	650－699	⑭⑱	①②③⑤⑨⑪⑭⑯⑰⑲㉓㉕
C	650－699	②⑨㉔	①⑩⑭⑯⑰⑱⑳㉕㉖
D	600－649	⑱㉑	⑨⑮⑯⑳
E	650－699	⑨㉔	②⑨⑩⑫⑲⑳㉓
F	600－649	②⑨	①②③⑨⑩⑰㉓㉕
G	500－549	⑭⑯㉔㉕	①②③⑨⑭⑱㉓㉕
H	500－549	②⑯⑱㉔	①⑨㉕
I	500－549	②③⑨⑪⑱㉔	①③⑤⑥⑨⑭⑮⑳㉓
J	550－599	②⑥⑨⑯⑱⑳㉑㉔㉕	①③⑤⑩⑭⑮⑰⑳㉒㉓㉔㉕
K	500－549	⑤⑩㉔	③⑤⑨⑭⑮⑳㉓㉕
L	450－499	⑨⑪⑭⑱㉑㉔	③⑤⑭⑯⑲⑳㉓㉕
M	450－499	③⑨⑪⑭⑮⑰⑱⑳㉑㉔	①③⑤⑩⑭⑮⑯⑰⑱⑲⑳㉒㉓㉕
N	400－449	②③④⑤⑥⑪⑮⑰⑱⑲⑳㉑㉒㉔㉕	①③⑤⑨⑪⑭⑯⑰⑲⑳㉒㉓
O	400－449	②③⑤⑨⑪⑬⑰⑱⑳㉔㉕	①②④⑤⑥⑨⑩⑭⑰⑲㉑㉒
P	450－499	①②③⑪⑱㉔	①③⑥⑨⑭⑮⑲⑳㉓㉕
Q	300－349	③⑤⑮⑱	①③⑥⑨⑩⑮⑯㉒㉓
R	350－399	②⑤⑥⑨⑪⑭⑮⑱⑳㉑㉓㉔	①②③⑤⑨⑩⑬⑭⑯⑱⑲㉒㉕㉖
S	300－349	②③⑨⑪⑮⑱㉔㉕	①⑤⑨⑩⑲⑳㉒㉓
T	350－399	⑤⑨㉑㉔	③⑤⑨⑯⑱⑳㉒㉓
U	350－399	②⑤⑪⑮⑯⑱㉓㉔㉕	①②⑨⑩⑰⑲⑳㉕

表2　被験者の英語力と単語理解での躓き、句理解での躓き、直訳による躓きの文の数

被験者	英語力	単語における躓き	句における躓き	直訳による躓き
A	650－699	①③④⑤⑥⑩⑲		⑲
B	650－699	④⑤⑥⑦⑨⑩⑮⑯⑱㉒㉓	⑨⑩⑪⑬⑲㉕	
C	650－699	③⑤⑦⑩⑫⑮⑰	③⑲	④⑥⑬⑮⑲㉒
D	600－649	①④⑤⑩⑲㉕	⑤⑥⑬	④⑤⑮⑲㉓㉖
E	650－699	④⑤㉓	④	
F	600－649	④⑤⑩⑰㉕	⑤⑩⑬⑮⑲㉕	⑥
G	500－549	①②③④⑥⑦⑨⑩⑮⑯⑲㉓	④⑥⑨⑬㉒	⑥⑮⑲
H	500－549	①⑤⑦⑩㉓㉖	⑤	④⑥⑲
I	500－549	①④⑤⑦⑩⑭⑰⑲⑳㉒㉔㉕㉖	⑥⑫⑯	
J	550－599	④⑤⑥⑦⑨⑩⑰⑲㉖	⑨⑬⑭⑮⑰⑲	⑲
K	500－549	①④⑤⑥⑦⑨⑩⑪⑳㉓㉕	④⑨⑩⑯⑱⑲㉑㉔㉕	①⑥⑮
L	450－499	①②③④⑤⑥⑨⑪⑬⑮⑯⑰⑲㉖	①⑤⑥㉔	②④⑥⑮⑲㉒
M	450－499	①②⑤⑥⑦⑨⑩⑬⑯⑰⑱㉖	⑤⑨⑫⑯⑰⑲㉒㉓㉕	②④⑥⑬⑯⑱⑲
N	400－449	①②④⑥⑦⑩⑯⑰⑱⑲⑳㉕	④⑤⑨⑬⑯⑱⑲㉒㉓㉕	②④⑥⑩⑮㉖
O	400－449	①②⑤⑥⑨⑩⑭⑯⑲⑳㉒㉕㉖	⑤⑥⑨⑬⑱⑲⑳㉓㉕	④⑮
P	450－499	①②⑤⑦⑩⑯⑳㉓	⑩⑪⑬⑯⑰⑲㉕	④⑨⑮⑱
Q	300－349	⑤⑥⑦⑨⑩⑪	①⑩⑬⑲㉕	④⑨
R	350－399	④⑤⑦⑩⑬⑮㉓㉖	⑤⑨⑱⑲	④⑥⑮㉒
S	300－349	②④⑤⑦⑨⑩⑰⑲	①⑬⑭⑰⑱⑲㉕	⑥⑲㉔
T	350－399	③⑤⑦⑩⑪⑭⑯⑲㉕	⑩⑬⑱⑲㉒	①④⑥⑮⑱
U	350－399	⑤⑥⑦⑨⑩⑮⑲	①③⑤⑩⑫⑬⑯⑲㉕	④⑮

表3　被験者の英語力と正しく訳すことのできた文の数

被験者	英語力	正しく訳すことのできた文	合計
A	650－699	②⑦⑧⑨⑪⑫⑬⑭⑯⑰⑱⑳㉑㉒㉕㉖	16文
B	650－699	⑧⑫⑳㉑㉖	5文
C	650－699	⑧⑪㉑㉓	4文
D	600－649	②③⑦⑧⑪⑫⑭⑰㉔	9文
E	650－699	①⑥⑦⑧⑪⑬⑭⑮⑯⑰⑱㉑㉒㉕㉖	15文
F	600－649	⑦⑧⑪⑫⑭⑯⑱⑳㉑㉒㉔㉖	12文
G	500－549	⑤⑧⑪⑫⑰⑳㉑㉖	8文
H	500－549	③⑧⑨⑪⑫⑭⑮⑰⑳㉑㉒	11文
I	500－549	⑧⑬㉑	3文
J	550－599	⑧⑪⑫	3文
K	500－549	②③⑧⑫⑬⑰㉒㉖	8文
L	450－499	①⑧⑫⑬㉖	5文
M	450－499	⑧	1文
N	400－449	⑧⑫	2文
O	400－449	⑦⑧⑫	3文
P	450－499	⑧⑫㉑㉒㉖	5文
Q	300－349	②⑧⑫⑭⑰⑳㉑㉔㉖	9文
R	350－399	⑧⑫	2文
S	300－349	⑧⑫⑯㉑㉖	5文
T	350－399	⑧⑫⑰㉖	4文
U	350－399	⑧⑭㉑㉒㉖	5文

に来ることしかできない。

（分析）文⑲は、その前の文との結束性が0.06と低く、さらに著者自身の逸話であることから、学習者にとっては理解が難しい文となっている。“Cycle”から自転車の“bicycle”を想像した可能性も考えられるが、この場合はおそらく「何かの連鎖」という意味の「サイクル」と理解しているようである。マニアは「躁病」という意味であるがこの日本語訳が思いつかなかったのか、カタカナで書いている。「鬱」まで分かっていたのであれば、「躁鬱」という意味の理解まで到達できればよかった。“Mania「躁病」”が分からなかったのだが、この語の訳を省くのではなく、カタカナでも意味が通用すると考え直訳をしたのであろう。Strategic competence をうまく使っているようではあるが、実際にこの文の意味にはつながらなかった。表

1及び表2は、被験者二一人の英語力と五つのカテゴリーで躓いた文の数の集計であり、表3は、被験者二一人の英語力と正しく日本語に訳すことができた文の数の集計である。数の集計は文ごとになっているが、一つの文で二種類以上の原因で躓いている場合もあるので、文の番号が複数の躓きカテゴリーに分類されている。

表1、2、3で分類したデータを基に、(1)被験者の正答数と被験者全体の躓いた文の数、(2)被験者の正答数と文と文の結束性の弱いところで躓いた文の数、(3)被験者の正当数とテクストの著者自身のエピソードのところで躓いた文の数のパス解析を行った。その結果、(1)について分析した Pearson の相関係数は、直訳による躓き以外の躓きで有意差（負の相関関係がある）が出た：正解数と文構造理解（−0.731**）、正解数と躓き回避（−0.761**）、正解数と単語理解（−0.641**）、正解数と句理解（−0.588**）。この結果は、被験者の正当数が高いほど、文構造の理解における躓き、回避による躓き、単語理解における躓き、句理解における躓きが少なくなる傾向があることを意味している。(2)被験者の正答数と文と文の結束性の弱いところで躓いた文の数の Pearson の相関係数は、(1)の場合と同じく、直訳による躓き以外の躓きで有意差（負の相関関係がある）が出た：正解数と文構造理解（−0.642**）、正解数と躓き回避（−0.659**）、正解数と単語理解（−0.651**）、正解数と句理解（−0.651**）。正当数が多い被験者ほど、文と文の結束性が弱いところで躓かない傾向があることを意味している。(3)被験者の正当数とテクストの著者自身の逸話のところで躓いた文の数との Pearson の相関係数は、この場合も直訳による躓き以外の躓

きで有意差（負の相関関係がある）が出た：正解数と文構造理解（−0.632**）、正解数と躓き回避（−0.804**）、正解数と単語理解（−0.706**）、正解数と句理解（−0.627**）。パス解析の結果、被験者二一人の正解数と直訳以外の躓き（構文、躓き回避、単語、句）が負の相関関係にあり、正解数が多い人ほど、躓きが少ないことが分かった。

一方、テクスト構成と読みの躓きの関係を質的に分析してみる。被験者の英語能力によって躓きの数は異なるが（表1、表2、表3）、被験者は、文と文の関係を考えながらテクストを理解することが難しかったようである。ＬＳＡの結果で文と文の結束性が0.2以下の文（②⑤⑥⑦⑧⑨⑬⑯⑰⑲⑳㉑㉓）とテクストの著者が自身の逸話を述べている文（⑤⑮⑯⑰⑱⑲⑳）について考察してみる。この二つのカテゴリーの重なっている文は⑤⑯⑰⑲⑳の五つの文である。ＬＳＡの分析による結束性の弱い文は、前の文に含まれている名詞が入っていない場合である。例えば⑤から⑨にかけて文を見るとそれが明らかである。

0.05 ⑤ A relative of mine, who had to rewrite a 500-page thesis in order to turn it into a book, willingly went away from other people for months in order to finish it.

0.04 ⑥ Others are alone too much, but not by choice or due to a temporary situation.

0.14 ⑦ It is a fact of their lives. 0.07 ⑧ One example is old people. 0.13 ⑨ They weren't always so alone, but now sickness, weakness, lack of easy transportation, the death of their husband or wife, their friends, or even their adult children, often worsening eyesight and hearing, not enough money, and fear of crime may mean they stay away from others.

文⑤は、loneliness（寂しさ）の意味についての具体例を著者の親戚の話を例に説明している。Relative（親戚）の単語で躓いた英語力の低い被験者もいたが、被験者のほとんどがこの具体例とそれまでの文（①から④まで）の関係性の理解が難しかった。文⑤の後LSAの分析にあるように結束性が弱い文が続くのだが、特に文⑥の“but not by choice or due to a temporary situation”の意味をそれまでの文と関係づけることができなかったことでテクストの意味の把握を阻んだ。またその後文⑧でもう一つの例を出してlonelinessについて説明しているが、⑤の例が分からず、⑥の中の句の理解で躓いたため、その後の具体的な例⑨とテクストの要旨との関連が理解できなくなった。文⑨から⑫までは結束性は強い（本稿三〇頁を参照）。しかし、⑤、⑥、⑨で躓いたことが影響し、さらに⑬で文の結束性が弱まり、その文の“But one does not have to live into old age to feel this social loneliness.”の“to live into old age”という句で躓いた被験者が多かった。文⑮も具体例についてである。文⑭との結束性は強く、⑮の内容は幾分具体的であり、文は長いが数字が入っていて内容がわかりやすい。しかし次の文⑯と文⑰は、文⑮の説明をしている文で、LSAの分析によると結束性が弱い文となっている。さらに文⑲と文⑳も著者の経験について述べている具体例である。前からの流れがあるがLSAによる結束性も弱いので、被験者はこの文でも躓いていた。文㉑と文㉓もLSAの分析では前の文との結束性が弱い。具体例というわけではないが、文㉑の場合難しい単語がないので、その文だけ訳すことはできた。その点では文㉓も同じであるが、㉓の中には"〜, possibly because 〜"が多くの被験者には分からない表現であったため、その文を独立した文として訳すのは困難だった。

テクスト要因から英語学習者の躓きについて質的分析したことから、次のようなことが分かった。躓きの原因を五つのカテゴリーに分けて分析したところ、確かに従来通り、単語や句についての理解不足で意味が分からなくなることもある。しかし、テクスト構成の分析から、テクストの著者が"Social Loneliness"について身近に起こった出来事や具体例を示して説明しているところになると被験者は躓く傾向にある。またテクストのタイトルにある"Social Loneliness"を「社会的寂しさ」と日本語に直訳しただけで内容を読んでいくとさらに内容理解ができなくなってしまう。英語は名詞化する傾向にある言語であるから、日本語で考える場合は"loneliness"を動詞化して理解しなければならない。つまり、「社会の中で寂しいと感じること」と考えるとテクストの意味がより分かりやすくなる。またテクストの著者があげている具体例や体験談の文で躓く原因は、ハリデー・ハッサン（1991）の説明にある状況のコンテクストを共有していないことが考えられる。社会の中に生きていて人々が寂しいと感じるときはどんなときなのか、色々な体験談や例を考えてみる必要があるが、日本の二〇歳前後の英語学習者にとってはそのように「社会の中の孤独」について考えることは状況のコンテクストだけでなくそれよりも大きな枠の文化のコンテクストという視点からも難しかった可能性もある。アメリカ社会を例にとってみると、家族を大切にする文化があるが、一方で家族もなく孤独な生活を送っている人も多い。個を重んじる個人主義の精神や、実力次第で夢をかなえることのできる社会であるといった特徴が根底にあるアメリカ社会では、お金を持っていても社会の中で孤独な生活をしている人は多いため、社会における孤独はしばしば話題となる。一方、日本文化といってもそこには様々な側面があり、その中でも若者文化というサブカルチャーの中で生きている大学生にとってこのテクストで扱われている「社会の中の孤独」の問題は実感できる範囲の話題ではなかった可能性がある。スキーマ理論では、知識を分類可能な情報（entity）と捉え、読みの効果的な指導法として、テクスト理解に役立つ情報を読み手に与え、新出単語の意味の理解を助ける pre-reading 活動を推奨しているが、テクストの部分的な内容を読み手の理解を助けるための情報として与えるだけでは、テクスト全体の理解は難しくなる。テクスト理解を助けるためには、テクストの背景にある状況のコンテクスト、さらにそれを内包する文化のコンテクストを理解させることが重要であるという示唆がこの実験から得られた。

おわりに

これまでの読解指導では読み手要因に躓きの原因があるという視点から指導法及び教科書開発が行われていたが、テクスト構成という視点からも日本の英語学習者が読解で躓く原因を考える重要性について、ハリデー・ハッサン（1991）の談話理論を基に説明してきた。Goodman（1967）やスキーマ理論などの読解理論では、読解過程はテクストと読み手のインタラクションを通して読み手が意味を構築していく過程であると説明されてきているが、読み手の躓きの原因を究明するためには、テクスト構成を含む状況のコンテクスト、文化のコンテクスト、テクスト構成の特性という視点からも読解について考える必要がある。

既に「はじめに」で述べたように、日本語を主要語としている学習者にとって英語で提供された情報を理解する能力は、社会で活躍するためには必要な能力となる。学習者が学校で読むテクストは検定教科書である場合が多く、内容的にも形式的にも整備された形の読みものである。しかし、実際には内容的にも英語の言語的レベルにおいても様々なタイプのテクストを読むことになるので、どのようなジャンルのテクストを読むにしても通用する読解能力を養う必要がある。そのためにはテクスト構成及びテクストがそこで展開する状況のコンテクストと文化のコンテクストについてもより丁寧に指導しながら読みの訓練をする必要がある。ここで明確にしなければならないことは、いかなるテクストでも本質は意味を表す集合体であり、その意味が語や文構造によって表現されていて、そのテクストは、ある状況のコンテクストが凝縮されたものだということである（ハリデー・ハッサン 1991）。テクストが展開する状況のコンテクストの理解を助けるには、そのテクストが生成された背景となるより広い意味での文化や状況についての背景知識を与えなければならない。状況や文化についての知識は特定の分類可能な情報ではなく、そのテクストが生成された過程をも含むのである。本稿でも述べているように筆者は、日本の英語学習者の読解行動について、(1)英語学習者がなぜ単語や文法構造を理解してもテクストの意味を理解できないのか、また、(2) Goodman（1967）の理論では、読み手は一字一句全ての語句を理解しているわけではなく、予測、検証、修正、確認を繰り返し、さらに予測するといった心理言語学的推測ゲームをしながらテクスト理解をしているのだと説明しているが、日本の英語学習者はなぜ予測、検証、修正、確認という読みの行動をとるのが難しいのだろうかという疑問を持ち、調査を実施した。

学習者の読解能力を養うためには、読み手要因からだけでなく、意味の集合体であるテクスト要因にも注目し、そのダイナミックな意味の構築過程を理解しなければならない。

注

（1）このグラフの出典は、平成二九年度　英語力調査結果（中学三年生・高校三年生）の概要からである。

（2）この考え方は、Transmission Model of Reading の中で説明されている。情報がテクストから読み手へ移る（transmit）という視点である。

（3）【三　テクスト構造の特徴と英文読解】で説明するが、テクストは書かれたものだけを指すのではなく、話し手によって発せられた内容も意味する。

（4）本稿では、読解について述べるので、以後はテクストまたは談話という場合は書かれたものを指す。

（5）この研究は、英文読解における躓き研究のパイロット研究である。平成二五年（二〇一三年）四月から平成二八年（二〇一六年）三月までの三年間、成蹊大学研究助成（B種）研究費で実施した研究であり、平成二八年三月に『日本で英語を学ぶ大学生が読みに躓くとき』という題で研究代表者小野と林が二〇一六年三月に研究報告書としてまとめた。本文中の量的及び質的分析結果は、この研究報告書の三頁から二九頁に書かれている内容を要約したものである。この研究の詳細な内容については、成蹊大学研究助成（B種）研究報告書（二〇一六年）を参照していただく。なお、この研究で実施した実験の方法及び実験のための大学生への同意書は、成蹊大学研究倫理委員会で承認されている。

（6）上位群の被験者が躓くという意識を持つ談話理解能力は、コミュニケーション能力の重要な要素の一つである。かつて、コミュニケーション能力（communicative competence）の定義がなされたとき、その構成要素として四つの能力によって構成されていると言われた（Savignon, 1983:35-42）: grammatical competence（文法能力）、sociolinguistic competence（社会言語学的能力）、discourse competence（談話能力）、strategic competence（方略的能力）。ここで話題になっている談話能力は、話しことばであれば適切な言語形式を用いて機能できる能力という意味になる。書きことばにおいては、英語であれば英語の修辞法に沿った、結束性のある文から構成され、また首尾一貫性のあるパラグラフを書くことのできる能力ということになる。下位群の被験者が躓くという意識を持っている能力は、Savinon（1983）の定義では、grammatical competence となる。この grammatical competence は必ずしも文法規則についての能力だけ指すのではなく、語彙、発音レベルの能力をも含む。

（7）本研究は、「日本の大学生の読みの躓きの原因を究明する研究」と題し、二〇一七年四月から二〇一九年三月まで二年間、著者が研究代表者として成蹊大学研究助成研究費で実施した研究である。この研究を実施するにあたり、実験の方法及び実験のための大学生への同意書は、成蹊大学研究倫理委員会で承認されている。なお、この研究の一部は、二〇一八年八月二六日に全国英語教育学会京都大会にて「英文読解に影響を与える要因の模索」と題して口頭発表を行っている。

（8）本稿一七頁で説明したが、文と文をつなぐ項目には、指示（reference）、代用（substitution）と省略（ellipsis）、接続（conjunction）、語彙的結束作用（lexical cohesion）がある。

引用文献

小野尚美（2000）「1.3 読解プロセス」（pp. 5–13）『英語リーディング辞典』高梨庸雄・卯城祐司（編著）、東京：研究社

小野尚美・高梨庸雄（2014）『「英語の読み書き」を見直す Reading Recovery Program 研究から日本の早期英語教育への提言』東京：金星堂

小野尚美・高梨庸雄（2018）『英語教材を活かす—理論から実践へ—』東京：朝日出版社

小野尚美・高梨庸雄・土屋佳雅里（2017）『小学校英語から中学校英語への架け橋　文字教育を取り入れた指導法モデルと教材モデルの開発研究』東京：朝日出版社

小野尚美・林千賀（2016）『日本で英語を学ぶ大学生が読みに躓くとき』成蹊大学研究助成（B種）研究報告書

小柳恒一（2019）「世界の英語人口一五億—日本も急増中！英語を習得すべき八つの理由」（The English Club）Retrieved on September 4, 2019 from https://english-club.jp/blog/english-world-population/

田窪行則、西山祐司・三藤博・亀山恵・片桐恭弘（1999）『岩波講座言語の科学　談話と文脈』東京：岩波書店

ハリデー M.A.K.・ハッサン R.（筧壽雄訳）（1991）『機能文法のすすめ』東京：大修館書店

早瀬博範（2017）「次期学習指導要領が目指す英語教育の展望と課題」佐賀大学大学院学校教育学研究科紀

要　第1巻、pp. 115–126
文部科学省（2018a）『移行期間中の授業時数調査【外国語教育】』Retrieved on September 4, 2019 from https://www.mext.go.jp/a_memu/kokusai/gaikokugo/1404606.htm
文部科学省（2018b）平成二九年度　英語力調査結果（中学三年生・高校三年生）の概要 Retrieved on September 4, 2019 from https://www.mext.go.jp/a_menu/kokusai/gaikokugo/__icsFiles/afieldfile/2018/04/06/1403470_01_1.pdf
よくわかる！ホンモノの心理学！（2018） Retrieved on September 4, 2019 from honmonosinri.com/category1/entry32.htm/
Bartlett, F. C. (1932). *Remembering.* Cambridge, England: Cambridge University Press.
Carrell, P. L. (1983a). Background Knowledge in Second Language Comprehension. *Language Learning and Communication 2*(1), 25–34.
__________ (1983b). Some Issues in Studying the Role of Schemata, or Background Knowledge, in Second Language Comprehension. *Reading in a Foreign Language 1*(2), 81–92.
__________ (1984). Evidence of a Formal Schema in Second language Comprehension. *Language Learning 34*(2), 87–112.
Carrell, P. L. and J.C. Eisterhold. (1988). Schema theory and ESL reading pedagogy. In *Interactive Approaches to Second Language Reading* (eds.) by P. Carrell, J. Devine, and D. Eskey (pp. 73–92). New York: Cambridge University Press.
Goodman, K. S. (1967). Reading: A Psycholinguistic Guessing Game. *Journal of the Reading Specialist,*

6(1), 126–135.

Grabe, W. (1991). Current Development in Second Language Reading Research. *TESOL Quarterly, 25* (3), 375–406.

Latent Semantic Analysis @CU Boulder Sentence to Sentence Coherence Comparison Results. Retrieved on April 30, 2017 from Isa.colorado.edu/

Ono, N. (1998). *Reading as Inquiry: A New Horizon for ESL Learners.* Tokyo: Liber Press.

Savignon, S. J. (1983). *Communicative Competence: Theory and Classroom Practice.* Reading, MA: Addison-Wesley Publishing Company.

Wurtman, J. J. "Social Loneliness May Make the Depressed Even More So-How hard is it to reach out, volunteer, and help?-" Retrieved on April 30, 2017 from https://www.psychologytoday.com/

学習者に寄り添う理科授業の歩みに学ぶ

宮下　敦

一　はじめに

よく知られているように、理科の学習における躓きの原因の一つに、素朴概念（誤概念、前概念）がある。素朴概念が海外を含めて広く知られるようになったのは、クレメント（J.J. Clement）による報告（Clement 1982）の影響が大きかった（クレメント自身は、preconception＝前概念と呼んだ）。Clement（1982）は、理系大学生が物理学の基礎コースを終えた後も、コイントス問題と呼ばれる力学の基本問題で約70％が誤答することを明らかにした。コイントス問題とは、上に投げ上げられたコインに実際に働いている力を図示させる問題で、多くの誤答はコインの運動方向に力の矢印を書くものである。この問題の正解としては、空気抵抗を無視する一次近似では、実際に働いているのは重力（鉛直下向きの矢印）のみでよい。筆者も過去十年ほどの間、理科教育法を受講している理系大学生にコイントス問題を解いてもらっているが、やはり20～30％がClem-

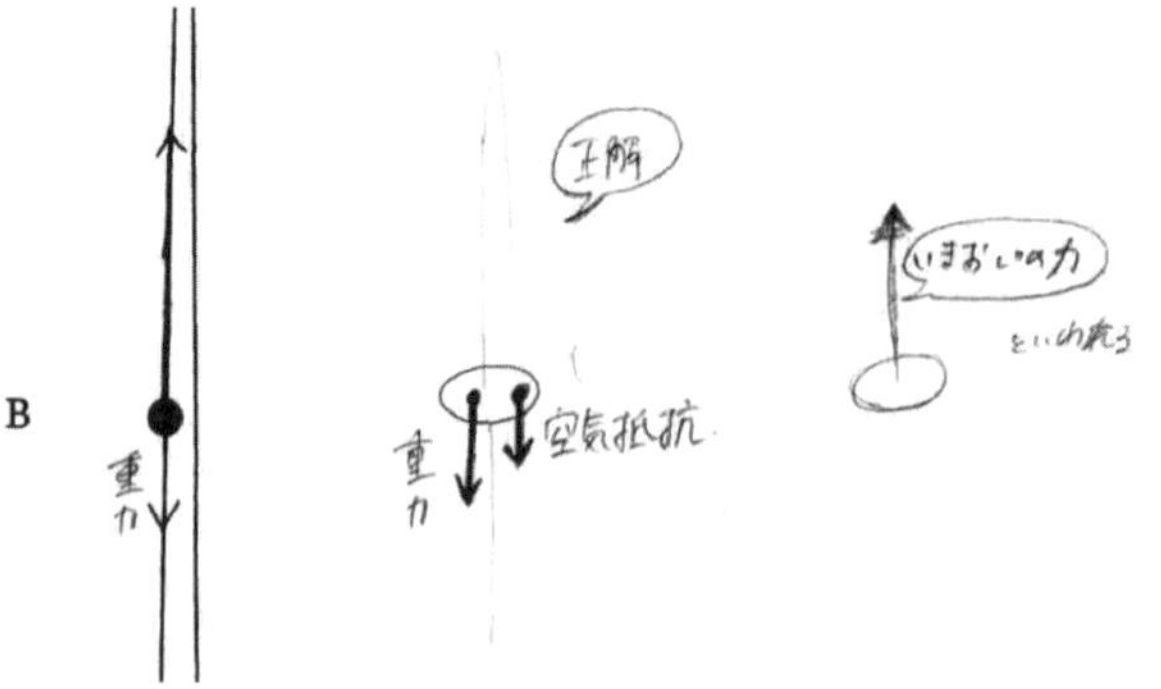

図１　コイントス問題の理系大学生の解答例

Ｂ点に書いた力が最初の解答で、上向きの力が重力よりも大きいとする。答え合わせの後、右側の正解と解説を書き足している。

ent（1982）の例示と同じ誤答（図１）をするので、程度の違いはあるが、クレメントの観察は現在の日本の大学生でも再現性がある。このことは、大学初年級の力学を修了した大学生でも、「運動している物体には、その運動方向に力が働いている」という素朴概念が転換されておらず、ニュートンの力学の基礎概念が身についていない者がある程度の割合で存在することを示している。この「摩擦や抵抗が働いている場で、物体を運動させるのには、運動させたい方向に力をかける必要がある」という考えは、摩擦や抵抗がある身近な運動の見方としては間違いとはいえない。一方、ニュートン力学における慣性運動は、摩擦や抵抗のない理想的な条件を前提としているモデルで、運動をしていても、等速直線運動であれば物体にかかっている力はつりあっていて、合力の大きさはゼロと考える。このように、素朴概念が生じる原因の一つは、日常的で常識的な自然観と、理想化された自然科学の基本概念やモデルとの乖離と考えることができる。近代科学が生まれる前は、物体が運動しているときには、運動する方向に「いきおいの力（インペトゥス：Impetus）」と呼ばれる力が働いていると考えていた。理系大学生の素朴概念は、「いきおいの力」の考え方とよく似ている。科学史の教訓は、今日の自然科学の理論・モデルの多くが、人の持っている常識と反するものであることを教えてくれる。それ故に自然科学の法則・モデルは、常識にとらわれない天才によって「発見」されるのである。

そこで、自然科学を身につけるためには、人が持っている常識的な素朴概念を、「非常識」な自然科学の基本概念に転換する必要が生じるが、その方略は概念転換と呼ばれている（伏見・麻柄 1993）。最初から自然にニュートン力学が身についている人がいればニュートン以上の天才なので、ニュートン力学が使える人は誰でも、素朴概念からニュートン力学への概念転換を経験しているはずである。筆者は、十年以上にわたって、理系大学生に自らが素朴概念が転換できた事例をアンケートで答えてもらっているが、その結果、筆者自身も含めて、自分が概念転換したときのことを覚えている、と答えることができる人は皆無であることが分かった。この事実は、概念転換が起こるしくみを調べることを難しくしている。筆者は、学習の積み重ねによって、自然を見る世界観が日常的なものから自然科学の基礎概念に、学習者の深層において無意識のうちに置き換わることが、概念転換が起きるしくみではないかという仮説を持っているが、概念転換をその場で観察できるようなことがない限り、その検証は難しいだろう。

このことを踏まえて、教職課程受講生に理科教育法の講義をする際には、筆者は必ず素朴概念について触れることにしている。理系の受講生は、理科が得意か、好きかのどちらかであるので、理科が苦手な子どもの気持ちが分かりにくいことが予想される。いくら論理的に丁寧に説明しても、素朴概念があるために納得できない子どもがいることを前提にして、理科の授業に臨んでほしいと思う。また、簡単に科学概念について納得をしない子どもは懐疑的な精神を持っているので、従来の考え方では説明できないような、新しい理論・モデルを見つける力を持つ可能性も否定できないだろう。そうした子どもたちを励ますことのできる理科教育が理想であろう。

本章では、素朴概念に対する対応も含めて、理科における躓きの克服と、対話的・主体的で深い学びを目指す教育が、第二次世界大戦後数十年の間、日本の理科教育において実現されていたことを見てゆきたい。そこでは、研究者や教員が手弁当で集まって作った民間組織において、学習者に寄り添い、主体的な学びを促すことによって、この問題を克服する実践が積み重ねられてきていた。

日本の理科教育における対話的・主体的で深い学びを目指す実践の一つは、科学史研究の立場から導かれたものである。前述のように、近代自然科学成立前の「科学」は、身近で常識的なものであったから、素朴概念として現れやすい特徴を持っており、近代科学はこれを克服することで発展してきている。近代科学による古典的な「科学」の克服を調べれば、素朴概念を発見し、その概念転換を測る方略のヒントが見つかるはずである。

もう一つのアプローチは、教育心理学や認知心理学におけるものである。前述のように素朴概念の転換は心理学的な過程であるため、転換のためにどのように学習者に働きかけるかという方略は、心理学の基本問題の一つと考えることができる。素朴概念の発見と概念転換の方略は、教育心理学や認知心理学での検討で見つかるはずである。

さらに、これから紹介する教育方法で共通しているのは、学級内での集団での学習を重視する姿勢である。自然科学では、科学者集団の中で多くの仮説が提示される中で、多数決などによらず、少数意見であっても、実験観察によって淘汰されたものだけが理論・モデルとして生き残る。問題解決のための多様な考えを出しあって互いに切磋琢磨する経験は、個別の学習ではできない。多くの子どもが集まった学級授業の中で、科学者の研究過程に準じて、集団での学習を志向する試みも数多く提案されてきた。

第二次世界大戦後から三十年ほどの間に、民間の組織における日本の理科教育は、科学史研究と心理学研究が両輪となって、現場の実践と融合し、この問題の解決に関して高いレベルに達していた。教育の進歩は、理論だけでも、実践だけでも進まず、この二つが両輪となって動くことで、初めて実現する。戦後の教育運動でキーパーソンになったと考えられる人物の活動を中心に、その様子を調べて、今後の教育問題解決の糧としてみよう。

二　科学史研究者の仕事

（1）田中　實と玉田泰太郎

田中　實（1907-1978）は、元々は無機化学の研究者であったが、1933年に治安維持法で逮捕されて研究者の道を断たれ、科学史（特に化学史）を専門とし、1961年には「近代原子観の成立に於て化学研究が果した役割の科学史的考察：原子観史への一寄与」で文学博士号を得た科学史家である。田中は、1953年に姪の使っている理科教科書を見て、当時の「生活単元・問題解決型学習」観に基づいた学習指導要領・理科編について強い怒りを感じたとされる。「生活単元・問題解決型学習」は、GHQの主導の下で、文部省が戦後の日本の教育政策の指針として、「子どもたちの身近な生活で起こる現象から自然の法則を理解する」ことを目指したものであった。例えば、中学校理科の「ラジオと私たち」といった単元では、ラジオが電波を受けてスピーカーから出る音に変換するしくみを探る内容であった。田中は、「それはどう読んでみても、自然科学者としては到底容認できないような科学観と、児童の科学的能力に関するあやしげな発達観を基礎としたものであるように思われました。」と書いている（田中 1955）。実際、ラジオのしくみの理解には、電磁波や電気回路、音波への変換など、多面的な物理学の基礎知識が必要で、一冊の教科書で、中学生自身の力で全てを分かるように授業することは至難であった。田中には、ラジオのしくみの要素についての説明がその場しのぎのとなることは「科学知識の断片化」につながり、「実際生活の中に学習を解消し、分析を無視することによって、科学的論理を持たないものとして出発することになった」(田中 1955)と見えたのであった。実際、生活単元・問題解決型学習の普及によって初等中等教育における学力低下が社会問題となった(板倉 2009)。また、末吉(1955 末吉悌次については後述)は、問題解決型学習について考察し、当時の学習指導要領が「実生活で直面する切実な問題」を目標とするのに対し、その例として農村での水田の番水制度の問題を挙げて、子どもたちにとって切実な問題ほど解決が難しいものが多いことと指摘した。また、個人が行っている心理的な問題解決の過程と、学校の授業の中で実現される問題解決の過程は、区別して考えるべきであると主張した。基礎学力がなければ問題の発見もできない、という指摘と併せて、末吉の考察は今日でも傾聴に値する。他方で、末吉は、問題解決学習の意義は、自主的な人間を育てることにあるという前向きな意味については評価していた。

生活単元・問題解決型学習が行き詰まるのが明らかな状況下で、学習指導要領に対する意見提出がきっかけとなって、田中と同様に批判的な現場教員とのつながりができ、田中は翌年の1956年に結成された科学教育研究協議会(以下、科教協)の創立メンバーとなった。田中は、自然科学とは何か、科学と社会の関係とはどのようなものかを考えるという科学論・科学史学の立場から、科教協の理論的な支柱の一人となっていった。田中は、日本における科学史研究草創期の人物であるので、理科教育史の上でも、科学論・科学史の専門家が教育に関与するのは先駆的であったと言えるだろう。現在の学習指導要領でも、理科の授業では「科学的な」は重視されてお

図２　玉田泰太郎氏（ご家族提供）

り、これを突き詰めると「自然科学とは何か」まで考える必要がある。現場の理科教員とは違った立場で、自然科学の本質的な問題から論じるところに、田中の議論の重要性があった。田中が遺したものは広範で、短くまとめることは不可能であるが、「理科は自然科学を教える教科である」「子どもは小さな大人である」という考え方は、田中の強い影響の下で、科教協の主張の中心となっていった。科教協には多くの理科教員が集まり、田中らとの議論を通じて、「生活単元・問題解決型学習」に対する現場からの対案として、理科教育の方法や内容について議論されていた。

玉田泰太郎（図2、1927-2002）もその一人であった。玉田は、愛媛県の教育関係者の家庭に生まれ、海軍兵学校を経て、戦後は師範学校に学んだ。1949年から東京都の小学校教諭となり、定年の二年前まで教育現場に身を置いた人物であった。玉田は、科教協の設立から二年後の1958年から会員となり、以降、中核メンバーの一人として活躍した。

玉田の授業は、三井澄雄（1929–2013）や松井吉之助（1928–）などの共同研究者によって「到達目標学習課題の授業」と呼ばれており、その特徴を要約すると、

①自然科学の基礎を体系的に教えるという観点から、概念形成の手順を明らかにし、教材を再構成する。

②一連の教材群からなる単元全体を学ぶことで得られる概念を「到達目標」と呼び、この目標に到達するために、順次性や系統性を考慮して配列された、個々の教材で学習する概念を「学習課題」と呼ぶ。

③授業の中心は、学習者である子どもたちであり、授業者である教員は、学習者同士の活動の援助をする役割をする。

④学習者自身がノートを使って、自分の考えや他者の考えを論理的に記録することを重視する。

という特徴がある。①と②は、どのような教材をどのような順番で学ぶか、という到達目標の選定と授業設計が、非常に緻密に計画されていることを意味している。③に関連して、学習課題や教材の提示や発問も、子どもたちが自発的に考えることができるように研ぎ澄まされた表現を準備する。④の、ノートをとることの重要性については、玉田（1997）は、「文章に書くという作業の中では自分をいっぺんつき離して、客観的に見直すことができる。わかっていたつもりが、いざ書いてみると書けない。文章に書いてみたら重要なことが抜けていたことに気がつく。（中略）子どもがどれだけつかんでいるかとか、自分が何を学んだかということも記録にあらわれ

る」と述べ、ノートに書くことは子どものメタ認知につながることを指摘している。授業者が発問して、学習者がそれに応答する、というのは、学校の授業で普通に使われている手法だが、質問されてアドリブで答えるというのは大人でも難しい。一度、ノートに考えをまとめて、それに基づいて質疑応答することが、討論の際の論理的な展開につながっているのは明らかであろう。

一方で、玉田の授業は、討論やノートの書き込みが中心であるので、当然、普通の講義式の授業に比べて非常に時間がかかる。そこで、学校での限られた時間の中で、授業で扱えることは必然的に少なくなる。これに対して、玉田は、「内容は少なく、教材は豊かに」として、子どもたちの誰にでも本当に必要な自然科学の基本知識、例えば「物質の基本概念」や「生物の体のつくりやしくみ」など内容を精選することで対応するべきと主張している。

現在、残されている玉田の公開授業の映像を観察すると、授業の流れは、授業者による問題（学習課題の提示）→学習者が各自で予想する→予想分布をとる→学習者同士で予想を出しあい、討論する→討論の結果で予想を再検討する→授業者による実験→実験結果の確認とまとめ、の順で進行する。これは、後述の仮説実験授業と同じである。しかし、仮説実験授業が授業書というテキストを用いるのに対し、玉田はテキストやプリント類を一切使わずに、板書に加えて、子どもたちが自分の考えをノートに丁寧に記入していくことで授業を進める。また、仮説実験授業では、予想の選択肢は、あらかじめ授業書で指定されているのに対し、玉田は選択肢自体を子どもたちがノートに書いているものから抽出する、といった相違点がある。子どもたち同士の討論の部分では、玉田は最初の発言者を指名したり、意見の相違点を確認したりする程度で、話しあいは子どもたちのみで進行する。逆に言うと、授業者には、ノートに書かれている子どもたちの考えを調べて、その場でどのような順番で意見を出してもらって授業を組み立てるという、ファシリテーターとしての高い技量が必要になる。小学生が、論理的な討論によって、対話的に、かつ主体的に、深い学びをしていく教室の様子は感動的で、戦後の日本の理科教育の到達点の一つということができる。

玉田泰太郎は、個々の子どもたちの発言を忠実に採録した詳細な授業記録を残しているが、これはほぼ完成形のもので、授業を始めた最初から、子どもたちが前述のようなことをできていたわけではないと思われる。論理的に考え、それを文章にまとめ、自分でノートに書き込んでいく方法については、おそらく繰り返し丁寧に教えていたはずである。玉田はノートを集めていたが、それに朱筆するということはなかったとのことなので、論理的な考え方やノートの記録のしかたを教えるとすると、授業中に机間指導の場で行っているとしか考えられない。30～40人の学級で、どのように個別に指導をしていたのかという部分については、現在残されている資料では、残念ながら断片的にしか分からない。現在、玉田泰太郎の授業を復元することが難しくなっているのは、これが原因と考えられ、玉田の方法論の詳細な解明は、理科教育学の課題の一つと考えられる。

（2）板倉聖宣と仮説実験授業

板倉聖宣（1930-2018）は、自ら「伝記風の自伝」（板倉 2018）で、「もともと科学史・科学教育の研究者で、仮説実験授業の提唱者。日本史・世界史などの〈社会の科学〉の著者でもある。数多くの科学読物の作家でもあり、哲学者とも云われる」と書いている。板倉は、1957年に「古典力学と電磁気学の成立過程とその比較研究」で理学博士の学位を得たのち、1959年から国立教育研究所に所属し、日本科学技術史大系の編纂に携わって、日本の科学教育の科学史研究も行った。板倉ほか（1989）によれば、仮説実験授業は、上廻 昭（1927- 当時・学習院初等科教諭のちに成城学園小学校教諭）が、内地留学の形で、板倉の下で振り子に関する授業開発を行ったことに始まる。板倉は、独自に発想した「科学的認識は、仮説を持って対象に目的意識的に問いかける実験によってのみ成立する」という考えに基づき、「問題・予想・討論・実験」という「テキスト」の作成を上廻に勧めた。この方法が上廻の授業で実際に子どもたちに受け入れられることを見て、この授業方法を「仮説実験授業」と名づけ、科学の基本的概念や原理を授業として、1963年の科教協大会で発表した。

仮説実験授業のための主たる教材は「授業書」と呼ばれ、教科書とノート兼用の印刷物であり、授業の進行についての具体的な指示が示してある冊子である。このような授業書の形式は、細谷ほか（1963）が提案していた「理科ノート方式」と呼ばれる、教科書・ノート・問題用紙・解答用紙を兼ねたプリントの形式を応用している（板倉ほか 1989, p. 82、細谷 純については後述）。

この授業書の開発の段階で、多くの授業者によって授業書に基づいた授業の試行・改訂がなされ、効果が確認されたものだけが公表される。そこで、一般の授業者は、仮説実験授業の原理をよく理解し、授業書に沿って進行すれば、誰でも一定の授業効果を上げることができる。教材開発に関しても、その効果の再現性が確認できたものを採用するという「科学的な」方法を採用していることが特徴である。一般に、日本の学校教育では、いつ何を授業するかは教科書で決められており、それをどのように授業するかは授業者に委ねられている。仮説実験授業では、いつ何を授業するかは授業者が選び、授業の方法は統一する。これは従来の教科書中心の考え方とは正反対の発想ということができる。

授業書は、自然科学だけでなく、社会科学系のものも開発され、本書の出版時点で、㈱仮説社において公開・販売されているものだけでも約八十が発行されている。これまで発表された授業書の開発の多くに、板倉聖宣自身がかかわっている。

また、仮説実験授業は、学習者各自が持った仮説について、集団で討論することを重視するという特徴を持っている。また、板倉は、仮説実験授業が集団学習の形をとるのは、アメリカを中心に当時の教育学で流行していたプログラム学習に対するアンチテーゼの意味があったと述べている（板倉ほか 1989）。行動主義に基づくプログラム学習は、現在のeラーニングなどの元となる考え方で、B. F. スキナー（B. F. Skinner, 1904-1990）のものが代表的である。スキナーのプログラム学習は、オペラント条件づけという理論を応用して、学習者がティーチング・マシンというデバイスが示す問題を、正解・不正解を確認しながら次々に解いていくことで、最終的に学習目標が達成できるとするものであった（市川 1995）。プログラム学習は、ティーチング・マシンを相手に個別に学ぶことが前提であったので、仮説実験授業は、逆に学校・学級という集団での学びを重視する立場をとったのである。

仮説実験授業の方法については、「仮説実験授業のABC」（最新版の第五版は、板倉 2011）に詳しく述べられている。授業の流れは、学習者による授業書の音読（質問・問題の提示）→学習者各自が予想を立てて授業書の選択肢を選ぶ→予想分布をとる→学習者が予想を出しあい、討論する→討論の結果で予想を再検討する→実験観察→実験観察結果の確認、の順で進行する。学校の教室で実験観察をすることが難しい学習課題（例えば、理科室ではできない実験）については、実験観察をする代わりに、科学的な事実を示す「お話」「読物」によって問題解決をする、という方法も採用されることがある。授業書の中には「地球」「宇宙への道」のように、スケールが大きかったり、夜間の観察が必要だったりといった、全般に実験観察が難しいものがあるが、このような構成の場合は、読物の部分が多くなり、「イメージ検証授業」という呼び方をすることもある。学習課題として提示されるものには、「質問」と「問題」の二つがあり、質問は子どもたちの考えを集めたり広げたりするための問いかけ、問題は科学的・論理的に考えて実験観察で決着をつける学習課題にあてられている。授業書では、質問・問題・読物が、子どもたちの思考をのばすように配列されている（図3）。授業書のはじめの方の問題は、素朴概念を使

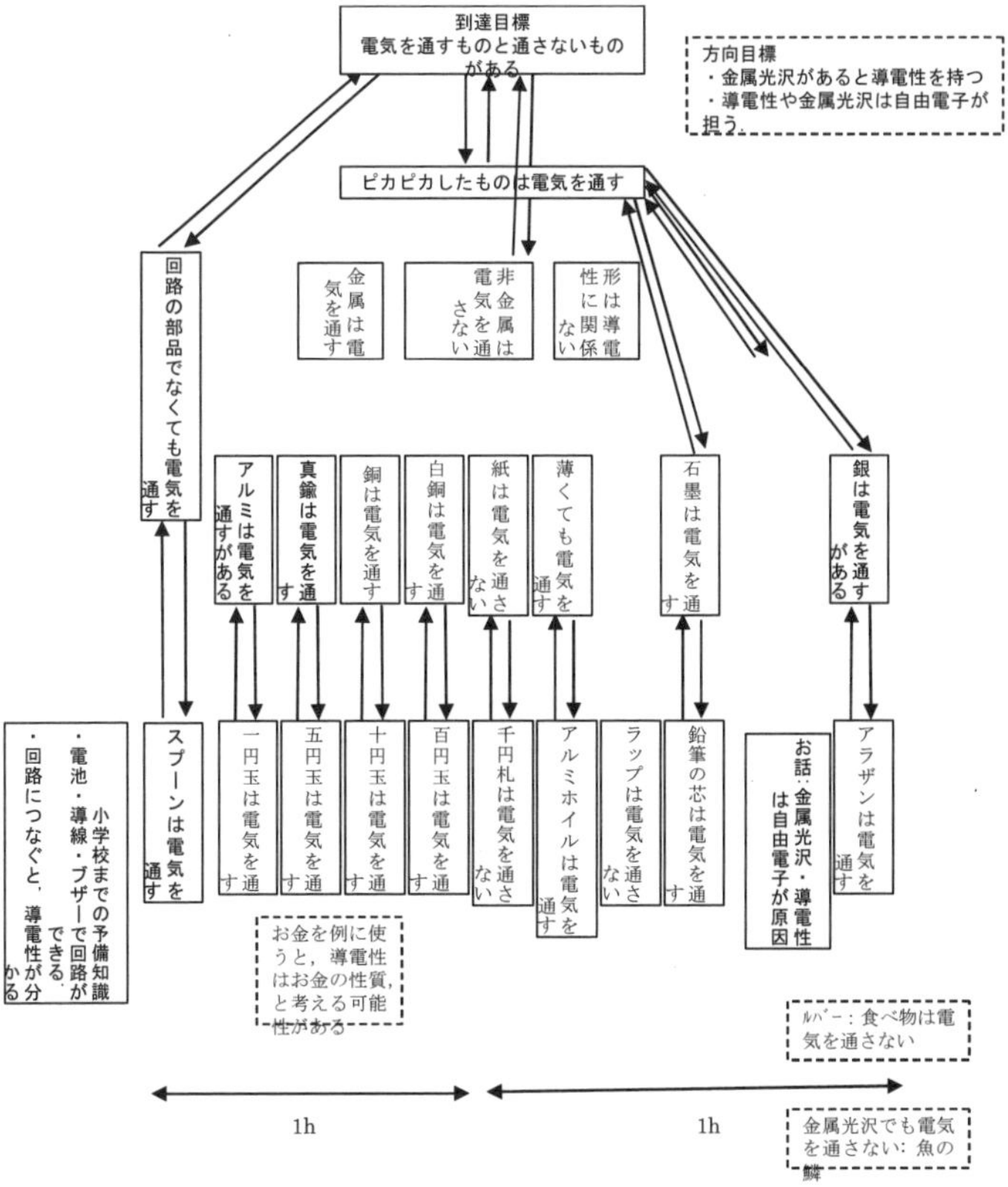

図３　授業書「もしも電子が見えたなら」中の「電気をとおすもの、とおさないもの」の授業展開を示した認識のぼりおり表（単元分析表）。認識のぼりおり表については川勝（2005）を参照

って子どもたちが考えると、意見が分かれたり、実験観察結果が予想と大きく異なってインパクトがあったりするものが多いが、必ずそのような問題から入る授業書だけではない。

授業書の読物の中には、「ファン・ヘルモントの柳の実験」、「サントリオ・サントロの体重の実験」など、科学史に基づいた内容のものを多くみることができる。本章の最初に見たコイントス問題を起こす素朴概念が、近代科学成立前のインペトゥス理論と類似していることからも分かるように、科学史上で科学者が古い理論の打破に苦闘する道筋が、自然科学自体の概念転換を促すこと模して、子どもたちが自然科学の概念の基本を身につけることを狙っていると考えられる。

こうした実験観察や読物の内容は、板倉の科学史研究の成果を活かして、課題となる問題を発見しているものも多く、板倉の科学史研究者としての成果を教育現場に活かしたものということができるだろう。

三　教育心理学者の仕事

(1) 細谷 純とル・バーの発見・極地方式

細谷　純（1932–）は、1961年に国立教育研究所研究員となり、1966年から東北大学教育学部で教育心理学の教鞭をとった。細谷の著作は、大学院生時代から開始されて、膨大な数がある（東北大学記念資料室 1996）。大学院在学中に書かれた「授業の研究」（細谷 1961–1962）を見ると、研究者として歩み始めた最初から、教育現場に積極的に関与して研究する姿勢を示していたことが分かる。

そうした教育現場とのかかわりの中で、細谷は、Clement（1982）よりも約二十年前に、学校での授業内容を受け入れる前の段階で、子どもたちの中に形成された概念があって、授業で得られる概念の定着を阻害することに気づいていた。筆者の調べた限りでは、細谷（1964a）では、「入学前の児童は、自分自身の好みに応じて、しかも、自分の生活の中で、かなり勝手気ままな学習を行っているわけであるし、そのさいのかれの教材は、身のまわりのどんなものの中から選んでしまってもかまわないわけであるから、親やその他のまわりの教育者の意図とはかなり無関係に、ということは、実は、入学後の学習とは必ずしも連絡しておらず、端的にいえば、偏ったり、誤ったりしている学習を、おこなってしまっているわけである」と述べている。また、新田・永野・細谷（1964）では、「子どもたちと議論をしてみると、かれらはときに、実に奇想天外な考え方を表明します。例えば水を入れたコップを斜めにしても、水面は動かずに底面と平行なままにとどまっているだろうとか、動物の呼吸は酸素を吸って炭酸ガスをはくけれども、植物の呼吸は逆に炭酸ガスを吸って酸素をはいているのだとかいったぐあいです。これはけっして苦しまぎれの珍答なのではなくて、かれらにとっても信念ともいえるほどである場合がしばしばです」としている。そのうえで、細谷（1969）では、「ものにはすべて重さがあるというのが『ru』であるとすれば、『空気には重さがある』というのは、その一つの『eg』であるということになる。これに対して『ru』とは『ル・バー』と読み、ルールの理解を阻害する誤った法則のことを意味する。たとえば『気体には重さはない』などというのがその例である。』」として、自然科学の法則・モデルとは違って、それを阻害する子どもに固有の考え方に、ル・バーという名前を与えた。これは、プログラミング学習における「ルレッグ法」の用語を援用したものと考えられる（工藤 2011）。ルレッグ法は、Evans et al.（1962）が提唱したプログラム学習の一手法で、先ずルール（ru）として、a＋b＝b＋a、その代入例としてのエグ（eg: example）として1＋2＝2＋1を示したうえで、学習者に不完全なエグ（例えば、3＋5＝5＋□）をたくさん示して、□に入る数値を考えて完成させる、という手順で学習を進めるというものである。この方法は、1960年代はじめに、細谷ら国立教育研究所の心理学研究グループによって紹介・検討されていたものであった。

最終的に、細谷は、ル・バーを「過去の狭い偏った範囲の経験の自成的一般化の結果として作られ、ルール命題における前提項ないし帰結項の選びまちがえ、選びすぎ、選び不足などや、適用範囲の拡大過剰（誤れる一般化）や縮小過剰（誤れる特殊化）などの特徴を持つ」と定義した（細谷 2001）。日本では既に1970年代はじめには、論理的に丁寧に授業を展開しても、ル・バーによって概念を受容できない子どもがいることが明らかになっていたのである。

さらに、細谷はル・バーを自然科学の法則に変える概念転換の方略（ストラテジー）についても考察し、

①ドヒャー型（おこせ、ゆさぶれ、ぶっつぶせ型）＝対決型ストラテジー
②ジワジワ型（ほれさせ、まねさせ、あきれさせ型）＝懐柔型ストラテジー
を提案した（細谷 2001）。①は、子どもたちの常識とは大きくことなる事実を最初にぶつけて、ル・バーを破壊する方法で、仮説実験授業の授業書作成の際に使われる方略の一つにもなっている。②は、数多くの教材を準備し、一つの学習課題に対して自然科学の法則・モデルの有用性を繰り返し学ぶことで、ル・バーからの概念転換を導く方法である。まず正しいルールと例（エグ）を示したうえで、不完全なエグを積み重ねて、ルールの定着を図る手順は、ルレッグ法と共通している。それぞれの方略の効果の出方については、その後の教育心理学の研究によって、学習課題の内容などによって長短があることが明らかになっている（伏見・麻柄 1993、麻柄ほか 2006、工藤 2011）。

一方で、細谷（1961-62）は、「実は教授活動は、教師という人間主体が行う構成活動であって、見られる側面の違いによっては様々の名で呼ばれうるのだと考えて見ました。児童の学習活動も、それが構成活動であるという意味では、活動の主体が児童であるということを別にすれば、教師の教授活動と同様な性格を持つものであると考えることが出来る訳です。」と述べ、この時点で、授業者が授業を作る過程が、子どもが学習する過程と同期すると考えていた。後に、この考え方は、科教協東北支部で活動していた高橋金三郎（1915-1991）や中村敏弘（1930-）らと共同で提案した「極地方式」（高橋・細谷 1990）と呼ばれる授業方法に発展した。

極地方式については、高橋・細谷（1990）も簡単に説明することは難しいとしている。説明が難しい原因は、極地方式が仮説実験授業のような一定の授業手順を指定するものではない（本間 2004）からであろう。

まず、極地方式の名前自体もいろいろな含意がある。極地方式では、「すべての子どもに高いレベルの科学をやさしく教える」ことを目標に、授業者が到達目標に向かって教材研究をする道筋をテキスト化して、それに沿って探求活動を繰り返しながら学習する。「高いレベルの科学」が「極地」に相当する。レベルの高低については、例えば、「砂糖が水に溶けるのは粒子がバラバラになって見えなくなる」だけでは低く、「溶解とは、相の消滅と熱の出入りを伴う化学反応であり、従って物質構造を究明し、不用なものと有用なものを分離する強力な手段である」という高いところまで到達することを目標とする。到達までの道筋は「探求」であり、世界一高いところを目指すエベレスト登山の未知ルート開拓のように、「極地探検」は試行錯誤を繰り返しながら進む。このような試行錯誤の方法を「生兵法実践主義」、あるいは、ルートをジグザグに進むことに例えて「Zigzden Zagzden システム」と呼んだ。授業者がプランを練る際の探求の過程で必要となる資料などは、「デポ」と呼ばれる極地方式研究会機関紙に蓄積していく。極地方式が使う用語は独特であるが、このようなユニークな用語を多用するのも、細谷の影響が見て取れる。

極地方式では、極地方式研究会で開発された「極地方式テキスト」を用いる。このテキストは、インターネットで一部web化されているもの以外は、仮説実験授業の授業書のように、そのままの形で公刊されたり市販されたりしているものは存在しない。このため、正式には極地方式研究会に入会して理論を学ばなければ、テキストは入手できないということになる。

極地方式テキストは、探検のときに記録をとるノートとルートの説明にあたる文書に相当するものとして、「学習ノート」と「ガイドブック」で構成されている。また、学習内容によって、最も重要な概念を問題解決して学ぶ「探検コース」、重要ではあるが能率的に学習する「巡検コース」、および教えなくても子どもたちだけで分かる課題についての「急行コース」というカテゴリーがある。これは、巡検コースや急行コースを使って教科書準拠の学習を済ませ、得られた時間を、より時間のかかる探検コースに配分するという工夫であろう。

探検コースのテキストの教材の配列には、ドヒャー型やジワジワ型の概念転換ストラテジーが採用されている。テキストの最初の段階は、「入り口は取り組みしだい、初めはおおざっぱ」と表現され、「生兵法」で失敗しながら使っているうちに修正されていくという考えに基づいており、厳密な法則・モデルではない形でスタートするのが普通である。また、教材自体の扱いも、授業者と学習者の組み合わせで変化するもので、仮説実験授業のように固定されたものではない。テキストの内容は、「地図の色塗り」などの作業や実験観察、問題と実験観察、お話、などの多様な教材を、子どもたちが主体的に取り組む形になっており、場合によっては、校外での農業実習や地質の巡検などの体験学習も含むものになっている。

極地方式も，細谷　純の教育心理学と高橋金三郎の教授学，および現場教員たちの実践という共同作業によって構築された日本独特の理科学習の方法ということができるだろう。

（2）集団学習方法の開発　末吉悌次と塩田芳久

理科教育に関連して，到達目標学習課題の授業，仮説実験授業，極地方式の授業についてみてきたが，プログラム学習が学習者個別で学習するのが基本であったのに対して，これらの授業方法は，全て学級という集団を活かす取り組みであった。日本に限らず，近代の公的教育制度では，学級を子ども集団の基本単位とする学校制度を採用している。この方法はモニトリアル・システムに起源を持ち，元々は必ずしも学習者を尊重するしくみではなかったが，理科教育の歴史の上では，学級を積極的に活かす取り組みが長く続けられてきた。学習は，学習者個別の能力を高めるだけでなく，色々な場での集団の能力を高めるものでもある。学校現場で，学級の担任をする場合や，教科担当として授業をする場合も，その学習集団全体の能力が向上する方向を模索する必要があるだろう。本章では詳述する余裕がないが，子ども中心の集団教育は，戦前の大正自由教育においても試行されていた。戦後直後の生活単元・問題化解決型学習のルーツは，大正自由教育で取り入れられたアメリカのデューイ（J. Dewey, 1859-1952）などによる理論と実践に基づくものであった（板倉 2009）。生活単元・問題解決型学習は，本来は生徒集団と，その構成員である子どもの個性を活かす試みでもあったのである。

戦後の集団学習についての重要な教育学的研究の一つが、末吉悌次（1909-2003）によるものである。末吉は、長崎県生まれで、広島大学で教鞭をとった教育社会学者であり、広島大学附属小学校や加古川市立川西小学校の共同研究者の協力を得て、現場のデータを重視する教育研究を行った（末吉 1959）。広島大学教育学部は、広島高等師範学校の伝統を持ち、現在も日本の教育の中核を担う研究拠点の一つである。しかし、末吉の1950年代の著作をみると、文部省が主導した生活単元・問題解決型学習や、それを実現するためのコアカリキュラム開発運動には批判的な立場であった。

末吉の集団学習の研究の目的は、「学習や学習指導の理論および実際を、いわば、『社会化』しようとするもの（中略）基本的には個人的教育観はのりこえられねばならないという考え方の上にたっている」であった。末吉が、学級内の小集団についての教育研究の主眼は、小学校高学年で見られる学習意欲の分化の防止にあったようである（末吉 1959）。学級単位で教員が主導する一斉授業の形では、授業中に活躍する子どもが一部に限られ、「他のものは学習活動から脱落していく傾向が見受けられる」としている。脱落する子どもたちは、今日の用語では、「落ちこぼれ」に相当する。末吉らのグループの研究は、学級の全ての子どもたちが自ら積極的に学習に参加するためには、学級内に小集団を作り、小集団の中で「協同学習」を進めることが有効であることを実証的に示した。その検討は多面的で、例えば、競争学習よりも協同学習の方が学習意欲や定着がよいというデータに基づいた比較、集団討議の状況の詳細な観察、学習者のリーダーシップについての観察、および地域を含めた社会的な環境の影響にまで及んでいて、説得力のある議論がなされている。末吉は、後に集団学習方式を「自発集団学習」と呼ぶようになる。自発的な学習活動を重視する理由を、末吉（1955）は、「要するに民主的な社会、人間主義的な道徳の求める自主的人間は『考える人間』である。そういう意味で、今日の教育は『考えること』の教育であるといっても過言ではないと思う。」「思考は問題状況において、おこるものであり、その問題を科学的、合理的に解決しようとするところに、生産的、科学的な思考がなされるのである。ここに、いわゆる問題解決学習の教育的意義が考えられる。」と述べている。六十年前の文章であるが、今日でも重要な指摘であると思われる。

一方、末吉悌次とほぼ同時期に、名古屋大学の教育心理学者であった塩田芳久（1912–1988）が、学級内の小集団による集団学習方式を模索していた。塩田は、アメリカのフィリップス（J. D. Phillips）が提唱した、66方式という集団討論の方式を取り入れた（Phillips 1948）。フィリップスのレポートはわずか2ページの短いものであるが、

①集団を6名以下の小集団に分け、示されたテーマについて、6分間議論を行う。
②最初に少し時間をとって、司会と記録係を決める。
③議論のテーマは議論のテーマが明確になるように言葉をよく選んで伝える。
④各自の発言を記録係が書き取り、その中で最も価値があるものをグループ討議で選び、それを発表用とする。

という手順が示されている。フィリップスは、これを公的な会議から学校現場まで、数百〜数千の人数で試行して、効果があったことを報告している。この66方式は、現在、グループ・ワークやワールド・カフェなどで行われている小集団での討論方法とよく似ている。

塩田は、偶然にできた愛知県海部郡八開中学校とのつながりをきっかけに、この中学校での一日の最後のホームルームで、フィリップスの方法を「復習バズ」という名前で取り入れることを助言した。復習バズは、その日に受けた授業で分からなかったところを、子どもたち同士の小集団の中で教えあう活動で、これを行った結果、教えてもらうことによって学習で脱落しそうになっていた子どもたちの学力がのび、逆に、学習をリードしていた子どもたちは人に教えることで、さらに成績が向上するという画期的な成果が生まれた。授業が分からないために起こっていた学校内の「荒れ」も改善された。この結果に自信を深めた塩田は、この学習方法で、教室が子どもたちの声で満ちる様子を模して「バズ学習方式」と名づけて公表した（塩田・阿部 1962）。バズ（buzz）とは、ミツバチの巣箱が羽音で満ちる様子を表した言葉で、学級内での子どもたちの教えあいの声であふれる様子を示したものであった。さらに、バズ学習は、豊川市立中部小学校における正課の授業における実践でも、その効果が確認された（塩田・豊川市立中部小 1965）。塩田の研究方法は、現場の授業者の自発的な実践と深く関係することで進展したと言ってよいであろう。その後、バズ学習方式については、課題の立て方や指導過程、学習者のリーダーシップを含めた集団の編成方法、評価方法等についての研究が進み、現在の協同学習の理論へと発展している（杉江 2011）。

塩田に限らず、集団学習の研究者・実践者たちが共通で主張するのは、集団で協同して行う学習が、単に学力の向上だけでなく、学習集団内部の人間関係の改善にも大きな効果があるということである。特に、理科における問題解決では、ドリルや暗記が得意な子どもだけが活躍するとはかぎらない。常識にとらわれないユニークな考え方ができる子どもの方が、本来の自然科学の理論やモデルに近い考え方ができる可能性もある（松井 1986）。普段の成績とは関係なく、ユニークな考えを持てる子どもは尊敬される。到達目標学習課題の授業や仮説実験授業では、議論の途中で間違った考えが出ても、最終的には実験観察で証拠に基づいて決着をつけるので、途中で間違った意見が出ても、授業者が無理に否定・修正したりせずに子どもたちの意見を尊重することができる。「正しいことは、多数決ではなく、事実によって決まる」、「他人の優れた意見を尊重することで、自分の考えを修正していくことができる」という考え方を涵養できるのである。他人の優れた意見を認めることは、学習者集団の内部で、互いを尊重する態度を育てることになるだろう。板倉（2011）は、このような理科教育は、学習者集団の人間関係を改善するための、生徒指導としても機能すると主張している。

おわりに

第二次世界大戦後の民間における理科教育研究について、1960年代をピークとして、これからの日本の教育に資する理科教育が開発されていたことを、駆け足で見てきた。駆け足であるので、重要な研究・実践で本稿では扱えなかったものが多々あることはお許し頂きたい。ただ、2017～2018年にかけて策定された学習指導要領においては、「長年にわたり積み重ねられてきた教育実践や学術研究の蓄積を生か」すことが明記されているので、ここで扱った理科教育における対話的・主体的で深い学びを目指す実践を、今後の理科教育に活かす必要があることに異論はないだろう。

戦後日本の教育において、このような高いレベルの教育方法が開発されたのは、なぜだろうか？　焼け野原になった日本で、戦争を生き延びた人たちによって、破壊しつくされた生活を、なんとかして再生したいという強い願いが動機となっていることは間違いない。そのためには、教育の力によって、主体的に、かつ科学的に考えることができ、二度と戦争を起こすことがない理性的な判断ができる人たちが育たなければならないということを、当時の教育に携わる人たちは誰もが思っており、教育改革の強い動機となっていた。なぜなら、戦争という問題解決は、理性的に考えても、科学的に考えても、負けた側は勿論、勝った側も決して幸福にはならないという帰結を、二十世紀の世界大戦によって誰もが体験したからである。その教育の成果は、この教育を受けた人たちがどのような日本を作ったか、という事実で評価される。戦争を生き抜いた人たちが作った土台の上に、高度成長と豊かな日本を実現できたのは、戦後教育の成果ではないだろうか？　急速な高齢化と国際競争力の低下によって沈みゆく国と言われている日本の未来のために、今、どのような教育をしなくてはいけないかを熟考すべき時期と考えられる。

しかし、このような世界的に見ても稀有な先行研究・実践は、残念なことに、日本の教育において普遍的なものとして普及しなかった。これには様々な要素が考えられる。最も影響が大きかったのはイデオロギー対立で、民間での教育活動の中心の一つであった科教協の発足母体が、文部省（現・文部科学省）と対立する関係にあった日本教職員組合（日教組）であった。このことが、本書で取り上げたような優れた授業実践を教育政策に組み込むことができなかった主な原因であったことは否定できず、これはたいへん不幸なことであった。

また、本章で見てきたように、それぞれの民間のグループの活動は密接に関係し、互いに相互作用を及ぼしあっている。不完全ではあるが、このことを示す年表を作成し、付録に掲載したので、相互の関係を検討してみてほしい。残念ながら、これらの活動は、互いに認めあう形で発展しなかった。板倉聖宣（2011）は、戦前からの理科教育史研究を踏まえたうえで、これまでの理科教育運動の衰退が、元々は優れた教育方法であっても、普及・拡大するうちに、理念や理想から離れて劣化したことが原因であることを指摘している。そのため、板倉は、仮説実験授業の安直な模倣を許さない厳しい態度で臨んだ。そして、仮説実験授業研究会も、極地方式研究会も、授業書やテキストに関しては、研究会内部でのみ検討することを堅持した。

しかし、理科に限らず、教育史の研究を見てみると、非常に有効な教育方法であっても、一つの方法だけで教育の問題が全て解決しないことは明らかである。筆者は、教職課程の受講生には、「この教育のやり方一つで全てうまくいく、という意見があったら、必ず懐疑的に見るように」という助言をしている。どのような教育方法でも、授業者と学習者の集団の性質の違いや、教育内容や問題の種類の違いによって、一長一短を持っている。つまり、ある場面ではどんなに素晴らしい効果を示す方法にも、それが適用できる条件はあって、併せて必ず短所も持つことを意識するべきであろう。そのうえで、解決方法は一つに絞らず、状況に合わせて、多様な教育方法を柔軟に、かつ機敏に利用して、それらを組み合わせて対応する必要があると考えられる。心理カウンセリングでも、クライアントの状況によってフロイト、ユング、ロジャーズなど、基本的な立場の違ういろいろなアプローチで、方法論を使い分けて対応していく。教育もこれと似ており、授業者の個性と、学習者集団の特徴、そして扱う問題の内容などによって、最も適した方法を授業者が選択して、組み合わせて適用していくことが望まれるだろう。

本稿の執筆の動機は、ここで紹介したような優れた理科教育が、若い教員のかたたちの間であまり知られていないということを耳にしたからであった。実際、到達目標学習課題の授業や極地方式の授業の実践者は、本書の執筆時点でごくわずかであると考えられる。紹介した教育方法の中では、仮説実験授業のグループが、市販されている「楽しい授業」誌が数万部の発行数を持ち、最も活動的であると思われる。筆者は二十年以上にわたって、よく使われている授業書の一つである「もしも原子がみえたなら（通称・もし原）」を中学校一年生の粒子概念の導入として授業しているが、十年ほど前までは、担当した東京都下在住の中学校在校生百数十人のうち、一人か二人は小学生のときにこの授業書で仮説実験授業を受けた経験があった。しかし、近年は、そうした生徒がほとんどいなくなっている。このことからみて、仮説実験授業が、東京都下の小学校で実際の授業で使われる機会は減ってきているようである。

また、本間（2004）が指摘しているように、ここに紹介したそれぞれの教育方法について、授業記録を含めて膨大な資料が蓄積されている。これらの資料の保管・整理・公開についても理科教育学の課題であろう。

もとより、これは筆者個人の手には余る仕事であるが、誰かが一度全体像を俯瞰とする紹介をしなくては後進の人たちに伝わらないと考え、その紹介に挑戦してみた。また、全体像を精密に俯瞰するためには、本来は膨大な文献が必要になる。本章の引用文献では、公表されているもののうち、本書の発行時点で比較的入手しやすいものを挙げるのに留まっていることをお許し頂きたい。より深く知って頂くためには、引用文献からさらに検索を進めて頂く必要がある。

本稿の執筆にあたり、松井吉之助先生は、粗稿の段階で原稿を読み、貴重なご助言を頂いた。また、玉田泰太郎先生の写真は、松井先生を通じて玉田先生のご家族に提供して頂いた。ここに記して、感謝いたします。

引用文献

Clemnt J. J.（1982）Students' preconceptions in introductory mechanics, Am. J. Phys. 66–71.

Evans J. L., Glaser R. and L. E. Homme（1960）The RULEG system for the construction of programmed verbal learning sequences, Pittsburgh Univ. PA., Report No, CRP-691-3.
伏見陽児・麻柄啓一（1993）授業づくりの心理学、国土社、218頁
市川伸一（1995）学習と教育の心理学、岩波書店、172頁
川勝　博（2005）よい理科の先生を養成するには―教員養成系大学・学部の現状と展望、日本物理学会誌、60, 140-144.
工藤与志文（2011）学習者のもつ「素朴概念」と概念変化をうながす教授方略―ル・バーと組かえ型ストラテジー―、心理学評論、54, 312-327.
麻柄啓一・進藤聡彦・工藤与志文・立木　徹・植松公威（2006）学習者の誤った知識をどう修正するか―ル・バー修正ストラテジーの研究、東北大学出版会、328頁
松井吉之助（1986）子どもに学ぶ教育研究、理科教室、29, 6-11.
細谷　純（1961-1962）授業の研究（連載）、千葉教育、No. 68-No. 79.
細谷　純（1964）既習知識の積極的活用 提案1、総合教育技術、80-82.
細谷　純（1969）教育目標のくだき方、児童心理、56-61.
細谷　純（2001）教科教育の心理学、東北大学出版会、254頁
細谷　純・永野重史・新田倫義（1963）理科ノート方式による授業の創造と研究、学習心理、7, 39-43.
本間明信（2004）高いレベルの科学をやさしく教える―極地方式研究会のこれまでとこれから―、理科教室、47, 26-31.
田中　實（1955）理科教育の十年、教育、53, 70-81.

板倉聖宣（2010）未来の科学教育、仮説社、234頁
板倉聖宣（2009）増補　日本理科教育史　付・年表、仮説社、582頁
板倉聖宣（2011）仮説実験授業のABC 第5版―楽しい授業への招待、仮説社、176頁
板倉聖宣（2018）（未発表原稿）伝記風の自伝、楽しい授業、三月号、6-25.
板倉聖宣・上廻　昭・庄司和晃（1989）仮説実験授業の誕生―1963-64論文集―、仮説社、204頁
新田倫義・永野重史・細谷　純（1964）第八回　授業のための「作戦会議」、小四教育技術、110-115.
Phillips J. D.（1948）Report on discussion 66, Adult Education Journal, VII, 181-182.
塩田芳久・阿部　隆　編（1962）バズ学習方式：落伍者をつくらぬ教育、黎明書房、387頁
塩田芳久・豊川市立中部小学校（1965）小学校のバズ学習―その実践的研究―、黎明書房、344頁
杉江修治（2011）協同学習入門、ナカニシヤ出版、157頁
末吉悌次（1955）問題解決学習―その新しい解釈の試み―、光風出版、90頁
末吉悌次編（1959）集団学習の研究、明治図書、337頁
高橋金三郎・細谷　純（編）（1990）極地方式入門―現代の科学教育―、国土社、208頁
玉田泰太郎（1997）新・理科授業の創造―物質概念の基礎を教える―、新生出版、386頁
東京科学教育研究所編（2012）自然科学教育の発展を目指して―田中實の成果に学ぶ、同時代社、288頁
東北大学記念資料室（1996）細谷　純教授著作目録、著作目録591号、19頁

付録　戦後理科教育関係年表（1945〜1980）

西暦 和暦	世界史	日本史	文化・ 科学	科学の普及・ 教育関連	科教協 （田中 實）	仮説実験授業 （板倉聖宣）	極地方式 （細谷 純）	集団学習 （末吉、塩田）
1945 （昭和 20年）	ヤルタ協定 第二次世界大戦終結	太平洋戦争敗戦 財閥解体、農地改革、婦人参政権	シンクロトロンの発案	決戦教育処置要綱を閣議決定。国民学校初等科以外の学校における授業を原則として１年間停止。 文部省が「新日本建設の教育方針」を発表。国体護持を強調。 文部省が、「終戦に伴ふ教科用図書取り扱い方に関する件」を定め、戦時教材の省略。削除を指令。 GHQ が、日本政府に「日本教育制度に対する管理政策」を通達。 GHQ が、修身・日本歴史・地理の授業停止と、従来の教科書の回収廃棄および新教科書の作成を指令。		空襲で板倉聖宣の自宅全焼 塩尻に移住 板倉聖宣が名古屋陸軍幼年学校入学 板倉聖宣が長野県立松本一中に編入		
1946 （21）	インドシナ戦争開始	極東軍事裁判 日本国憲法公布	電波干渉計開発 電子計算機（ENI-AC）完成	日本民主主義教育研究会（民教）設立。 「明るい学校」を発刊。 広島出版「ぎんのすず」創刊 文部省が男女共学実施を指示 文部省が6・3・3教育体制決定を発表	田中實が東京工業大講師			塩田芳久が岡山師範学校講師
1947 （22）		二・一ゼネスト中止命令 日本国憲法施行	プロメチウム発見 細菌の遺伝子組み換え発見 トランジスタを発明	文部省が、新制中学校用理科教科書「私たちの科学」 教育基本法、学校教育法公布 6・3制発足 学習指導要領発表 教員追放11万名を発表 文部省が教科書検定制度を発表 民教解散。日本民主主義教育協会（民教協）発足。 児童福祉法公布		板倉聖宣が本郷中学校に戻る 板倉聖宣が官立浦和高等学校理科入学		
1948 （23）	第一次中東戦争 ベルリン封鎖		ファインマンらが量子電磁気学提唱 ガモフらがビックバン理論提唱	日本学術会議法公布 教育委員会法公布 文部省が、小学校理科教科書「小学生の科学」 教育科学研究会が雑誌「教育」復刊 社会科学習プランづくりが盛ん。 コア・カリキュラム連盟発足				

1949 (24)	中華人民共和国成立		湯川秀樹ノーベル物理学賞受賞	教育公務員特例法 教職免許法成立 歴史教育者協議会(歴教協)創立大会 私立学校法公布		板倉聖宣が東京大学入学 板倉聖宣が科学方法論研究会		塩田芳久が名古屋大学助教授
1950 (25)	韓国戦争開戦	レッドパージ 児童憲章制定		日本綴方の会発足 東京都教育委員会がレッドパージ。 天野貞祐文部相がレッドパージを言明。 私立学校振興助成法公布	座談会「科学教育をめぐって」。 座談会「これからの理科教育」。	板倉聖宣が東京都学生自治会連合常任執行委員 板倉聖宣が東京大学教養学科科学史科学哲学分科へ進学		末吉悌次「カント実践的教育論」
1951 (26)		サンフランシスコ講和会議 日米安保条約		産業教育振興法制定 無着成恭編「山びこ学校」 数学教育協議会(数教協)が発足。日教組第一回教育研究全国大会開催。		板倉聖宣が自然弁証法研究会を組織 板倉聖宣「天動説と地動説の歴史的発展の論理構造の分析」		
1952 (27)				勝田守一・梅根悟の論争 斉藤喜博が群馬県島小学校で実践 日本綴方の会が日本作文の会に改名 中央教育審議会設置 義務教育国庫負担法公布	第一回科学史および科学方法論研究サークル連合シンポジウム開催。			
1953 (28)	韓国戦争休戦協定		DNAの二重らせん構造	中央教育審議会発足 義務教育国庫負担法実施 コアカリキュラム連盟が日本生活教育連盟に改称。理科教育振興法制定	武藤徹と小島昌夫が理数教育研究会を作る。 田中實「理科教育批判のために」。 真船和夫「小・中学校の理科教育と教科書」。 井出弘子が真船和夫を訪ね、理科教育組織の設立を相談。	板倉聖宣が東大大学院数物系研究科物理過程進学 板倉聖宣「科学と方法」創刊 (関根克彦、佐伯秀光とともに)		末吉悌次が文学博士(広島文理科大学)

1954 (29)	ベトナムから仏撤退	自衛隊創設 第五福竜丸事件		梅根悟「問題解決型学習」 へき地教育振興法制定 学校給食法制定 理科教育振興法施行令	理科教育協議会初会合 科学教育研究協議会設立総会	板倉聖宣「理化学研究所の設立期における科学研究体制」		
1955 (30)	バンドン会議		ニュートリノ発見 反陽子の生成 電子レンジ発明	日教組教研理科分科会ができる	東京生物サークル発足 東京物理サークル発足 三井澄雄(浦和市本太中)が入会 小原秀雄、島村福太郎(学芸大)が入会 東京化学サークル発足 飯野貞雄(山形市立二小)が入会 大森平生(新宿区富久小)標準理科学習運動の提唱 東工大で第二回科教協総会 東京地学サークル呼びかけ 東工大付属高で科教協と数教協の合同研究会 林淳一、玉木英彦、板倉聖宣が入会 小林実(大阪書籍)が入会 田中實「理科教育の十年」			末吉悌次「問題解決学習」
1956 (31)		日ソ共同宣言・国際連合に加盟		日教組第五次教育研究大会(松山) 教育委員会法廃止。地方教育行政の組織及び運営に関する法律が公布 就学困難な児童及び生徒に係る就学奨励について国の援助に関する法律制定	田中實編「新しい理科教室」 系統性と順次性 中村敏弘、伊藤右二(宮城刈谷サークル)が入会 科教協第三回総会		細谷純が東京大学文学部心理学科卒業	竹原市加茂川中学校で自発協同学習開始

1957 (32)			スプートニク打ち上げ成功 朝永振一郎がトンネル効果発見 超伝導の理論化		日本民間教育研究団体連絡会(民教連)発足。 関根栄雄「理科教育これまでとこれから」 松井吉之助が入会 科教協第四回全国研究大会 長谷川純三が入会 高橋金三郎が入会	板倉聖宣が日本近世科学史研究開始 板倉聖宣「古典力学と電磁気学の成立過程とその比較研究」提出		
1958 (33)		東京タワー完成		教育課程審議会が理科改善の方針答申 学習指導要領改訂(系統学習重視)告示 中学理科を第1第2分野に分割 遠山啓・銀林浩による算数「水道方式」の開発 斉藤喜博「未来につながる学力」	田中實・真船和夫編「理科の指導計画」 田中實「明治図書講座　学校教育5　理科」出版。自然科学教育を提唱 玉田泰太郎が入会 科教協第五回全国研究大会 理科教室(国土社)創刊	板倉聖宣が独協学園高校非常勤講師(物理・地学)となる。 板倉聖宣が理学博士となる	細谷純が東京大学大学院人文科学研究科心理学専門課程修士修了	
1959 (34)	キューバ革命			数教協による数学の現代化運動 オコン、細谷 俊夫・大橋 精夫訳「教授過程」	田中實が東京工業大教授	板倉聖宣が国立教育研究所教育内容第3研究室所属		末吉悌次編「集団学習の研究」
1960 (35)	中ソ対立	60年安保闘争。 池田内閣の国民所得倍増計画		ブルーナ「教育の過程」 アメリカで科学教育改革 遠山啓・銀林浩「水道方式による計算体系」	理科教育の現代化運動	60年安保闘争。 板倉聖宣が坂野昇平らと国会前の投石に参加。 板倉聖宣が朝日新聞日曜版「道を開いた人びと」連載―1961まで	高橋金三郎が、科教協東北支部で通信ノートサークルを開始 細谷 純「授業の研究1-9」、千葉教育、-1962まで連載。	

1961 (36)	ベルリンの壁		クォークの提唱		田中 實が文学博士(東京教育大学)「近代原子観の成立に於て化学研究が果した役割の科学史的考察：原子観史への一寄与」	板倉聖宣、小学館科学図説シリーズ「科学の歴史」 板倉聖宣が米国のPSSC物理の伝達講習会参加	東京大学大学院人文科学研究科心理学専門課程博士課程中退 国立教育研究所研究員	豊川市中部小学校でバズ学習の研究開始
1962 (37)	キューバ危機			文部省が「日本の成長と教育——教育の展開と経済の発達」白書公表 高等専門学校設置 斉藤喜博「島小の授業」 ヴィゴツキー・柴田義松・訳「思考と言語」		板倉聖宣「原子論からみた力学入門」 上廻 昭が研究協力者	細谷 純「科学の現代化をめざして」	塩田芳久・阿部隆「バズ学習方式：落伍者をつくらぬ教育」
1963 (38)			クェーサーの発見 カオス理論	経済審議会が「経済成長における人的能力開発の課題と対策」答申 義務教育諸学校の教科用図書の無償措置に関する法律制定 全国授業研究協議会(全授研)結成		仮説実験授業テキスト「ふりこと振動」発表 板倉聖宣が仮説実験授業の提唱		豊川市中部小学校でバズ学習を全校的に取り組む
1964 (39)	トンキン湾事件	東京オリンピック 東海道新幹線開通		日本教育方法学会設立		授業書「ばねと力」発表 板倉聖宣「物理学入門—科学教育の現代化」 板倉聖宣「少年少女科学名著全集」刊行開始 板倉聖宣「発明発見物語全集」刊行開始 「日本科学技術史体系第8巻—教育1」発刊	細谷 純『授業のための「作戦会議」』、新田、永野と共著、教育技術連載。細谷純「既存知識の積極的活用」	

1965 (40)	北ベトナム爆撃	日韓基本条約	宇宙背景放射の発見 朝永振一郎ノーベル物理学賞受賞					塩田芳久・豊川市中部小学校「小学校のバズ学習」 末吉悌次・信川実「自発協同学習」
1966 (41)	中国文化大革命						細谷 純東北大学教育学部講師着任 科教協東北地区協議会有志が集まる、「極地方式ノート」出版活動を「極地方式」と命名	
1967 (42)			ワインバーグ・サラム理論提唱 パルサーの発見			仮説実験授業研究会を組織 第1回仮実研全国合宿研究会	極地方式研究会誌を「デポ」と名づける。 「デポ」発刊 細谷 純が東北大学教育学部助教授	
1968 (43)	プラハの春	小笠原が日本に復帰	プレートテクトニクス理論提唱	学習指導要領改訂(探究活動導入) 学校保健法制定	田中 實が和光大人文学部教授	板倉聖宣「日本理科教育史」		
1969 (44)	中ソ国境紛争	東名高速道開通 東大紛争 安田講堂事件	アポロ月面着陸			板倉聖宣「科学と方法―科学的認識の成立過程」	細谷 純「教育目標のくだき方」	塩田芳久が名古屋大学教授

1970 (45)		大阪万国博覧会	日本の人工衛星打ち上げ	OECD 教育調査団来日		季刊「科学教育研究」公刊 板倉聖宣「いたずらはかせの科学の本」	細谷 純「極地方式の戦略 1 —4」	
1971 (46)			CT スキャナーの開発 マイクロプロセッサ開発	中央教育審議会が基本施策答申		授業書「力と運動」動力学教育の授業書	細谷 純『「地質学の第一歩」の場合』	
1972 (47)		日中国交回復 沖縄が日本に復帰						
1973 (48)	ベトナム戦争終結 第一次石油危機		遺伝子組み換え技術の開発			遠山啓らと太郎次郎社「ひと」創刊 板倉聖宣「ひと塾」実行委員長	細谷 純『「地図」のテキスト作り」 極地方式研究会編「極地方式の授業71」	
1974 (49)				学校教育の水準の維持向上のための義務教育諸学校の教育職員の人材確保に関する特別措置法(人確法)制定		板倉聖宣が朝日新聞社「のびのび」編集 季刊「仮説実験授業研究」	細谷 純 他、「極地方式入門」	末吉悌次が広島大学退官、名誉教授。福山市立女子短期大学学長
1975 (50)								
1976 (51)							細谷 純「教科学習の心理学」わかる授業、-1978まで連載 細谷 純「課題解決のストラテジー」	塩田芳久が名古屋大学退官、名誉教授。

1977 (52)		気象衛星ひまわり打ち上げ	導電性高分子の発見	学習指導要領改訂 兵庫教育大学、上越教育大学設置			細谷 純、『大自然の知的探検における「きまり」の役割』	
1978 (53)					玉田泰太郎「理科教育の創造—物質概念の基礎を教える」 田中實没	板倉聖宣が松本キミ子と出会う 季刊「授業科学研究」		
1979 (54)	イラン革命 第二次石油危機					遠山啓急逝 板倉聖宣が「ひと」編集から手を引く	細谷 純が東北大学教育学部教授	
1980 (55)	イランイラク戦争					授業書「日本歴史入門」公開		

大学体育は「体育嫌い」に対して何ができるのか

稲葉佳奈子

はじめに

二〇一七年三月、スポーツ庁はスポーツ基本計画において、中学生の「スポーツ嫌い」を約一六%から半減させることを目標とした。そのための施策はスポーツを通じて「前向きで活力ある社会」構築の一環と位置づけられ、ほかにも成人の週一回以上スポーツ実施率や障害者のスポーツ実施率などの向上が目標としてあがっている。「スポーツ嫌い」を減らす取り組みのターゲットが中学生であるのは、スポーツ庁の「平成二九年度全国体力・運動能力、運動習慣等調査」における「運動やスポーツをすることは好きですか」という質問に対して「嫌い・やや嫌い」が一六・三%(女子は二一・五%)を占めていたことが背景とされる(1)。この目標の公表は、同じタイミングで掲げられた「一億総スポーツ社会」なるフレーズが醸す「強制」のイメージも手伝ってか、少なからぬ反感をまねいた。ネット上では「スポーツ嫌いで何が悪い」といったそもそもの基本計画の意義を問うもののほか、「スポーツ嫌いではなく体育嫌いではないのか」、「スポーツ嫌いになるのは体育のせい」などの指摘が目立った。とくに後者については、同じく文科省の調査で「保健体育の授業が楽しい」という問いに対して中学二年生女子の二六・二%が「あまりそう思わない・まったくそう思わない」と回答しているという。また、ベネッセが実施した二〇一五年の調査によれば、学校の教科で体育が好きと答えた者の割合は、小学校では八三・一%を占めるものの中学では六六・六%と低下し、高校に至っては五六・七%、つまり半数近くが体育を好きではないと考えているのである。(2) 上記調査が示す数字を裏付けるかのように、トーク番組では『体育への恨みつらみ川柳』と名付けられた視聴者投稿コーナーが人気を得るなど「体育嫌い」はあるあるネタの宝庫となっている。つまり日本において、「体育嫌い」というスタンスが一定の共感を獲得しているといえるだろう。

数値目標をめぐるスポーツ庁の真意はさておき、「体育嫌い」という状態それ自体は、責められるようなことではないし、当然ながら「強制」によって改められるべきものでもない。しかし、かつて体育でいやな思い、つらい思いをしたというネガティブな経験が、享受できたかもしれない「身体を動かす楽しみ」や「運動がもたらす心身の健康」、「自己の身体への理解」、「自己の形成」(森田 二〇一六:三〇)を阻害してしまうのであれば、そのことは「体育嫌い」であるその人の個人的な問題ではなく「体育」が内包する問題としてあつかわれるべきであろう。スポーツ基本計画の法的基盤であるスポーツ基本法は、その前文で「スポーツを通じて幸福で豊かな生活を営むことは、全ての人々の権利であり、全ての国民がその自発性の下に、各々の関心、適性等に応じて、安全かつ公正な環境の下で日常的にスポーツに親しみ、スポーツを楽しみ、又はスポーツを支える活動に参画することのできる機会が確保されなければならない」と、人びとのスポーツ権を保証している。ここでいう「スポーツ」を、いわゆる近代スポーツではなく広義の身体運動全般ととらえたとき、それを自発的に、自らの関心や適正に応じて、日常的に楽しむこと、およびそうした楽しみがもたらす幸福や生活の豊かさ、自己の世界の広がりについて、学校体育で学んできたといえる人がどれだけいるだろうか。「体育嫌い」であるか否かにかかわらず、日本の学校で体育の授業を受けてきた人びとは、自らのスポーツ権を行使するしないを判断する以前に、そもそもスポーツする権利の意義あるいは価値を実感したことがないのではないか。

ただしそれは、日本の学校体育の制度やカリキュラムにおいてスポーツの権利への意識が欠けているということでは、もちろんない。体育がどのような教科であるのか、体育ではスポーツを用いて学習者に何を教えるべきなのか、そうした問いは体育の専門家や現場の体育教師が長年にわたって追究してきた。さらに現在では「生涯にわたって心身の健康を保持増進し豊かなスポーツライフを継続するための資質・能力」(3)を養うことが目的とされ、高校生は「体育理論」を通じてスポーツの文化的意義やライフステージごとの適正・関心に応じたスポーツライフについて学ぶことになっている。にもかかわらず、そうした状況のなか、体育教育の質を向上させる取り組みや熱意を超えたところに「体育嫌い」を生んでしまう何かがあるのではないか、ということである。

著者は大学で、体育の授業を担当している。小学校、中学、高校での体育を通じて「体育嫌い」になってしまった学生にとって、大学体育は、自己の関心や適正を知ったうえで運動とのつきあい方を自律的に選択することを学ぶ最後の機会といっても過言ではない。その観点からこれまで実施してきた授業についてふりかえったとき、どのような学修内容あるいは授業運営の方法が学生への機会提供につながり、どのような点に課題を残しているのだろうか。本稿は、著者が自ら実施してきた体育の授業について、上記の問題関心のもとで考察するものである。それに先立ち、まずは「体育嫌い」を生みだす体育のありようについて、おもにスポーツ社会学やスポーツ・ジェンダー論の視点による学校体育論や体育教師論の検討から論点を整理する。つづけて、体育の歴史的変遷にもとづいて、体育固有の文化的構造における強固さ、および現代の体育への影響について論じる。これらのプロセスを経て、大学体育がもつ可能性と課題の一側面として具体的な取り組みを提示し、議論していくこととする。

「体育嫌い」と体育の文化的特質

ここで、「体育嫌い」をとりあげた先述のトーク番組についてもう少し触れておきたい。番組のレギュラー出演者である音楽家のヒャダインは、自身の「体育嫌い」について、その理由を

「恥をかかされるから。周りに迷惑をかけている申し訳なさ、馬鹿にされているんだろうなという自虐。ネガティブな感情ばかりが渦巻くんです」と述べる。[4] 彼の発言に含まれる「恥」、「迷惑」、「申し訳ない」という感覚は、投稿された川柳やそれに対するネット上の反応をみるに、そして後述する著者の担当授業における学生のふりかえりコメントからも、「体育嫌い」の間で広く共有されたものであることがわかる。

「恥をかく」というのは、体育の授業時に一人ずつあるいは少人数ごとに課題となっている動きを実践する際のことであろう。授業運営上、それは自然とクラスメイトの前でパフォーマンスを披露する形をとることになり、運動が苦手な者にとって苦痛な時間であることは想像に難くない。また「迷惑」、「申し訳ない」は、チーム単位で競い合う運動がおこなわれる際に抱く感情であると推察される。たとえばバレーボールでは、打ったサーブが相手コートに入らなければ、あるいは相手チームからのサーブを上手くレシーブして味方の攻撃につなげなければ、そこでゲームが途切れ、相手チームの得点となる。そのくり返しの結果、チームが負けるだけではなく、そもそもゲームがまともに成立しないという状況が生じてしまうことがある。経験や体力がバラバラの学習者がただバレーボールの試合をおこなうだけの授業では、こうした場面を契機に全体の雰囲気が悪くなっていくケースがめずらしくない。当然ながら、サーブやレシーブで失敗をくりかえした学習者は、公認球を使ったことによる腕の痛み以上に肩身の狭さを強く感じることになるだろう。ボールを用いたチームスポーツに限らずリレー形式の運動や大縄跳びなどにも、同じような状況をもたらす可能性は含まれている。「体育授業の成否が学級集団の人間関係や雰囲気に影響を及ぼす」（日野ほか 二〇〇〇：六一〇）という指摘にしたがうならば、上記のようなネガティブな経験は、体育の授業だけにとどまらず学校生活全体にも影響をおよぼしかねないのだといえる。

体育でのパフォーマンスにおける学習者同士の値踏みや序列化が「スクールカースト」の形成にまで影響することに着目した井谷らによれば、体育でのつらい経験は「好き嫌いや得意・不得意という個人の個性の範囲に収まらず、個人の主体形成に複雑に絡み合う根深い問題」である。そして、女子大学生を対象におこなったインタビュー調査から、体育に対するネガティブな感情の発生について以下の見解が示された。

体育カリキュラムで多用される球技（ボール運動）など集団的なスポーツでは、低い技能のために「仲間に迷惑をかける」という意識が強く、「ボールこないで」という拒否的な心情につながる。球技は多くの情報を処理しながら判断し、技能を発揮するという複雑なスキルを必要とするために、貧弱な経験が技能発達を阻害し、そのためにさらに嫌な思いをする経験にさらされるという負のスパイラルに陥っている（井谷ら 二〇一九：一七）。

加えて井谷らは、女子大学生の体育に対する批判的視線が、競争を重視するという側面、高い体力および技能ばかりを目指すという側面に向けられていると指摘する。「より速く、より高く、より強く」という考え方は、オリンピックをはじめとするハイパフォーマンス競技における重要な価値基盤となりうるが、身体を動かすこと自体をマイペースに楽しみたい人びとにとっては、体育への忌避感を増幅させるものでしかないのである。

笹川スポーツ財団が実施した全国調査によれば、(5)あらゆる年代において女性は男性と比べて運動・スポーツ実施レベルが低い。とくに中学・高校年代にあたる一〇代に注目すると、週五回以上実施する者の割合は男性六五・四%に対して女性は四五・三%にとどまっている。また年間まったく運動・スポーツをしない、あるいは週一回未満の割合は、男性一五・八%に対して女性は三一・五%を占めている。こうした現象が女性の「体育嫌い」のみによって引き起こされるとは言いがたいが、体育が生みだす「負のスパイラル」が学校生活に影響をおよぼすのみならず、授業を受けた女性の将来、つまり運動とのつきあい方に影を落とす可能性も否定できない。

ところで、運動が上手くできないさまをクラスメイトに見られることが、なぜそこまで大きな「恥」となってしまうのか。大束は「私たちの社会では『男はスポーツができるもんだ』という思い込みを男性も女性も持っている」ため「運動音痴の男の子がいやな思いをする」とし、自らの経験を次のように述べる。

学校では、体育の授業にドッチボールをして逃げ回り、最後まで残ってもボールを取らないでよくみんなからからかわれたり、鉄棒で逆上がりができずみんなが見ている前で一人だけで延々と練習をやらされたりした。世間には「学校の授業で楽しかったのは体育」という男性が多いようであるが、私は体育の授業が一番いやな授業だった（大東 二〇〇四：一一二）。

スポーツの実施状況に男女で差があることについて、井谷は、体育が内包する男性原理、勝者であることや序列の上位にあることを「男らしさ」として称揚するあり方が影響しているとみなす（井谷 二〇〇四b）。しかし大東が述べるように、体育は男性にもネガティブな経験をもたらしうる。それればかりか、とりわけ運動が苦手であることの「恥」に着目すれば、むしろ男性に向けられる視線の方が強いともいえる。この点については、まず体育において長らくスポーツが活動の中心を占めてきたこと、そしてそもそもスポーツがどのような文化であるかということからみていかねばならない。

近年の日本では、小学校・中学校・高校にかけて、スポーツ・武道・ダンス・体つくり運動が体育実技の学習内容とされている。しかし多くの場合、体育の主役はスポーツ、より厳密には一九世紀のイギリスで制度化され日本を含む世界に広く伝播した近代スポーツである。近代スポーツは、「男らしさの価値観を身に付けること」（岡田 二〇〇八：六九）を主要な目的の一つとして、パブリックスクールをはじめとする「学校」という場で発展した。スポーツが得意であることは「男らしい」こと、スポーツが得意な者は男性としてリスペクトされるべき存在であることを意味したのであり、その点においてスポーツは強固に男性ジェンダー化された文化であるといえる。このことが、スポーツを中心的な教材として用いる体育に影響しないはずはない。男性身体を基準として設計され、おもに筋力や瞬発性など平均的に男性が優位とされる能力が要求されるのがスポーツである。それを教材に用いる実技授業においては「好ましさ」と「男らしさ」は不可分となる。

多賀も同様に、男性学の視点から、体育の授業だけではなく運動会やクラスマッチ、マラソン大会などの学校行事、運動部活動を含む学校でおこなわれるスポーツ全般が、きわめて男性化された活動であり「社会における男性支配を正当化するための主要な装置」であるため、男性たちは「男ならスポーツに秀でていなくてならない」という社会的圧力を受けると指摘する。(6)「男のくせに」スポーツができないことが「恥」につながる、それが体育および学校スポーツの文化的構造である。そのような構造だからこそ、女性は体育において優れたパフォーマンスを示すことや勝利することが期待されずモチベーションを削がれるばかりか、スポーツに没入すれば「女らしくない」とみなされることとすらある。(7)以上のことから結局のところ、男性と女性で経験することが異なるようにみえても、体育におけるスポーツの主流化がもたらすネガティブな経験は表裏一体であることがわかる。

「体育嫌い」をめぐる状況として、上記のほかに「スポーツは得意で好きだけど授業の体育は嫌い」も想定できる。この場合、学習者は授業で「迷惑をかける」、「恥をかく」ことはないにもかかわらず体育が嫌いになってしまう。このことに関連して、体育における遊び（プレイ）の要素を重視する松田は次のように述べる。

遊びの対他性がもつ豊かさは、「すべてがどのようにでもありうる」という偶然性に、その多くを負っている。偶然性とは多様性の別名にほかならないから、「文明の好み」を反映させる教育の作用が、遊びから対他性を抜き取ってしまうとすれば、それは、多様な人間の存在様態を、必然で単一なものへと変換する、強い抑圧として感じとられるだろう。……この抑圧の質感が、「体育は嫌い」という子供たちの声にはよく現れているように思う（松田 二〇〇一：二〇二）。

体育が学校という制度のなかの教育である以上、自由に身体を動かし、競い合うことを楽しんで終わるだけでは許されない。その時々の社会の要請に応じて体育の内容や存在意義が規定され、そのなかで「単一」の目標に向かって活動する。あるいは「正しい」動き、身体のありように自らを適合させていく。それは確かに、偶然性の対局をなす非常に規範的な営みであるといえる。

さらに松田は、大学生を対象とした意識調査から、体育教師には「名前を呼び捨てる」、「すぐに暴力をふるう」に対して「きさくな口調」、「相談に乗ってくれる」というように、「怖さ」と

「親しみやすさ」に二極化したイメージが同居していることを明らかにした（松田 一九九九）。同様に、佐伯による体育教師論は、体育教師がどのようにステレオ・タイプ化されているかを端的に示す。

体育の教師と言えば、多くの人々は運動部活動の指導者――熱血漢で、親和的な人間関係を深め、自己犠牲をいとわず、子どもと一緒に泣き笑いする人格主義者、もしくは生徒指導部の主任や全校集会の指揮者――規則を遵守させ、集団を統制し、指揮・命令を執行して制度の力を代表する権威主義者がイメージされるのである。……意識するしないにかかわらず、隠れた制服（ジャージの気安さと警官服の脅威）を身にまとっているのである（佐伯 二〇〇六：二六〇）。

体育教師に付与された「怖さ」、「集団統制」、「指揮・命令」というイメージは、まさに体育におけるさまざまなかたちの強制と抑圧を通じて構築され、強化されたものだといえる。「スポーツ好きの体育嫌い」はそこに抵抗をおぼえるのだろう。もちろん、「スポーツが苦手な体育嫌い」にとってもそれは同様である。

以上、ここではまず、体育におけるスポーツ重視、そのなかでもパフォーマンスの向上のみが重視されがちな状況が「体育嫌い」の背景にあること、そして、とりわけスポーツが苦手な「体育嫌い」男性の経験にはジェンダーの観点からみたスポーツの文化的特質がかかわっていることを確認した。加えて、体育を通じて身体および身体活動をめぐるある種の正しさに自己を適合させていくことを強いられるとき、あるいは授業であることを理由にスポーツへの参加が強制され選択の自由が制限されるとき、そこには反発や抵抗が生まれる。それを抑制し、クラスという集団を統制していく体育教師の存在もまた、体育におけるネガティブな経験に寄与していることになる。個々の授業運営、あるいは教員個人の資質、熱意や具体的取り組みを超えて、「体育嫌い」を生みだす構造を体育は内包しているのである。

規律・訓練からスポーツへ

体育とは、どのような教科なのか。あるいはどのような教科であるべきなのか。この問いをめぐって、多くの専門家たちが議論を重ねてきた。そして実際に展開される体育の目的や内容は、明治期から現在に至る教育制度とともに、社会背景や時代の要請によって変化してきた。ここではその変化を、「体育嫌い」を生みだす体育の文化的特質として前節でとりあげた「強制と抑圧」を軸に置きつつ概観したい。

体育がそのはじまりから内包していた強制性や規範性は、日本にかぎってみられるわけではない。「体育が成立の当初から国民体育であったということにはじゅうぶんに注意すべきだろう」と述べる三浦は、男性による舞踊やダンスの社会的地位の低下を論じる文脈で、一九世紀ヨーロッパにおける体育の主流化と産業革命および近代国家形成の関連を指摘する（三浦 一九九四）。一八世紀まで、ヨーロッパの宮廷舞踊とフェンシングの間には密接な関係があり、絶対君主の軍隊にとって舞踊は必修とされるなど、軍人の身体所作と舞踊は分かちがたいものであった。しかし産業革命以降の手工業生産から工場生産への変化、ナポレオン戦争以降の軍隊の近代化にともなって、「健全な身体」という概念が出現する。健全な労働者、健全な兵士が社会に要請され、さらにルソーら理論家が知性の「道具」としての身体を鍛錬によって頑丈にすることを推奨し、青少年の身体訓練として体操が舞踊に取って代わったのだという。同様の観点から、フーコーは、近代ヨーロッパにおける身体の政治について次のように述べる。

一八世紀後半になるとどうかといえば、兵士は造りあげられる或るものになっていて、人々は形をいまだなさぬ体質、不適格な身体でもって必要とする機会（つまり、人間機械）をつくったのであり、少しずつ姿勢を矯め直したのである。……要するに「農民の物腰を追放し」てしまい、かわりに「兵士の態度」を持込んだわけである（フーコー 一九七五＝一九七七：一四二）。

ここでいう「兵士の態度」には、胸をはって直立すること、頭や手足を動かさずに命令を待つこと、しっかりとした足取りで行進することも含まれた。そして兵士の訓練にかぎらず、学校や工場における「時間割」にそった過ごし方を通して、あるいは身体を機械や道具、兵器と同様に細かい部品の集合体とみなす認識にもとづいて、国民身体は近代社会に適合するように造りかえられていったというのがフーコーのとらえかたである。

近代体育の先駆者として体育史の教科書に登場するドイツのヤーン、デンマークのナハテガル、スウェーデンのリングなどが活躍するのは、こうした国民国家形成のプロセスに身体が巻き込まれていく流れにおいてである。ヤーンは、当時の社会的なナショナリズム高揚のもと、若者たちの愛国心と体力の向上をめざしてトゥルネンと呼ばれるドイツ体操の普及運動に身を投じた。はたしてトゥルネンは、一八四二年に国家的な承認を得たのち、男子の高等教育機関や師範学校に施設の設置が義務づけられ、小学校での必修化に至る。つまり公的な体育としての地位を確立したのである。ナハテガル、リングも同様に、軍隊の強化や兵士の訓練のために国家の庇護のもとで学校体育としての体操を広めていく。彼らの体操に共通していたのは、号令とともに迅速に動く身体、均質な身体の形成であった。こうして、体操を教材とする体育を通じて、身体の規格化が達成されていったのである。

日本でも、一八七二年の学制の公布によって、身体が教育の対象として位置づけられた。まず尋常小学校の教科として「体術」が規定され、翌年には外国語学校や商業学校、医学校などに「体操」が設けられた。さらに一八七九年の教育令の公布にともない文部省が体操伝習所を開設、アメリカからリーランドが教師として招聘され、日本に適した体操法の研究と教員養成が進められた。開設当初の体操伝習所では、保健の要素を含む軽体操（普通体操）の指導がおこなわれていたが、次第に歩兵操練が重視されるようになる。そして一八八六年の学校令で小学校には隊列運動が、中学校や師範学校には兵式体操が導入され、これ以降明治期の日本の体育は普通体操と軍事予備教育としての兵式体操の二本立てで実施されることになった。文部大臣の森有礼は、いわゆる富国強兵政策における体育の重要性を認識しており、兵式体操による従順・友情・威儀という気質の養成を説いた。日本人の大半を占める農民は、その身体意識から身体所作において近代式の軍隊や工場労働に適していなかった。そのことから、体育を通じて「国民身体」すなわち近代的な兵士や労働者をつくりだすことが、ヨーロッパの近代国家に対抗するために急務とされたのである。【画像1】

画像１：体操を通じた身体の規格化(8)

こうして日本で確立および普及した体育であるが、第二次世界大戦後、基盤となる価値観が大きく変化したことにともない、制度だけではなく内容面でも刷新される。大きな変化の特徴としてまずあげられるのは、従来の体操科にみられ戦中の軍事教練でピークに達した軍国主義的要素の払しょくである。そしてアメリカ式の「新体育（new physical education）」が導入され、体操中心の教材に代わってスポーツ教材が多く用いられるようになった。アメリカでは、一九世紀後半から二〇世紀初頭にかけて学校体育のカリキュラムも体操中心からスポーツ中心へと変容する。その際の思想的根拠となった「新体育」は、体育を「身体の教育（education of physical）」ではなく「身体による教育（education through physical）」として意味づける点で、従来の体育とは一線を画す。この新しいカリキュラムは、スポーツが引き出す多面的な教育可能性を追求することから「多目標・多種目プログラム」という特徴をもつ。その考え方は戦後の日本において積極的に翻訳・導入され、「運動による教育（education through physical activities）」として定着した。これが、器械体操、陸上競技、水泳、サッカー、バレーボール、バスケットボールなど教材として評価された特定のスポーツをひとつのまとまりとする「単元」と、小学校から高校までほぼ同様の種目をスパイラル的に学習する「くり返し単元」によって構成される体育である（高橋 二〇一五）。

以降、現在に至るまで、「体育のあり方」をめぐって研究者を中心として多様な議論が交わされた。モノとしての身体の機能向上を図る体育から脱却し、戦後しばらくは産業社会に対応しうる労働者の育成や国民の「体力づくり」が目標とされ、その後の脱産業社会においては生涯スポーツ志向、レジャー志向、学校外（地域）スポーツの振興がうたわれた。そうした変化のただなかで「運動による教育」、「運動のなかの教育」、「運動に関する教育」といった概念が互いに交差して用いられながら、体育の理念が議論されてきたのである。しかしここで重視したいのは、スポーツを教育の手段とするか、スポーツそれ自体を目的とするか、そのいずれにせよ体育における教材としてスポーツが主流という状態が変わらず続いているということである。近年、学校体育はその存在意義を問われるという危機に直面しているといわれるが、対応の一環として、たとえば現行の高等学校学習指導要領（保健体育）は目標を次のように定める。

体育や保健の見方・考え方を働かせ、課題を発見し、合理的、計画的な解決に向けた学習過程を通して、心と体を一体として捉え、生涯にわたって心身の健康を保持増進し豊かなスポーツライフを継続するための資質・能力を次のとおり育成することを目指す。[9]

この一文から、学習者には、スポーツを学校にいる間だけの活動とするのではなく、生涯にわたって継続できるような学びが求められていることがわかる。社会的にも制度や環境の整備がうたわれるなかで、地域スポーツや生涯スポーツとよばれる学校外でのスポーツが推奨され、学校体育はその変化に適合しうる資質を育てるところに位置づいているのである。それが、かつて求められていた近代的「従順な身体」の育成とは大きく異なっているのは確かである。とはいえ、ここで言われている「スポーツ」が何を指すかという点は注意しなくてはならない。学校の内部にせよ「地域」にせよ、そこでおこなわれるスポーツがあいかわらず「より高く、より速く、より強く」に象徴される近代的な成長原理を基盤とする活動であるならば、人びとにスポーツを継続させるのは困難をきわめるであろう。[10] 仮に、何らかの「強制」的な政策によってそれが可能だとしても、やらされる運動によって期待できるのはせいぜい数値化される「身体の健康」くらいである。[11] 冒頭で示したスポーツ庁の数値目標が強い反発と警戒心を招いた要因は、こうした問題と地続きのところにあるのではないだろうか。

大学体育は学習者にどこまで寄り添えるか

前節まで、「体育嫌い」問題の論点をジェンダーと「強制と抑圧」の観点から整理し、それらの論点に沿って体育の変遷を概観することで、問題を生みだしてしまう体育の文化的構造を確認してきた。上記の議論をふまえて、小学校から高校までの体育をつうじて「体育嫌い」となった学生にとって大学体育の授業がどのような意味をもつのか、著者の授業担当経験をもとに考察していきたい。本稿で事例としてとりあげるのは、中規模私立大学における「健康・スポーツの基礎」という一年生対象となる半期一五回の授業である。[12] この授業は「登録必須科目」とされており、入学時にすべての学生が学部学科ごと二五〜三〇人程度のクラスに本人の選択の余地なく配置される。そのため、単位をめぐる制度や履修システムに不慣れな新入生にとって、少なくとも初回ガイダンスに集合した時点では「健康・スポーツの基礎」は必修と同等の位置づけにあると推察される。つまり、興味関心に従うにせよ将来のためにせよ大学では「自分がやりたいこと」

だけを学ぶつもりで入学したのに、高校でようやく終わったと思っていた体育の授業が自動的・強制的に付いてきた、というようにネガティブにとらえる学生も少なくないのである。

①ガイダンス

初回ガイダンスは、同じ時限に開講される四〜五クラスが体育館のフロアに集合し、担当教員のうち一名が中心となって授業のテーマや概要、成績評価における観点、施設の利用規則等について説明をするという要領でおこなわれる。授業の展開にあたって上記の状況が前提となること、すなわちこの授業の受講に積極的な意欲をもたない学生の存在を認識している点はガイダンスを担当する教員間で共通するが、著者の場合は具体的な言葉かけとして「なぜ大学に入ってまで体育を受けなくちゃいけないいんだと思っている人もいるかもしれませんが」というところから授業コンセプトの説明に入ることにしている。そのことがどの程度影響しているか定かではないが、ガイダンス終了後に回収する学生のコメントには「大学にも体育があると知ってびっくりした」、「運動が苦手で、高校の体育は嫌いだった」などの授業に対して「後ろ向き」な内容が毎年一定数みられる。すべてのコメントに「体育嫌い」という強い表現を当てはめるのは適当ではないが、高校までに受けてきた体育の授業によい思い出がない、そして大学での体育の授業を喜んでいないという学生の意思は、この時点で明確に示されることになる(13)。

授業のテーマや成績評価における観点として、ガイダンスの段階から強調するのは、運動の得意不得意や体力テストの点数それ自体が評価の対象となるのではない、ということである。シラバスにも明記するとおり、この授業は、体組成や体力の測定を通じて自己の身体を客観的に把握すること、スポーツの場作りや運営をグループでおこなうこと、という二本柱によって構成されている。したがって、前者においては測定データを自己の食生活や運動習慣などに関連づけて分析すること、後者においてはグループ内での積極的なコミュニケーションやマネジメント力が求められる。こうした説明によって、「運動が苦手」との自覚から授業に不安を抱いていたものの、レポートの作成やグループワークにまじめに取り組めば評価されるのだと理解し、「自信がないけど頑張ります」といったコメントをする学生もみられるようになる。

②体組成と体力の測定

第二回授業時には、体組成測定と二〇メートルシャトルランを除く体力テストがプレテストとしての位置づけでおこなわれる。結果の分析は一回目のレポートのおもな内容に、また、前期授業の終盤におこなうポストテストの結果と併せた分析は学期末に提出するレポートの一部になる。測定をおこなうのは自己の身体を数値で客観的に把握し、食事や運動を含む生活習慣の改善、健康管理に活用するためであることは事前に説明されており、なぜ測定するのかを理解した上で取り組むという状況がつくられている。(14)

体組成の測定は個人データの入力等のプロセスに教員による操作を要し、また一部の体力テストは教員の指示のもとタイマーに合わせて一斉にスタートすることになるが、基本的には学生が二人一組となって測定方法が記載された掲示物を確認しながら、どの種目から測定するかを含め自分たちの判断で進めていく。教員の細かいチェックが入らないため正しい姿勢と方法でおこなわれていない可能性もあり、厳密なデータを出すという点では難があるものの、知り合って間もない者同士が少人数でコミュニケーションをとりながらタスクをこなす機会としては有効である。【画像2】

画像２：体組成測定

体力テストのなかでも二〇メートルシャトルランは、多くの学生にとって、短い距離を行ったり来たりして苦しい思いをするだけの憂鬱な種目である。したがって授業時には三〇分程度の時間を使って、シャトルランによって何を測定しているのか、それが自己の日常生活や健康維持とどのように関わっているのかをおもに運動生理学の基礎的な知見にもとづいて講義し、「苦しい思いをする」ことが趣旨ではない旨を強調する。また、心拍数計を装着して、走るスピードや時間の変化にともなう自己の身体の変化を測定することで、学修内容との関連づけを意識させた。

③多様なスポーツ種目の実践

スポーツの実践は、第三回授業のバドミントンから本格的に始まる。男女混合が基本であるうえにクラスによって男女比が異なるため、同じ種目でも雰囲気はクラスによって多様である。先述のとおり、ここでの学修目標はスポーツの技能を身につけることではなく、コミュニケーションにもとづく円滑な運営、その成果としての「楽しさ」の獲得である。とくに授業期間の序盤はまず学生同士が対話をして顔と名前を覚えていくことが求められるため、バドミントンにおける教員からの指示は、なるべく多くの人とペアを組み、打ち合えるようなシステムを考えること、となる。その結果、たいていの場合はスポーツタイマーを用いて時間ごとにローテーションを組み、ペアと試合相手をずらしていく方法がとられる。男子ペア対女子ペア、一方にバドミントン経験者を含むなどのケースにおいて、こちらが特別な指示を出さなくとも学生は趣旨を理解してゲームを楽しむことができる。とはいえ、このように勝ち負けを競わないバドミントンの場合、同じコートにいる人間とコミュニケーションをとらなくてもゲームが成立してしまう。そのため、ほとんど周囲との会話がないままその日の時間を終える学生も少なくないのが実際である。

これ以降は、学生に比較的なじみのある、毎回異なる種目を実施していく。回を追うごとにプレイヤーの人数や対戦グループに入る人数は増えていき、それだけ運営の難易度が上がる仕立てである。こうした展開においてスポーツをする際、運営における検討課題として教員があげるのは、体力や経験の差をルールなどの工夫によっていかに克服し、運動の得意不得意にかかわらず全員がゲームを楽しむことができるか、ということである。

たとえば、「体育嫌い」にとってネガティブな思い出を残しやすい種目のひとつ、バレーボールについては、まずボールをソフトバレー用の柔らかく大きなサイズのものに変更し、バドミントンコートをそのまま使用する。それによって、ボールを受けることへの恐怖感が軽減され、ラリーが続きやすくなることが期待できる。そのうえでさらに「みんなが楽しめるゲーム」をつくるためのローカルルール（ワンバウンドあり、など）を同じコートにいるチーム同士の話し合いを通じて設定し、実践のなかで改善を加えていく。設定したルールが機能しないまま終わってしまうケースもみられるが、五分程度の短い間隔で対戦相手が替わり、数ゲームごとにチームのメンバーも大きく入れ替わるため、うまくプレーできず「迷惑をかける」ことへの重圧は公式ルールに近い要領でおこなうバレーボールと比べて高くはないと考えられる。とはいえ、バレーボールは中学校から体育の授業で教材として導入されており、さらに部活動の種目としてもメジャーであることから技能の差が生まれやすい種目である。したがって、とくにバレーボールを得意としている学生にしてみれば、授業だから仕方なく差を埋める努力をしているという側面もある。

それに対してアルティメットをベースにしたゲームは、ほぼ全員が初心者としておこなうことになる。バスケットボールやサッカーに長けていてもフライングディスクを使ったスローやキャッチはなかなかうまくいかないという経験は、「スポーツが得意」を自認する学生にとって新たな気づきにつながる。一方、ボールを使うチームスポーツ全般を嫌忌する「体育嫌い」の学生は、「みんなが下手」、「みんなが失敗する」という状況下で積極的にプレーにとりくみ、ゲームそれ自体やスポーツを通じたコミュニケーションの楽しみを体感するという場面が、とくに女子において多く見られる[15]。

④集大成としてのマネジメント

以上のとおり回を重ねて、学生は多様な種目を経験する。種目が変わっても授業における基本的な考え方や指示内容は一貫しているため、早い段階で学修内容の趣旨をとらえて行動に移す学生は、次第にリーダーシップを発揮するようになる。クラス全体としても、自分たちでスポーツする場をつくりあげていくことへの共通認識ができる。そのような状態で授業期間も終盤に入ると、集大成ともいえる「マネジメント実習」がおこなわれる。

冒頭で全クラスが集合したところへ種目の選択肢を提示し、場合によっては人数調整を経て、希望する種目ごとに一五〜三〇人程度のグループを形成する。そしてグループとしての活動計画を立て、計画を実行し、最後にグループでの運営に関する反省会を開いて次回への課題をあげる。これを三回くりかえすことで、クラスの枠を超えたコミュニケーションを深め、運営のレベルアップを目指すのである。決まっているのは種目ごとに指定された場所や施設、そして終わりの集合時間のみ。そのなかで、チーム分けやルールの工夫、対戦カードを含むタイムテーブルの作成などを通じて、経験の有無や体力にかかわらず参加者全員が楽しめるスポーツの場をつくることが求められる。そのためには役割分担をして効率よく進行すること、運営や進行に関する情報はホワイトボードを活用するなどしてメンバー全員で共有することが重要である旨が、教員から全体への事前説明で強調され、その後グループに分かれて活動開始となる。【画像3】

種目ごとのグループ分けについていえば、運動が苦手もしくは苦手ではないがバスケットボールやサッカーなど走ることをともなう運動を面倒に感じている学生がバドミントンに流れるのは、学部や曜日時限によって程度の差こそあれ共通してみられる現象である。それでも、活動の趣旨は理解しており消極的ながら真面目に取り組む学生が中心となって、手分けしてコートや用具の準備を始める。バドミントンコートは授業中に何度も自分たちで設置作業をしてきたため、ここまではスムーズである。ところが運営計画を決める段階になると、急に流れが滞ってしまう。というのも、バドミントンを選択した時点で、かれらはこの授業の序盤におこなったバドミントン、すなわち一定の時間でローテーションする適当な打ち合いをイメージしているが、教員による「ダメ出し」を受け、グループ内で最終的にきちんと順位がつくような「競技」

画像３：ホワイトボードで情報共有

としての試合運営を指示されるからである。

チームをつくって団体戦をするのか、だとすると何チーム何試合にすればよいのか、あるいは固定ダブルスの総当たり戦にするとしたらコートの割り振りをどのようにすべきか、試合は時間で区切るのか点数で区切るのか、等々、検討事項の多さにようやく気づく。ここでグループにバドミントン経験者がいる場合は、やむをえずといった様子で計画を立て始め、その他大勢のメンバーに指示するなどして遅まきながらグループが動き始める。そうならない場合は、お互いに顔を見合わせて黙ってしまったり、一部メンバーが勝手にプレーを始めてしまったりとマネジメントが機能しなくなるところで教員が介入して具体的な指示を与え、最低限の運動時間を確保することになる。いずれの場合も、傾向として、バドミントンを選択した学生はリーダーシップを取ることや運営を主導することを回避したいという意識が強いことがうかがえ、そのぶん教員の介入によって「自主的な運営」から遠ざかることが頻繁にみられる。

一方、バスケットボールのグループには、運動を楽しむことに意欲的であるのに加えて、授業でのスポーツ実践においてリーダーやそれに準ずる役割を担ってきた学生が必ずといっていいほど含まれている。また、小学校のミニバスケットから高校の部活までのいずれかで競技を経験している者、あるいは高校までの授業で慣れ親しんできた者が多い種目でもある。グループでの活動に移った直後にはボールやゴールの準備が始まり、並行して複数の中心メンバーがチーム分けやタイムテーブルを検討し、その情報がスムーズに行き渡る。したがって、試合に入るタイミングも早い。運動が苦手な学生がメンバーにいたとしても、経験や体力の差をカバーするためのルールの工夫も手伝って「(パスが回ってこないため)ボールにさわれない」というバスケットボールにありがちな展開にもならず、教員の介入をほとんど要さずに運営が成り立つのである。

おわりに

以上、「大学体育」の一例として、著者が担当する「健康・スポーツの基礎」の主な学修内容と学生の取り組み状況を三つの項目に分けて概観した。ここで改めて、「体育嫌い」への寄り添いという観点からこの授業がもつ可能性と課題について考察したい。

本稿は「体育嫌い」の背景にある文化的構造として、主要教材であるスポーツがもつ「男らしさ」を育成し称揚する装置としての性質および体育という教科が歴史的に内包してきた「強制と抑圧」の側面に着目した。この観点からいえば、まず各種測定にせよスポーツの実践にせよ、なぜこれをおこなうのか、この学修が自己の生活にどのように影響するのかなど説明した上で実践するという方向性は一貫していた。それによって「体育嫌い」の学生が高いモチベーションをもって取り組むまでには至らずとも、すべてが科学的根拠にもとづいて設定された、自己の健康維持に資するところのある活動であったことは理解されたはずである。とくにシャトルランについては、「いままでただ苦しい思いをするだけだったけど、講義を聴いて、なぜ限界まで頑張らなくてはいけないのかわかりました」などのコメントが散見される。加えて、体力テストでは教員が「集団統制」をする必要もなく、ほとんどにおいて学生の自主的な判断で進められていく。基本的にペアを組んだ学生だけが距離を測ったり回数を数えたりするため、「さらし者になる」状況になりづらいという点も、「体育嫌い」にとっては比較的取り組みやすい授業環境であったと考えられる。これらの点から、学生が感じる「強制と抑圧」の要素はかなり軽減されたことが期待できる。

毎回種目を変えてのスポーツ実践では、学生が「迷惑をかけた」、「恥をかいた」と感じてしまう場面をいかに排除するかということは、教員としてつねに意識してきた。そのための対応として、どの種目においても「みんなが楽しめるようにするための工夫」が必要であること、そのために必ず話し合いの時間をとることを指示しつづけた。先述のとおり「工夫」がうまく機能するとは限らず、運動が苦手な学生がうまくゲームに参加できないこともあった。しかしそのような場合も、授業としてはゲームに勝つことよりゲームを通じて会話が増えることが重視されているという学生間の共通認識は確立していたため、著者が観察した限りにおいて、少なくとも「迷惑」や「恥」の側面から「体育嫌い」を強化するような場面にはならなかったと考えられる。さらに望ましいケースとして「初めてバレーボールを楽しいと思った」とのコメントが得られることもあり、改善点はあるものの方向性として大きな誤りではないと認識している。(16)

最後に、コミュニケーションと運営を重視するスポーツ実践の集大成である「マネジメント実習」の様子を、バドミントンとバスケットボールにそれぞれよくみられる傾向として紹介した。

同じ種目のなかでもグループによって差はある。最初はバラバラだったグループが三回目には充実した運営ができるようになるケースも少なからずある。とはいえ全体としてみれば、授業のねらいである積極的なコミュニケーションやマネジメントの達成度はバスケットボールを選択したグループの方が高い。その結果、ただ単にスポーツを楽しめた／楽しめなかったという違いだけで終わるのではなく、成績にも影響するという点をここでは重視したい。

本稿の問題意識として、スポーツを自発的に、自らの関心や適正に応じて楽しむことの意義や価値について学ぶ機会を、いかに体育の授業が提供できるかを問う部分があった。それをふまえれば、バドミントンのグループが、話し合いの結果として勝敗や順位を決めずに思い思いに楽しむことを志向したとき、「自らの関心や適正に応じた取り組み」として解釈し、そのうえで評価する余地があったはずである。著者は「体育嫌い」に寄り添っているつもりの体育で、自分のペースおこなうスポーツの楽しみについて学ぶ機会を奪ってしまったのではないだろうか。そもそも、広い意味でのスポーツを生涯にわたって日常的に楽しむとき、この授業で「強制」したようなコミュニケーションは、絶対に必要だといえるだろうか。たしかに、近年は企業の新卒採用で「コミュニケーション能力」が重視され[17]、その波が大学教育にも影響をおよぼしていることから、いわゆるアクティブラーニングとして体育で「コミュニケーション能力」を養うというのは、社会の要請に応じているとみることもできる。しかし授業という場で、「コミュニケーションがうまくできること」を高く評価することで間接的にせよ学生にコミュニケーションを強いてしまうなら、それは「コミュニケーションがうまくない」と自認する学生にとって新たな「強制」となりかねない。また、貴戸による以下の指摘をふまえれば、体育で「恥をかく」新たな機会にもなりうる。[18]

そこには「コミュニケーションがうまくいかないこと」自体にもまして、「あの人はいま裂け目に落ちた」と周囲の人に気づかれていること、それを意識してますます言動が不自然になってしまうことがしんどい、という面がある（貴戸 二〇一八：一一）。

さらに、一連のスポーツ実践やバスケットボールグループなどの事例にもとづいて、より実感をもっていえるのは、結局のところスポーツにおいて積極的なコミュニケーションをはかり運営を主導することができるのは、すなわちスポーツをおこなう授業で高く評価されるのは、ほんの一部の例外を除いて「スポーツが得意で体育が好き」な学生だということである。スポーツ中心の、男性ジェンダー化された体育を問題視する岡田は次のように述べるが、ここで示されている困難を、細かな状況は違えども著者もまた共有している。

いけないと思いつつも、やはり積極的で活動的な学生、リーダーシップを取ることのできる学生（運営上頼りになる学生）を、体育場面における〝好ましい〟学生と見なしてしまう。

しかし、これらの資質は、長い時間の文化的訓練や教育（隠されたカリキュラム）によって育まれた、男性有利の資質であるわけだ。しかし、そうしたことに配慮しすぎていると、現実に「スポーツ」という教材を使用している授業では、おもしろさや楽しさ、スムースな運営などが妨げられることになり、学生の側にも戸惑いを生むことになるだろう（岡田 二〇〇八：七二）。

この状況を打開するための突破口は、著者にはまだ見えていない。とはいえ、やはりスポーツ中心の体育のほかに、身体運動のオルタナティブを提示し多様な体育のあり方をつくりだすことが可能性の一つとなるはずである。スポーツだけに頼らない体育の試みは、すでに小学校から大学までさまざまな場でおこなわれている。それらの試みは、体育でのつらい経験をゼロにする特効薬にはなりえないかもしれないが、多様な身体運動や、広い意味でのスポーツを通じた楽しみのあり方を経験する機会がふえることで、体育の文化的構造や体育におけるスポーツの価値体系もまた変容していくはずである。具体的な輪郭線が描けないほど遠い彼方の目標ではあるが、まずはそこに向けて、体育の授業をめぐる試行錯誤をつづけていきたい。

注

（1）朝日新聞「スポーツ嫌いの子、ダメですか」二〇一七年六月一日朝刊、二九頁。

（2）ベネッセ教育総合研究所「学校での学習」『第五回学習基本調査』、二〇一五年。https://berd.benesse.jp/up_images/research/5kihonchousa_datebook2015_p04-09.pdf（二〇一九年一〇月二五日閲覧）

（3）文部科学省、高等学校学習指導要領（平成三〇年告示）「保健体育」より

（4）朝日新聞デジタル「スポーツ嫌いダメ？国の目標波紋「体育の恨み」影響も」https://digital.asahi.com/articles/ASK525CYPK52UTQP01H.html（二〇一九年一〇月二五日閲覧）

（5）笹川スポーツ財団『スポーツライフ・データ二〇一六』

（6）多賀太「教育における「男性」研究の視点と課題 ——「男というジェンダー」の可視化」『教育学研究』第七二巻第二号、一七四—一八五頁、二〇〇五年。

（7）井谷惠子「学校体育とジェンダー」飯田貴子・井谷惠子編著『スポーツ・ジェンダー学への招待』明石書店、一七五—一八四頁、二〇〇四年。

（8）今井学治『模範體操寫眞圖説』広文堂書店、一九一二年。

（9）文部科学省、前掲。

（10）おそらくスポーツ政策や体育政策の策定プロセスにおいて想定されるのは、身体ほぐしやダンス、フィットネスなどの運動も含む広い意味でのスポーツである。だとしても、いまの日本社会では、何の但し書きもなくスポーツといえば「近代スポーツ」として受け止められる可能性が高い。実際に、著者が知る限り、上記の運動について「小さい子どもか高齢者のもの」という先入観をもつ学生は多い。

（11）ここで著者がイメージしているのは文字通りの強制ではなく、スポーツをおこなない「健康維持に努め

る」者だけがなんらかの行政サービスや福祉の対象になるなどのケースである。

(12) 二〇一〇年度から二〇一九年度のカリキュラムで実施された。二〇一三年度までは前期・後期それぞれにクラスが配置されており、同時限開講は多くて三クラスであった。前期のみ四~五クラスが同時開講されるのは、二〇一四年度以降のスタイルである。

(13) ガイダンスでは学生に「履修カード」を配布する。カードには授業のふりかえりの欄があり、毎回授業終了時にふりかえりを記入して教員に手渡しするという流れである。初回はガイダンスを受けての感想や授業への意気込みなどを書くよう指示する。

(14) ほぼ毎回、実技のほかに、その回のテーマに沿った講義を二〇~三〇分程度おこなう。体育館にスクリーンが設置されており、学生は床に座って講義を受ける。

(15) アルティメットなどいわゆるコンタクトスポーツは、安全管理の観点から男女別でおこなう。

(16) ただし、ローカルルールによるカスタマイズについては、どの部分をどの程度まで変更するかということが競技の本質にかかわるという見方もできる。カスタマイズによって原型から大きく離れた競技から得られる「楽しさ」については、文脈によって評価が異なる可能性はある。

(17) 一般社団法人日本経済団体連合会「2018年度　新卒採用に関するアンケート調査結果」https://www.keidanren.or.jp/policy/2018/110.pdf(二〇一九年一〇月二五日閲覧)

(18) 貴戸は「コミュ障」とされる人びとがコミュニケーションにおいて直面する困難を「裂け目」と表現している。本稿で提示した場面での困難は必ずしも「コミュ障」と一致するわけではないが、困難に直面する自分が「人目にさらされる」ことへの抵抗感という点では通底していると考えられる。

引用・参考文献

Foucault, Michel, Surveiller et punir, naissance de la prison, 1975.［ミシェル・フーコー著／田村俶訳『監獄の誕生――監視と処罰』新潮社、一九七七年。］

井谷惠子「学校体育とジェンダー」飯田貴子・井谷惠子編著『スポーツ・ジェンダー学への招待』明石書店、二〇〇四年a。

井谷惠子「女性のスポーツ嫌いとスポーツ離れ」飯田貴子・井谷惠子編著『スポーツ・ジェンダー学への招待』明石書店、二〇〇四年b。

井谷惠子・井谷聡子・関めぐみ・三上純「体育離れのジェンダー・ポリティクス当事者へのインタビュー調査から」『スポーツとジェンダー研究』一七、六―二〇、二〇一九年。

大束貢夫「ジェンダーと運動音痴の男たち」飯田貴子・井谷惠子編著『スポーツ・ジェンダー学への招待』明石書店、二〇〇四年。

岡田桂「学校体育は何を教える教科なのか？　体育教材としてのスポーツとジェンダー」『現代スポーツ評論』一八、二〇〇八年。

貴戸理恵『「コミュ障」の社会学』青土社、二〇一八年。

佐伯年詩雄「二一世紀の体育教師像――どこから、どこへ」『これからの体育を学ぶ人のために』世界思想社、二〇〇六年。

高橋健夫「学校体育のスポーツ化」中村敏雄・高橋健夫・寒川恒夫・友添秀則編集主幹『二一世紀スポーツ大事典』大修館書店、二〇一五年。

多賀太「教育における「男性」研究の視点と課題――「男というジェンダー」の可視化」『教育学研究』第

七二巻第二号、一七四―一八五頁、二〇〇五年。

日野克博・高橋健夫・八代勉・吉野聡・藤井喜一「小学校における子どもの体育授業評価と学級集団意識との関係」『体育学研究』第四五巻第五号、五九九―六一〇頁、二〇〇〇年。

松田恵示「体育内容論　――なぜ学校体育から遊びが去っていったか――」杉本厚夫編『体育教育を学ぶ人のために』世界思想社、二〇〇一年。

松田恵示「体育とスポーツ　――あるいはスポーツ文化の「二重性」について」井上俊・亀山佳明編『スポーツ文化を学ぶ人のために』世界思想社、一九九九年。

三浦雅士『身体の零度　何が近代を成立させたか』講談社、一九九四年。

森田啓之「運動のもつ可能性」友添秀則・岡出美則編著『教養としての体育原理　新版』大修館書店、二〇一六年。

教科教育における「躓き」の実態と学びにおける「つながり」

喜岡淳治

はじめに ―学びとは

学びについて、確認しておきたいことがある。それは、「理解する」、「わかる」こととしての学びであり、「おぼえる」こととは違う点である。

すべての教科において、予め用意されている内容を順序よく学んでいこうとすると、例えば算数では加算乗除の場合、たし算からはじめ、繰り上がりがないものから始めるなど、そこには必ず過程（順序性）がある。その過程を充分に理解せずに、ただ結果、答えだけを求めようとして、その過程を全く考察することもなく、ただ暗記だけしようとしていては、学修は破綻する。

このように問題が与えられ、その解決のために途中の過程だけをむやみに暗記して、理解せずに進むと、その答えが仮に正解していたとしても、本人は「当たった」というだけで終わるはずである。決してそこには大きな達成感が得られるはずがない。与えられた問題に関して、決して

「理解した」ことにはつながらないのである。芹澤も、最終的な結果にいたるまでの過程、そのすべてを含めて、「わかった!」ということが必要であると言う。(芹澤、二〇一九)

佐伯からも、与えられた問題に対して、幾度もこの「理解すること」の意味について説明を受けた記憶がある。それは、特に「わかる」ことと「おぼえる」ことの違いからの説明である。(佐伯、一九七五)

筆者の理解では、たとえば誕生日が、個人にとっては節目となる重要な日であることを私たちは「わかって」いる。そして、大事な人の誕生日にはお祝いをしたいので、誕生日を「おぼえて」おくべきだと「わかって」いる。その人の誕生日だけ「おぼえて」いても、その日の重要性を「わかって」いなければ意味がない。歴史的な出来事の起きた年とその意味についても同様であろう。

筆者が以前に中学校の教員をしていたときに、担任していた子供たちに誕生日号という学級通信を送っていた。この実践は、誰一人の誕生日号を出し忘れても、その子供を傷つけてしまうことになる。誕生日という一日は、その子供の人生に大きく関わることである。そこで、特別のカレンダーに子供たち全員の誕生日を書き込み、その一週間前ぐらいから、誕生日号を書き始めたのである。その子供との今までの出来事を想起しながら、出会いからを振り返り、未来に至るまでの希望も含めて、一週間ぐらいをかけて壮大なドラマ風の物語を書き上げるという手段を講じていた。このように、準備万端で進める方法を取っていた。

つまり、「おぼえる」といった行為のときにはおぼえたことを「忘れる」という行為、おぼえることの前の状態になってしまうことが起きることを予想しなければならない。しかし、「わかる」という場合には、「わからなくなる」という、もとの状態に戻ることに対応する言葉がないのである。

佐伯は、それを「おぼえる」ということばは、可逆的（もとにもどる）ことばであるのに対し、「わかる」ということばは、非可逆的（もとにもどらない）ことばであると言う。（佐伯、一九七八）さらに、学びにおける躓きをどのように解消していくかについて、その学習の過程を理解することの一貫として、視座の設定、視点を動かして、考え方を決定していく過程などを学んだのである。

今回の論文では、この「理解すること」「わかること」に関連する学びについて、子供たちはどこで躓いてしまうのか、そのために学びが中断し、「つながり」が途絶えてしまうのか、本来誰もがどこかで躓くわけであり、本人がもっと学び続けたい、もう一度学び直したいと何れかの教科について思ったときに、教師はどのように支援していくのかについて考察していきたい。

一　学校文化がもたらす躓き

学校という場所は、子供たちが自らの意思に基づいて学びやすく、毎日を楽しく過ごすことができるように、与えられる教育内容はよりわかりやすい順序で、単元ごとに区分して系統的に子供たちに提示している。その内容を教師が授業という形態のなかで、指示を出したり、発問をしたりしながら、進めていき、さらによりわかりやすい形になるように工夫しているのである。本来ならば、その過程において、子供たちは自己達成感を得ながら満足しつつ、その自らの道を気持ちよく進むはずである。

ところが、どうも物事は必ずしもうまく進まない。様々な教授場面に応じても、師弟関係という人間関係を通しても、変な「躓き」という事態が生まれてしまう。

例えば、学校という場所に登校してきた子供たちは、どうもそこに居る教師に異様な影響を受け過ぎているところがある。授業場面でその教師が考えていること、思い描いていることを推測し、それを見事に当てて、教師に喜んでもらおうとする動きが子供たちに見られる。

だからこそ、子供たちは教師が準備しているはずの発問に対する答えを推測し、それを見事に当てようという動きに出る。発問の文言そのものにも、その答えのヒントになるものが隠されている場合もある。そこからでも答えに近づくことは可能なのだが、さらに子供たちが教師自身からもそのヒントを探ろうとして、教師に逆質問を出すこともある。

これを、隠れた「正解」習慣ということにしよう。このような様々な手段を行使しつつ、子供たちは学校という世界、授業という場面で求められている「正解」というものを得ようと必死になるのである。

実は、隠れてはいない、正当な、もともとの「正解」習慣というものに対しては、次のような説明がある。こちらの方がもちろん受け入れやすい説明である。以下は、孫引きである。「子供がプログラムされた教科を、自分自身に合った進度で、成功裡に（正解を得ながら）進んでいくことによって獲得する、達成と自信の感覚」である。（オーナー・ティーチングマシン誌の内容説明書より）（ジョン・ホルト、一九八二）

筆者が「隠れた」という修飾語をつけた意味とは、子供の側から結構一方的に教師に対して、その心の中を読もうとして、教師が抱いている答えを探ろうという形になっている状態である。子供たちによる、自発性に基づく達成感や自信観などとはかけ離れたところで、両者の攻防が繰り返されるという事態が生じているのである。その意味では、授業という場では、教師と子供がお互いの心の中で考えている内容を探ろうとして必死になって戦っているという、少々恐ろしい世界が展開していると言えよう。

教師から授業を受けているときに、子供たちは何を学んでいるのか、今やっていることがわからない場合がある。このような事態は、実はよくあることなのだ。そんな時に、教師から「先生に質問をされて答えがわからない時、君たちはどんなことを考える？　どんなことが君たちの心の中に起こるだろうか？」と聞かれたら、どんな対策を考えるだろうか。

この質問に対して、子供たちは部屋中が麻痺したように黙りこんだという。

このような状況になったときには、子供たちにしてみれば、こわくて死にそうな感覚になるらしい。

低学年の子供たちに対して、教師の側から圧迫を与えないように考えている学校でも、また子供たち同士がお互いに競争をしているという感覚を与えないようにという気持ちを抱かせる学校でも、このような逼迫した状況があることを知って驚いたと言う。（ジョン・ホルト、一九八一）

現状の学校文化を覗いてみても、その教師の考えている答えを、もし探り当てることができなかったならば、そこには子供たちにとって「躓き」という感覚へ陥ってしまう落とし穴が待ち構えているのである。

二　「躓き」という言葉との出会い

筆者が大学二年生のときだった。

「躓き」という言葉と、その事態が起きているという、体験している本人にとっては、苦しみに近い実態に出会ったのは。

当時受けていたゼミの発表として、以下のようなレポートをした記憶がある。

その教育学部の教授がおそらく全学的に公開していた現象学的心理学のゼミでは、子供たちが学んでいく過程で出くわす、「躓き」という現象をテーマに掲げていた。

発表者たちの周りにいる子供の実態を見据えたうえで、「躓き」という実態、現象が、具体的には実際にどのようなことが教室内で起きているのかをゼミで報告することが求められていた。

そのゼミでは、第一章で挙げた、以下の書籍を教科書として使用していた。

ジョン・ホルト著 吉田章宏監訳『子ども達はどうつまずくか』評論社 一九八一年である。

筆者は、小学生、中学生という子供たちがこのような状態にいることを目の当たりにしていた。当時、家庭教師をしていた子供の様子を見ているときに感じたものだった。それは、どうも算数・数学について「躓き」という現象が多く見られていた。そこを調査対象として、少しでも筆者自身もその現象をわかろうとしていた。

子供たちが、いったいどこで、どんな問題で躓いているのか、どんなところで、どんな場面でわからなくなってしまっているのか、そのありのままの実態をいろいろな場面で調べてみようということを始めたのである。

教育学部のゼミの中で、「躓き」という言葉に対して衝撃的な出会いをした瞬間でもあった。ある意味では、「躓き」とそれらから派生する様々な出来事に対する事象への印象的な出会いでもあったのかもしれない。

もちろん自分自身でも、小さい時から学校で学んでくる途中で、教科のさまざまな場面で躓きながら成長してきたことを意識していた。

最も苦手だった理科では、特に物理に不得意な単元が多くあり過ぎた。本当に良く理解している周囲の友人にせめて最後からでもついていく状態にできなかったこと、理科という、その科目だけは学び続けていく単元で至るところに躓きだらけだった事態を想起していた。

躓いたという、最終的な場面は本当によく脳裏に焼き付いている。

物理で「モル」という概念が理解できずにいた。その後、その「モル」を用いて、さらに考察を進めていく段階になると、もちろんのこと、連鎖反応的に与えられている現象に関して全く何もわからない状態になり、歩を進めるという、その先に行けなかった事態がはっきりと目に浮かぶ。今考えると難しい内容ではないのかもしれないが、その当時の自分にとっては、いくつかの超難問がこれでもかと覆いかぶさるように降りかかってきていたのである。

しかし、筆者自身の生涯に目を向けると、上記のジョン・ボルトの書籍を考察した、教育学部のゼミの影響から、大学三年生に進学するときに経済学部から教育学部へと転科し、教育の世界へと入っていくことができたのである。今思えば、この教授に出会い、これらの現象について考察する機会に出会えたことは幸いであった。

つまり、教師という職業に就こうという意識のもとで、教える対象である子供たちの「躓き」について、意識をしたうえで、それを対象化して調べてみようとしたのは、先ほどの大学におけるゼミの時が初めてであったからである。

三 「躓き」分析の始まり

さて、先ほどの、筆者の大学時代におけるゼミの発表内容は、子供たちが小学校算数で分数の学習の際にどのように「躓いてしまうのか」であった。その当時もそうだったが、算数嫌い、数学嫌いが生まれてくる原因をいくつか指摘するものであった。

西村は、算数嫌いが生まれる躓き箇所として多く挙げられている部分を、分数を学ぶときの挫折であると言う。10進法に慣れてきた子供たちにとって、分数の概念はとても新鮮である。数学の新しい分野がさらに開けていくことは確かであろうと指摘されている。しかし、その概念の広がりに戸惑いを見せる子供がいることも見逃すことができないと述べる。(西村眞、二〇一五)算数・数学を学ぶ段階で、一度も躓かないで専門的なレベルまで順調に進んできた一部の人間を除けば、誰もがどこかで何らかの「躓き」を体験している。それだけ、算数・数学を学ぶ時には、必ず難所と言われている部分があって、そこに躓いてしまう人が多いのである。

筆者が学生時代にこの分野で先行研究等を調べてみたとき、最初の大きな典型的な「躓き」は、「分割」分数と「量」分数との混在であるということだった。

子供たちが小学校二年生で扱う最初の分数は、分割分数である。これが三年生になると、量分数と分割分数を同時に指導することになる。ここが学び手にとっては、その違いを理解しながら進むことができるか、一つの大きな分岐点になるというのだ。

少し関心が出てきた料理分野の話で、具体的に進めていこう。

大匙1ぱいの砂糖は、9グラムなので、大匙1/2ぱいの砂糖は、4.5グラムとなる。この4.5グラムという数値は、量分数から出てきた数値である。この時の全体の数である「1」に値する、もとになる量は、9グラムであったから、その半分から算出された数字である。このように、全体の「1」における単位が決められており、もとになる量が決定していると、そこから計算し算出してもとになる量と同じ単位で示される分数が量分数である。

本来の分数は、全体である「1」の単位が決められているわけではない。実際に、計算を求めている人たちに対して、今回の場合も大匙1ぱいの砂糖を全体としようという、仮の設定と言ってもいいところからスタートしているのである。上記の場合も、砂糖の重さを計るときに、たまたま大匙1が9グラムということで、それを全体という設定で進めていこうというものであった。これが量分数のスタートである。

これに対して、分割分数の考え方は、全体の「1」における数値を決定しないで、大匙1/2に入っている物質（例えば、醤油、みりん、酒、砂糖等）は、大匙1の「半分」であるということを示しているにすぎない。全体の「1」と比較してみて、その割合を示しているだけである。これが、「分割」分数である。先に示した全体の量、基準とする量に対する割合を示している。「分割」分数は、全体の数が「1」と決まっており、そのなかでどのくらいの割合を占めているのかを指示している。分割分数だけが対象化され、そこだけで話は完結するというものである。全体の単位、分割されているものの単位については、一切関知しないというのが分割分数の考え方である。

くどいようであるが、これに対して、「量」分数は、全体の数「1」に対する［物］の単位（全体量）が提示されている。

このような状況を概観してみると、子供たちは計算過程のいろいろなところに障壁があり、それらを一つひとつクリアしながら次の課題へと取り組んできていることを理解する必要がある。

今でも、確かに「分数概念の広がり」を理解することに戸惑いを見せる子供がいることが知られている。他にも分数に関して、その概念の広がりとして、「操作」分数、「割合」分数、「商」分数、「単位」分数などが列挙されている。（西村眞、二〇一五）

筆者が、計算の答えが$\frac{2}{3}$になるという具体例で説明をしてみよう。

「操作」分数とは、演算子（operator）としての分数である。あるものを3つに等しく分けて2つ分をとる「操作」を表すものが、$\frac{2}{3}$である。

「割合」分数とは、分数は2つの量の割合を表すことができる。2つの量、A、Bがあるとき、「割合」が2：3であったとき、AはBの$\frac{2}{3}$となる。

「商」分数とは、2を3で割ったときの商を表すものが$\frac{2}{3}$である。

「単位」分数とは、$\frac{1}{2}$、$\frac{1}{3}$、$\frac{1}{4}$のように、分子が1である分数を「単位」分数と呼ぶ。整数の場合には、1を単位にしてそれが何個かという考え方をして、次々に数を構成していったのと同じで、分数の場合にも分母の数字は変化するが、分子の数は1を基準にして、単位分数を基にして同様の扱いをする。

改めて、子供たちが学ぶ過程において、計算・思考などいろいろな場面で混乱する要素があるという事態に気を留めることが重要である。

四　「躓き」への対応策

四―一　要領のよいごまかし方

第一章で取り上げた書籍に書かれた〈まえがき〉の冒頭も次の言葉から始まる。

「学校にいるほとんどの子ども達はつまずく。」（ジョン・ホルト、一九八一）

学校という組織は、毎年四月に新しい子供たちが入学してくることから、在校生はとにかく学年を通過し、ある期間在籍したならば必ず卒業を認可してもらわなければならないという拘束が待ち構えている。その子供たちは学校で教わらねばならないことについて、必ずしも理解していないにもかかわらずという状態である。そうでなければ、子供たちは学ぶ過程を理解していなければ、当然ながら留年生となってしまう。

もし子供たちが与えられた課程を理解することができず、同じ学年に残ってしまうと、その学年には子供たちの数がどんどん増え続け、次第にその学校はパンクしてしまうことになりかねない。従って、学校は何とかして子供たちを卒業させて、無理やりにでも、つまり決められた義務教育期間が過ぎるところまでしか預からないという、暗黙の過程のもとで、小・中学校から子供たちを卒業させて押し出すことに躍起になっているようにみえる。

日本における義務教育期間には、留年という状態が実際には発生しない。基本的に小学校に六年間、中学校に三年間を経過すると義務教育期間は自動的に終了となる。

上記の書籍でも同じ指摘がある。

「彼らが物事を少しでも知っているかどうかにかかわらず、ともかく学年を通過させるよう押し上げ、学校から押し出すことに私達が同意してきたからにすぎない。」（ジョン・ホルト、一九八二）

この書籍のなかで躓いている子供たちを観察してみると、以下のような子供に大きく分けられると言う。

一つめは、躓きから立ち直る方法を模索し、すぐに立ち直る道を探し求めている子供である。ある意味では利発的な子供たちである。私たち教師も一緒になって、子供たちが躓いていたらどこで躓いているのか、どこでひっかかっているのか、どの部分から先に進まないのか、そのポイントを見つけ、打開策を見つけようとする。そして、どのような方法を取ったにしても、打開策が見つかったときには、大きな喜びとなって、次の過程へと歩を進めていくことになる。

二つめは、躓いてしまうとギブアップする子供である。残念ながら、その難所を乗り越え、何とか復活したいという道を考えようとしない子供である。さらに問題を加速している状態は、どちらかと言うと、躓いている状態を何もなかったかのようにごまかそうとし、次にさりげなく進もうとする子供たちである。いずれにしても、子供たちは自分なりの対応策として、躓きに対してすぐに何らかの対応戦略を考えていることだけは理解できる。現実的には、最終的な結果として、対応策があるかないかに関わらずである。

三つめは、中途半端な対策を取る子供たちである。躓いてしまうと、その対応策を考えはするが、全うな対策となる道が見いだせずに、その場をごまかそうとする方法を取ってしまう子供である。例えば、今まで取り上げてきた分野と異なってしまうが、語学に関しては、発声したい単語の発音が明確にわからないという躓きに引っかかった場合に、その発音を上手にごまかして「ムニャムニャ」と発音するという戦略がある。この戦略は使ってみると意外と、子供たちもなかなか極めて効果的な戦略であると考えているようだ。「ムニャムニャ戦略」と呼んで重宝がられているらしい。（ジョン・ホルト、一九八二）

これは、ややこしい発音については、それなりの発音をしていると、聞く側からするとある程度はそれ本来の単語の発音に聞こえるだろうという戦略である。

選択肢がある問題については、その答えを当てずっぽうに言って、その瞬間の教師の顔を見て判断をするという戦略もある。これを「当てずっぽうを言って、出題者の顔を見る」戦略と呼んでいる。この戦略も実際には私たちがよくやっていた戦略と言えるだろう。（ジョン・ホルト、一九八二）

対応している教師もやはり人間なので、子供たちの答えに対して微妙に反応をするところから、はずれていたら残念そうな顔をし、当たっていたら少しうれしそうな顔をするのであろうと予想する。このほんのわずかな変化を瞬時にキャッチして、子供たちは当てずっぽうに言った答えが、敏感に正解か、間違いかを判断しているのである。

たまに、子供たちの反応に対してポーカーフェイスの先生がいて、この戦略がうまく機能せずに地団駄を踏んでいる場合もあると言う。

しかし、このような例を見ると、筆者の全体的な感想を言うと、子供たちは実に要領が良いことが理解できる。

四―二　現実にイメージできるようへ変形

次のような対応策例もある。

割り算の表す意味には、「包含除」と「等分除」がある。

「包含除」とは、「AがBの何倍ですか」ということを指している。式で表せば「A÷B」となる。これについては、子供たちも理解しやすいところである。

課題は、「等分除」である。3mの針金が90円のとき、1mでは何円になりますかという問題は容易い問題である。すぐに30円と正解が出る。90÷3＝30という簡単な計算で答えが出る。しかし、「1.8mで90円の針金がある。1mではいくらになりますか？」という問題は、小学生にとっては少し手ごわくなる。上記と同じように、90÷1.8＝50と計算式を出してもすぐにイメージができるわけではない。そこで、割る方も割られる方も、両方とも10倍して再度考え直してみましょうという方策を取る。この方策を取っても、もちろん結果は同じになる。

「18(1.8×10)mで、900(90×10)円の針金がある。1mではいくらになりますか？」という問

題となる。10倍することで非常に計算式はわかりやすくなる。（高橋、二〇一二）

ただし、一般的な認識として、このような問題設定に対して、日本は古くから、ある尺貫法を用いた計量法を使う例があるのだが、それが少し戸惑うのであろう。つまり、問題は、1.8ｍ＝一間（六尺）で90円の針金という形からスタートすることが、現実の社会で起きるのだろうかということである。最近では、一間や一尺という長さの単位を使わなくなっている。これが問題だとしたら、せめて次のような設定の方が良いのだろうか。

「1.8ｍのはりがねを90円で買った友達がいました。1.8ｍもはりがねを必要とせずに、１ｍだけで充分でした。１ｍではいくらになりますか。」

もちろんのことだが、計算方略として、割る方に対しても割られる方に対しても同じこと、つまり共に同じ内容を掛けたり、割ったりをすれば、答えは変わらないということを知っていなければならない。計算方略にもいくつかの約束事が決められており、それによって支配されながら、その方略が適用されるのである。

四―三　教師が原理を明確にして、ポイントをスモールステップで進行

体育の躓きの例を出しておこう。跳び箱が跳べない子供に対する実践例（向山、一九九九）がある。

先ず、跳び箱という教材とは何だろう。

そもそも、この跳び箱という教材をめぐっては、そこに文化的な価値を見出し、それを味わうための運動技能との関係性について明らかにすることを求めた人たち（加納岳拓他、二〇一一）もいる。

では、なぜその跳び箱が跳べないのだろうか。

いろいろな原因が指摘されている。

助走のときに、跳び箱の直前で、走る勢いが急に弱くなっていないか。

跳び箱の高さに対して、ぶつかるというような恐怖感のようなものを持っていないか。

跳び箱に着く手の位置の問題について、手前に着きすぎていないか。

跳び箱に手を着いたときに、自分の体を上にあげようとしているか。

基本は、腕を支点とした体重の移動ができないために跳ぶことができないのだと言う。向山は、この感覚を自転車に乗れない子が、乗っている感覚がわからないのと似ているとか、泳げない子が、水に浮く感覚がわからないのと似ていると言う。（向山、一九九九）

このような原因が考えられ、教師が適切なアドバイスをしてその克服にあたり、跳び箱が跳べるようになっていく現実を子供たちは目にするのである。

子供たちには、学校という世界に君臨しているはずの競争の原理があるのではなく、自分が跳び箱を跳べるかどうかを見守ってくれている仲間の温かい眼差しに支えられており、協同の原理によって、次々と跳び箱を跳んでいくという世界の楽しさを体感しているのであると、向山は指摘する。

跳び箱を跳べない子供に対しては、先ほどの逆で、腕を支点とした体重移動を体感させればいいのである。これができればすぐに跳び箱を跳ぶことは可能となる。ところが、向山は見当はずれの指導をしている教師が多すぎると言う。（向山、一九九九）

跳び箱を跳べない子供をみると、ほとんど同じパターンであるらしい。先ず跳び箱の上にぺたっとまたがってしまうのである。手をつっぱってしまって、自分の身体をそれよりも前に出そうとしない。この状態を見た教師は、「跳べないのは、あなた自身の気力に問題があるからだ」と決めつけてしまう教師がいるらしい。

このような教師は、その子供の恐怖心を取り除いてみようと苦労する。

「先生が横にいるから大丈夫だよ」

「もう少し自分からも勇気を出してみよう」

などと言って励ます。全く効果はない。さっぱりダメである。

別の恐怖を与えて、跳び箱の恐怖をなくそうとする教師もいる。

「跳べないとけっとばすぞ」などと脅かすのだ。

最終的には、すべて子供のせいにして、心の中で「やっぱり運動神経が鈍いのだ」として、教育をあきらめるというところで終結を迎えるのである。

しかし、向山は上記のことを指摘したうえで、次の方法で行うと、95％の子供は跳ぶことができると言う。

図（A）のように跳び箱を跨いで座らせる。そして、腕をついて跳びおりさせる。縁側に腰掛けるみたいに、跳び箱のはじに腰掛けさせてやらせることもある。両足の間に入れた両腕で身体を持ち上げさせ「跳び箱を跳ぶというのは、このように両腕で体重を支えることなのだよ」と説明する。

そして、「体重のかかり方が、かわるだろう」といって、ゆっくり跳びおりさせる。ふつう五、六回やらせる。

図（B）のように、教師は跳び箱の横に立つ。

図のように、走ってくる子の腕をつかみ、おしりを片手で支えて跳ばせる。体重の重い子は、片手だけでは支えられないから、そういう時は両手でおしりを支えてもいい。かよわい女性は（男性も）、両手でやればいい。

練習しているうちに、手にかかる体重が軽く感じてくる。それは、とってもよくわかる。「もう大丈夫だな」と思ってから、二回ぐらい余計に跳ばせる。そして、手で支えるふりをしながら、突然に手を引っ込めてしまって自分の力で跳ばせるのである。

(A)

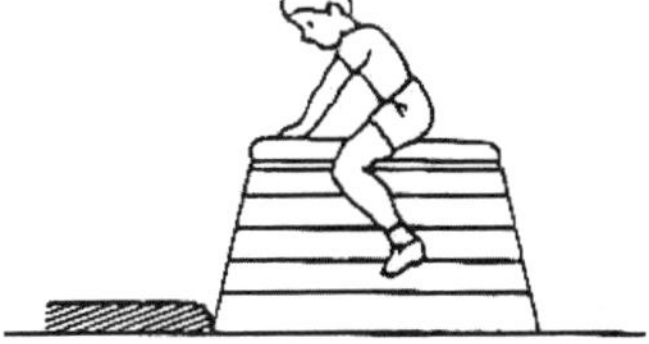

(B)

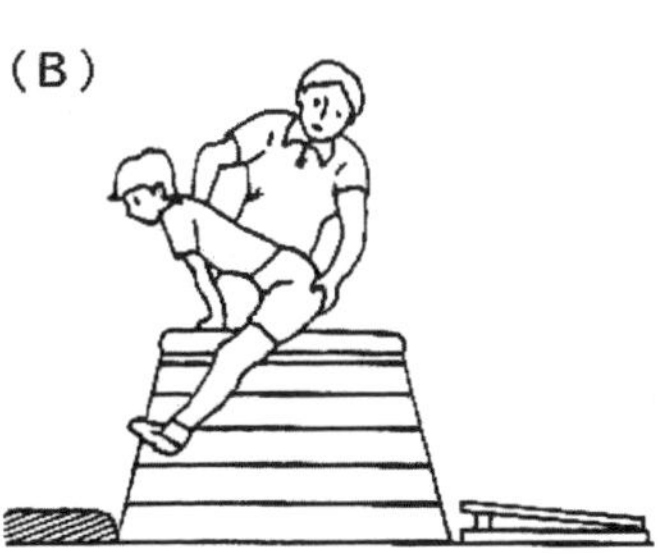

これで、ほとんどの子供は跳ぶことができるようになる。跳べたらもう一度すぐにやらせる。ふつうのクラスなら、子供たちから自然と拍手が起こるはずである。先ほどの協同性が出ている。

跳び箱を跳ばせるということは、次の「力」を子供たちに要求している。

①身体をジャンプすることによって、それを高く持ち上げる力。

②次に、跳び箱の上で身体を手で支え、それを前へ運ぶ力。

③子供が跳び箱を跳ぶときに感じる、跳び箱との距離を測る力。

筆者が考察する重要な点は、教師が子供に適切に指示を出すことによって、子供たちは跳び箱を跳ぶときに、自分の身体のどこをどのように使い、どんな力を加えたらよいのかを把握したうえで、跳ぶことを体得し、常にそのことが徐々に可能になっていくのである。

四—四　型にはめる方法

国語の躓きの例も出していこう。

国語には、「聞くこと」「話すこと」「読むこと」「書くこと」という、具体的な言語活動の4分野の能力（文部科学省、第3望ましい国語力の具体的目安）が提示されている。以前から気にかけていたことは、特に「話すこと」に対する躓きである。

公の場で「話すこと」には、かなりの緊張感が求められる。これをクリアする為には、充分な準備と練習が必要となってくる。または、話し方のコツとして、自分が話すときの型（スタイル・姿勢）を確立しなければならない。

現在所属している大学の教室において、学生に対してその教室にいる全員に聞こえるように発声することを求めても、原因はさまざまであるが困難な場合が生じてしまう。まずとにかく自分が話したいと考えている相手に対して、自分自身の顔を向けて、口を大きく開けて話し始めようと指示を出す。何度もその指示を繰り返して、声をかける。そこから始める。

自分の声が、話し相手に伝わり通じてこそ、コミュニケーションが開始される。

次に、話したい内容を、最初は型に当てはめて話すことである。型にはめて話すことによって、自分の話したい内容をそこに入れるだけでよいのだから、気持ちのうえではかなり楽に話すことができるようになる。確実な方法である。

このように、最初は、話す相手との対人観を身に付けることである。

実は、全体に声をかける場合に、話す相手の人たちの正面、真ん中に立って、全員に聞こえるように話そうという姿勢を取らない学生が多すぎる。教室の端の方から、ぼそぼそと声を出して伝えようとするだけである。最初の姿勢・体制からチェックする必要がある。

また、話し方の型については、多くの模範例がある。具体例として、一つ提示しよう。

ＮＨＫで一七年間キャスターを勤めた矢野は、「内容」「態度」「声」によって、話し方を決める要素になっていると言う。受け取る相手がそれらの要素を使って判断すると言う。（矢野、二〇

一六）

「内容」については、わかりやすいことが大前提、それから主語があること、語尾まではっきりと話すこと、一文が完結していること、時間軸があること、議題・結論を先に示すこと、例えや事例があること、話し始めがすっきりしていること、数字・事実があること等が必要であると言う。

「態度」については、相手や状況に合わせた態度（表情）で話すことが大前提、それから相手を観察すること、内容に合わせた表情、内容に合ったジェスチャー、落ち着いていること、謙虚・丁寧な言葉使い、無理に取り繕おうとしないこと、姿勢が良いこと、常に肯定的であること等が必要であると言う。

「声」については、聞き取りやすい声で話すことが大前提、それからちょうどよい音量であること、ちょうどよい音程であること、滑舌が良いこと、呼吸が深いこと、間があること、声が澄んでいること、ちょうど良いテンポであること、抑揚があること等が必要であると言う。

筆者も賛成である。話し方の上手な人の特徴を掴み、それを真似するところからスタートすべきであろう。

四―五　「単語描写」という対策法

村井は、小学校のクラスのなかには、読み書きに躓きをもった子供が何人もいると指摘する。

その躓きの形はさまざまである。

・文字の形がうまく取れない。
・本読みがたどたどしい。
・正しく書けないことばがある。
・促音「っ」が抜けてしまう。
・助詞の「〜を」を、「〜お」と書いてしまう。
・漢字が覚えられない。
・作文が苦手。（村井、二〇一〇）

このような読み書きの躓きについては、できるだけ早い時期に気づいてあげて、その躓きの背景に合わせて支援を考えていくことが重要であろう。教室のなかでは、読み書きの活動が日常的に行われている。その活動のなかで躓きに原因を見つけることをしてほしい。

さらに、村井はこれらの躓きに対して、聞き取ったことばを書き取っていく「単語描写」という対策法を取っている。これは、以下の通りである。

①聞き取ったことばを音のかたまり（モーラ）に分解する。
②分解したモーラに対応した文字を思い出す。
③思い出した文字を順番に書いていく。

このときに、正確にモーラに分けられなかったり、モーラに対応した文字を思い出しにくかっ

たりすると、描写の間違いが起きてしまう。（村井、二〇一〇）

五　「躓き」があると、どこまで戻ってやり直すのか

総合的な対応策としては、先ず「戻る勇気」（高橋、二〇一二）が大切である。

高橋自身も自らの経験をもとに、高校生時代、浪人時代を振り返りながら、数学のセンスなどは微塵もなかったと語っている。とにかく自分自身でわかるところまで戻って、そこから再スタートをきる。確実にわかる部分まで戻り、一つひとつ確認しながら進めていこうという姿勢であったらしい。ある意味では「勇気」をもって、自分自身の力を自分で確認しながら、自分が理解している力を明確にわかってから進めていくことが要求されているのである。

では、算数・数学の場合は、どこまで戻ることが求められているのか。四則計算の決まりとその手順の確認まで戻るのだろうか。いや、和と差だけの計算では、左から順に計算していくという法則を守るところまで戻るのか。そこまでは戻らずに、和（差）と積（商）の計算は、積（商）を最初にやったあとに、左から順に計算するというところまで戻るのか。積と商の混合計算は、通常商を積に直し、あとは左右どちらからでも計算してよいという方法を取るところまで戻るのか。

また、カッコの付いた計算式は、そのカッコの中を先に計算してから次に進んでいくところまで戻るのか。カッコには、（小カッコ）（中カッコ）（大カッコ）があり、その順番に計算するところ

まで戻るのか。

どの部分まで戻れば良いのか、その場所というのは、上記のように例を挙げたところで多くある。どのような順序で学んでいるとか、どのような段階において、現在の自分があるのか、自分自身でどの順序・段階まで、どの部分まで戻ると確実に理解しているなということを納得することができるのか、これを確認しなければならない。そこからもう一度一つずつ、新しい段階へと、さらに次のステップへと進んでいかなければならない。

また、「愚直であること」（高橋、二〇一一）も要求する。これは、実直で一本気な部分である。自分で勝手に適当に省略してしまったり、途中で方法や目標を変更してしまったりといった余計なことを考える小利口さがあってはならない。この愚直さとは、あくまでもまっすぐに進み続ける、肯定的な意味として考えられている表現である。

筆者も、数学という学問は、他の学問もそうだが特に、とにかく積み重ねの上に成り立つ学問であると考える。基礎をしっかりと習得し身に付けたうえで、さらにその上に積み木を重ねていくように、発展問題をコツコツとくさらずに勉強する覚悟が重要となる。

例えば、基礎部分として、「分数計算の和算においては、分母がそろっていなければ、先ずそれをナゼ通分しないといけないの？」「なぜ百分率における10％は、小数で表現すると0.1に相当するのか？」等を確認しながら進めていくことが必要である。

後半の百分率の疑問文について、解説をすれば、双方共に全体像を明確にする必要がある。百分率10％の場合は，全体像は100％、0.1の全体像は1であることを。そうすると、双方とも全体に対する1／10であること、1割であることがはっきりする。小さなステップにして、段階を踏んで明らかにしていけばよい。

六　「躓き」があると、学びの「つながり」が途絶えてしまうことへの懸念は

筆者がこれまでの章で考察してきたことは、「躓き」があると、そこで学びが「つながり」となならずに途絶えてしまうという実態である。学び手が諦めてしまうのである。だからこそ、この「躓き」については、できる限りその原因を突き止め、適切な対策を練ると共に、それのマイナス面を最小限にして、さらに学びを続ける、「つながり」をもって学び通すという意欲を持たせることの必要性をも伝えたい。

では、現状の教育界（受験界）においては、どのような現実が起きているのだろうか。

先ず、子供たちが選択する、大学における受験科目数の減少と総合的な（探究的な）学習の時間の推奨という、真逆の方向が同時進行している状態を明らかにしていきたい。

以前から、現在と同じように、受験科目とそれに合わせた、形式的な子供たちの学びという実態には、密接な結びつきがあった。受験科目に該当しない科目に対しては、学んだところでその成果を出すところが見つからないという現実もあり、どうも学ぶ意欲が湧かず、その成果や評価についてもいい加減になってしまう傾向が強かった。

第二章で記したように、筆者も物理を学んでいくうちにモルの概念で躓いてしまった時に、その当時は受験科目として理科の四つの分野から、二つを選べばよかったので、生物と化学を選んだ。物理を学ぶ意欲というのは、最終的に他の受験科目を決定したところで、急激に下がっていったことを思い出す。物理を学んでいた過程で、途中で躓いている自分に気が付き、これからも物理を深く学んでいこうという気持ちが完全に失せてしまっていたのである。受験において、物理を選択しなくなるとそれを学習する意味がなくなると判断してしまっていたのである。当時は、多くの受験科目があり、どれにどのくらいの時間を配分するかなど、時間的な余裕がなかったことも原因であった。

このように、どこかで「躓き」があると、外発的な要因であるのだが、それがあるとどうもそれをクリアして先に進もうという気持ちにはなれなくなってしまう。諦めに陥ってしまうのである。もちろん、それは受験科目として必要がないということが、最も大きな原因だったわけである。

主要基礎科目の中で、受験を考えた場合に最も大切な教科のひとつは、英語である。日本における、ほとんどの大学において、英語を受験教科と設定している。もし英語で躓いてしまうと、受験生にしてみると、もう行先がほとんど無くなってしまうくらいである。これが、日本の高等教育の実情であると言えよう。

これからの学習指導要領に掲載されている「確かな学力」をつけるための主要基礎科目、「豊かな心」を養い社会の発展に寄与するための芸術科目、「健やかな体」とそれを保持増進するための健康科目等についてもすべて同じことが言える。

例えば、芸術科目の美術において、絵画を描く時にも、自然や建造物など、どのような順序で描いていけばよいのか、基本的な技術を身に付けたうえで描くことを進めていけば躓くことはないであろう。美術の分野で画期的な学び方として、松本キミ子が提唱した、「キミ子方式」という絵の描き方がある。

この「キミ子方式」とは、三原色と白だけで色を作り、描きはじめの一点を決め、その部分から、となり、となりへと描き進めていくものである。画用紙が余れば切り、足りなければ足して、最後に構図を決める。構図を決めてから輪郭を描き、色をぬる今までの絵の描き方と、全く逆の方法である。付け足していく技法である。描くモデルは、植物・動物・人工物等である。はじめての人が描く、具体的な対象は、順にモヤシ、イカ、毛糸の帽子である。上記の植物・動物・人工物の代表である。このキミ子方式の方法に忠実に従って描いていくと、誰でも意外と、本物とそっくりの見事な植物・動物・人工物の絵を描くことができてしまうのである。リアリズム、つまり写実主義という芸術の考え方、美術の考え方の一つを踏襲したものであると言えよう。(松本キミ子、一九九三)

筆者も学生のときに、授業づくりネットワークという団体を通して、松本の講習を受けたことがある。順序通り、最初はモヤシからスタートである。そのモヤシが本当にモヤシらしく描けたことを覚えている。これはモヤシという対象がそれほど多様な形をしているものではなく、ある程度一定の形をしているという認識が私たちにはある。それをどのような形で描写していけばよいのかについて、その手順を明確に示してもらえたので、その通りに描いただけである。

その時はなぜ、モヤシを絵として描かなくてはならないのかという疑問をもったことも覚えている。ただ、自分が描いたモヤシという成果は、本当にモヤシそのものであったのである。モヤシを描き出す手順を丁寧に示してくれているので、その通りにしていくと、必ずある成果が得られるのである。その成果については、驚きをもって受け入れることができた。

保健・体育教育にしても、ある一つの分野でも苦手なものを作ってしまうと、引き続き同じ保健・体育科目を継続して意欲をもって履修する気持ちになるかどうかは非常に不安定である。そのあとの意欲が続かなくなってしまう可能性がある。

現在の傾向をみてみると、主要教科の選考過程において、その要因として「社会における共通性の認識」が大部分を占めていると考える。誰もがこの社会を生きていくうえで必要なものを提供しているという前提である。世の中において、これを学ばなければ生きていくことが困難になるという宣告のようなものがあり、その科目をどうしても学んでいかなければならないという考えである。

だからこそ、先ほども伝えたように、社会における共通性が認識されている英語は、受験科目として必ずといって良い程組み込まれており、それを早い段階から受験生に履修することを求めている。すでに学習指導要領では、小学校三年生、四年生では教科外活動として、五年生、六年生では教科に昇進した。

その過程でどうしても「異質性への諦め」が早くから体現化されてしまっている。受験生のほとんどがどうしても対策しやすい、楽な二科目受験に絞り、英語ともう一つの専門科目という形になってしまっている状態が多いのではないだろうか。

受験における選考科目というものは、ある意味ではその特化された科目に集中してかまわないのだが、学びの過程においては、すべての教科、内容を選択し、広く関心をもって学び続けてもらいたいと願う。

七　終わりに　―学びにおける「つながり」を求めて

学びの過程には、その本体である「教育内容」、つまり歴史的に面々と積み重ねられてきた素材的な知識を、いかにどのように取り入れていくかという「教育方法」、つまり手段的な知識等を含めて、各分野で必ず総合的連合があり、その学びの「つながり」が求められている。

「教育内容」という分野は、なかなか個人で操作ができるものではない。歴史が進む中で徐々に精査され、積み上げられてきた財産のようなものである。

「教育方法」も、内容と同様に時代と共に少しずつ進化していくものであり、変化していくものである。こちらは、自分自身で操作しながらも、多様な受け入れ方が可能となってくるであろう。

具体的な話をしていこう。

「教育内容」は、小学生から大学生へと、自らが成長を遂げていくときに、その期間にどちらかと言えば受動的に積み重ねられていくものである。決して、各段階でばらばらに教育内容を学んできているわけではない。意外と俯瞰してみると、長い時間の過程において、一本の筋、即ち学びの筋、「つながり」を見つけることが可能になってくる。この「つながり」を求めて、つまり自分自身においてどこまで理解できているのかという部分まで戻り続けると、教育内容における、一連の「つながり」がはっきりと見え始めると考える。

順序性をもって学んできた教育内容を振り返れば、学ぶ意味のある、すべての過程が見え始めてくる。学ぶ全体像がはっきりとしてくる。今度は、逆に全体像から部分が見えてきて、連続して学んできた、すべての教育内容が明確に見え始め、それを見届けることが可能となってくるであろう。

「教育方法」においても同様であろう。

カリキュラム、授業分析、教育評価、教師の役割・専門性等、様々な分野が相互的に、相乗的に重なりあって、全体としての教育方法学について学ぶことが可能になってくる。これらの分野の知識を少しずつ学んでいきながら、さらに結び付けていきながら、その効果を最大なものにしていくとよいのだろう。

小学校から高等学校まで、そのカリキュラムのなかに、教科等の学習の他にその「つながり」

を求めて、「総合（探究）的な学習の時間」というものが設定されている。文部科学省は、平成二九年に学習指導要領の改訂において、総合的な学習の時間編における目標を設定した。令和三年には、中学校では全面実施となる。（文部科学省、二〇一七）

それは、「横断的・総合的な学習や探究的な学習を通して、自ら課題を見付け、自ら学び、自ら考え、主体的に判断し、よりよく問題を解決する資質や能力を育成するとともに、学び方やものの考え方を身に付け、問題の解決や探究活動に主体的に、創造的に、協同的に取り組む態度を育て、自己の生き方を考えることができるようにする。」とある。

総合的な学習（探究）の時間は、各科目で学んでいる内容が、それぞれ個別の内容ではなく、意外とその根底で「つながり」があり、一つのことが理解できると、派生的に次々と理解が可能になっていく場合があるという考えのもとに作られた時間である。有効に活用したいものである。

各教科科目で学んでいる内容は、教科書が決められ、系統的な学習が行われている。時間軸においても、基礎的な・基本的な内容から始まり、積み重ねていくうちに、発展的な内容に至るまで、順序良く並んでいる。

それに対して、総合的な学習（探究）の時間は、学ぶ人間の体験に基づいていたり、問題解決的な学習を取り入れていたり、その学びにおいては互いに重複があるなかでの学びがなされていることがある。ただし、この学びについては、数値的な評価をするわけではないが、学びの質・

量を再び底上げしたり、部分的にさらに増加させたりする傾向にある時間と言えるだろう。

文献

芳沢光雄『「%」が分からない大学生 日本の数学教育の致命的欠陥』光文社新書 二〇一九
佐伯胖『「学び」の構造』東洋館出版社 一九七五
佐伯胖『イメージ化による知識と学習』東洋館出版社 一九七八
佐伯胖『わかり方の根源』小学館 一九八四
佐伯胖『「学ぶ」ということの意味』岩波書店 一九九五
佐伯胖 子どもと教育『「わかる」ということの意味』（新版）岩波書店 一九九五
佐伯胖『「わかり方」の探究 思索と行動の原点』小学館 二〇〇四
ジョン・ホルト著 吉田章宏監訳『子ども達はどうつまずくか』評論社 一九八一
西村眞「分数の意味の多様性とその指導」『子ども未来学研究 第10号』梅光学院大学子ども学部編 二〇一五 四五—五〇頁
第一期向山洋一全集⑭『感動のドラマ「跳び箱は誰でも飛ばせられる」』明治図書 一九九九
加納岳拓他『跳び箱運動における文化的な価値と運動技能の関係性』三重大学教育学部紀要 第62巻 教育科学 二〇一一 二〇一—二〇九頁
TOSS札幌向山型国語研究会 田上大輔編著『向山型国語で子どものつまずきに対応する34の事例』明治図書 二〇〇九
文部科学省 文化審議会「これからの時代に求められる国語力について 第3 望ましい国語力の具体的目安」

平成一六年（二〇〇四）
http://www.mext.go.jp/b_menu/shing/bunka/toushin/attach/1418972.htm
矢野香『その話し方では軽すぎます！大事な人に会う15分前の「話し方レッスン」』三笠書房 知的生きかた文庫 二〇一六
竹田契一監修 村井敏宏『読み書きが苦手な子どもへの〈つまずき〉支援ワーク』明治図書 二〇一〇
高橋一雄『つまずき克服！ 数学学習法』ちくまプリマー新書 二〇一一
銀林浩『子どもはどこでつまずくか』国土社 一九九四
数学教育協議会 小林道正 野崎昭弘 編『算数・数学つまずき事典』日本評論社 二〇一二
中森誉之『学びのための英語学習理論 つまずきの克服と指導への提案』ひつじ書房 二〇〇九
松本キミ子『誰でも描けるキミ子方式』仮説社 一九九三
松本キミ子『モデルの発見』仮説社 一九九九
学研教育出版『中学入試 国語のつまずきを基礎からしっかり［文章理解］』学研プラス 二〇〇九
藤岡豪志『国語が得意科目になる「印付け」読解法』ディスカヴァー・トゥエンティワン 二〇一六
安浪京子『つまずきやすいところが絶対つまずかない！ 小学校6年間の計算の教え方』すばる舎 二〇一七
豊田ひさき『東井義雄 子どものつまずきは教師のつまずき 主体的・対話的で深い学びの授業づくり』風媒社 二〇一八
村井敏宏 山田充『学びにくい子への「国語・算数」つまずきサポート』明治図書 二〇一一
文部科学省 総合的な学習の時間 平成二九年（二〇一七）
http://www.mext.go.jp/a_menu/shotou/sougou/main14_a2.htm

教育心理学の理論を教授学習場面にどう生かすか
——学習者の既有知識を考慮した教授方法に着目して——

松沼光泰

はじめに

「学業成績をどのように向上させるか」これこそは、教育現場において、永遠のテーマと言うべき大きな課題であろう。児童生徒は学業成績が進学や就職といった彼らの将来を決定する事柄に少なからず関係していると感じ、学業成績に対して何らかの心理的ストレスを感じたり、強い不安感を抱いたりしている。このような中、学校現場における授業の担い手である教師は生徒の学習を少しでも効果的に促進するために様々な工夫をして授業を行なっている。本稿では、この「学業成績」に着目して、筆者の専門分野である教育心理学の観点から、学習者の学業成績を改善するための教育実践のあり方を考察する。

そもそも教育心理学とは、大枠として「教育という事象を理論的・実証的に明らかにし、教育の改善に資するための学問」と定義できる（市川 2003）。大枠として教育心理学をこのように定義できるとしても、様々な問題に関心を寄せる研究者がいて、これまで様々な理論が提唱されてきた。本稿で問題とする「学業成績」についても例外ではなく、これまで数多くの研究知見が積み重ねられ、先行研究によって、知能、学習方略、動機づけなど様々な要因が学業成績を規定する要因として指摘されてきた。特に、近年、学業成績を規定する要因の一つとして教え方（以下、「教授方法」とする）の重要性が指摘され、教授方法の改善を通じて学業成績を向上させようという研究が盛んに行われている。本稿では、この教授方法の観点から学業成績の問題にアプローチし、現実の教育実践のあり方に一つの提案をしようとするものである。

その際のキーワードは学習者の既有知識である。北尾（1991）によれば、知識は頭の中に貯蔵されているが、それらは何の秩序もなく、バラバラな状態で貯蔵されているのではなく、それぞれの知識が網の目のようなネットワークを形成した状態で貯蔵されていると考えられている。そして北尾は知識がこのようなネットワーク状をなした状態で貯蔵されているならば、人がある知識を得るということは、新たな知識がこの既存のネットワークの中に組み入れられるということを意味するとしている。つまり、何かを学習する時には、人は既に持っている知識あるいは知識のネットワークを何らかの形で利用すると言える。しかしながら、ここで注意しなければならないのは、学習者は常に正しい知識を持っているとは限らないということである。教育心理学、認知心理学、教科教育の分野においては、学習者が授業で学習内容について学ぶ前に、自然現象や社会現象について、自己の偏った経験から、自分なりの知識を持ちがちであることがよく知られている。そしてこのような知識は間違ったものが多いとされている（麻柄 2006）。また、仮に、誤りとは言えなくても不十分なものが沢山あるとされる（麻柄・進藤 2008）。もし学習者がこのような誤った知識あるいは不十分な知識を持っている場合、理論的に正しい知識を提示されても、学習者は誤った知識を土台として新しい知識（学習内容）に接することになり、当然、正確な学習はなされないことになる。このような学習者の誤った知識や不十分な知識に着目することは、現実の教育実践を念頭に置くと、以下に示す二つの意義があると考えられる。

一つは、学習者の躓きについて新たな知見を提供できるという点である。冒頭で述べたが、学習者が誤ったあるいは不十分な知識を持っている場合、理論的に正しい知識を提示されても、学習者は誤った知識を土台として新しい知識（学習内容）に接することになり、正確な学習はなされないことになる。つまり、学習者がどのような誤った知識あるいは不十分な知識を持つかについての情報を提示することは、学習者がどのような躓きをするかということに関する新たな知見を示すことになろう。

もう一つは教授方法について新たな知見を付与するという点である。学習者がどのような躓きをするかということが詳細に示されれば、それに基づいた形で、その躓きを効果的に修正する方法（教授方法）について新たな知見を提示することができるはずである。実際に、教育心理学の分野では、学習者の持つ誤った知識や不十分な知識は、通り一遍の授業ではなかなか修正されないことが指摘されており（麻柄 2006）、これらを修正するための教授方法に関する研究が数多く積み重ねられてきた。本稿においても、学習者がどのような誤った知識や不十分な知識を持つ傾向にあるかを示した上で、それらを効果的に修正するにはどうしたら良いか（教授方法）について注意を払うことによって、学習者の躓きにアプローチしたい。以下に、本稿の概略（構成）を簡単に述べる。

第一に、学習者の誤った知識あるいは不十分な知識とはどのようなものかということについて予め述べる。すなわち、これは教育心理学の研究史を通じて、学習者がどのような誤った知識あるいは不十分な知識を持つ傾向にあることが指摘されてきたかを概観する作業として位置づく。

第二に、学習者の誤った知識あるいは不十分な知識を修正する方法（教授方法）に関する理論を概観する。教育心理学では、学習者が持つ誤った知識あるいは不十分な知識を効果的に修正する教授方法について様々な理論が提唱されてきた。学習者が誤ったあるいは不十分な知識を持っている場合、これを修正するためには、どのように学習者に関わることが有効であると考えられているかその理論を整理して示す。

第三に、学習者の誤った知識あるいは不十分な知識の修正を試みた研究を一つ取り取り上げ、その詳細を検討する。前項で示した教授方法に関する理論を実際の教授学習場面に適用し、学習者の理解を深化させた具体的な事例を紹介することによって（理論と現実の教育実践を結ぶ研究を紹介することによって）、現実の教育実践に示唆を与えようとするものである。

最後に、「おわりに」として、前項で示した研究事例から導かれる現実の教育実践への示唆を示し、さらに、今後の課題、すなわち、教育心理学で得られた理論と教育実践をつなぐには何が大切となるかを論じる。教育心理学の分野では、「現実の教育実践から何を教育心理学に生かしていくか」また、その反対に「教育心理学の理論から何を現実の教育実践に生かしていくか」という相互補完的な研究、教育実践のあり方が求められている。本稿がこの役割に資することを期待しつつ、序の言葉を締めくくりたい。

一　学習者の誤った知識あるいは不十分な知識とはどのようなものか

授業で学ぶ前に、学習者が自然現象や社会現象について自分なりの考えを持ちがちであることは教育心理学や認知心理学、教科教育学の分野ではよく知られている。学習者のそのような知識は自らの経験などを通じて自力で獲得したものであるため誤ったものであることが多いとされる。進藤・麻柄（2006）は、一九八〇年前後に、学習者のこのような知識がクローズアップされるようになったとし、その原因として以下の二つを挙げている。

一つは、行動主義心理学に代わって、認知心理学が台頭したことである。行動主義心理学においては、学習者の学習を捉える際に、その焦点となるのは観察可能な行動であり、学習の際に人の頭の中で起こっている過程についてあれこれ考えることは無意味であるとされた。一方、認知心理学は、学習の際に人の頭の中で起こっている過程を考えることこそ重要であるとした。学習者の学習を捉える際に、人の頭の中で起こっている過程を記述しようとする認知心理学が台頭したことによって、学習者の誤ったあるいは不十分な知識が注目されるようになったのは当然のことと考えられる。

進藤・麻柄（2006）が指摘するもう一つは、教授方法に関する理論の転換である。効果的な教授方法を考える際に、学習者の一般的特性（ピアジェの認知発達段階説）からのアプローチには限界があることが明らかになり、ある学習内容を教授するときには、その領域について学習者が持つ誤った知識あるいは不十分な知識に注意を払う必要性が認識されはじめた。

学習者のこのような知識は、これまで、ル・バー（細谷 1970）、前概念（Clement, 1982）、素朴概念（稲垣 1995）、誤概念（進藤・麻柄・伏見 2006）など様々な用語で呼ばれてきた。いずれにしても、これらは、学習者が、自らの経験などを基に形成した「誤った、あるいは、不十分と判断できる知識」のことを指す概念であり、通り一遍の授業では修正されないことが指摘されている（麻柄 2006）。なお、本稿では、誤概念という用語を用いて、この「誤った、あるいは、不十分と判断できる知識」を記述することとする。ここでは、教育心理学において、学習者はどのような誤概念を持ちがちであることが指摘されてきたかを簡単に見ておきたい。当初、誤概念に関する研究は、自然科学の領域を対象に行なわれてきた。しかしながら、近年、学習者の持つ誤概念は、算数（数学）、社会科、さらには、英語などの分野においても指摘されるようになってきている。ここでは、理科、算数（数学）、社会科、英語の順に、先行研究においていかなる誤概念が指摘されてきたかを簡単に振り返ってみたい。

理科の分野についてであるが，例えば，Clement（1982）は，大学生を対象にして，真上に投げ上げられた（まさに上昇中の）コインに働いている力を矢印で記入させた。その結果，約80％の学生が上向きの力を記入したことを報告し，大学生の多くが「運動している物体には動いている方向に力が働いている」という誤概念を持っていることを示した。また，Furio Mas, Perez & Harris（1987）は，中学生や高校生は「金属が燃焼すると，燃焼する前に比べて重さが減る」という誤った知識を持つ傾向にあることを指摘した。

算数（数学）の学習内容に関しては，例えば，麻柄・伏見（1982）は，幼児は，正三角形と正方形及びこれらと知覚的に類似している二等辺三角形や長方形については，それぞれ三角形・四角形と認識するが，不等辺図形に関しては，これを正しく認識できない傾向にあるとしている（詳しくは後述）。また，高垣（2001）は，小学生は，垂線が図形の外部にある鈍角三角形の高さについて，誤概念（例えば，高さを斜辺と混同するなど）を持っていることを示した。

社会科領域に目を向けると，Berti & Bombi（1981）は，小学生が，店主が品物を仕入れるという概念を持たず，品物の値段は店主が思ったままにつけるという誤概念を持っていることを示した。これらは経済の分野の例であるが，歴史の分野においても，伏見（1986）は，普通，年表では，江戸時代の方が平安時代よりも多くのスペースが割かれているので，学習者は前者の方が後者よりも期間が長いという誤概念を持つ傾向にあることを示した。

このような誤概念に関する諸研究の事例では，いずれも，学習者が日常生活から自力で形成した知識が焦点となっている。そして、それらは、学校で教えられる概念とは異なっているために、新しい知識の学習に際して干渉を及ぼすこと、そしてそれが故に、新しい知識を単に教授するという通り一遍の方法では効果が小さいことが指摘されてきた。

外国語学習（第二言語習得）の研究分野においても、母語の知識が、外国語の習得に何らかの影響を与えることが指摘されており、これは「言語転移」と呼ばれている（迫田 1998）。迫田によれば、この言語転移という枠組みにおいても、先に述べた「既有知識と知識の獲得」の場合と同様に、母語（既有知識）と外国語の類似点がポジティブな影響を及ぼす正の転移と相違点がネガティブな影響を及ぼす負の転移が存在することが指摘されている。

この点に関連して、松井（1979）も、日本語話者が英語を学習する際に、日本語話者の持つ日本語の知識が英語学習に干渉を及ぼすことを指摘している。松井は、日本語話者の英作文における誤りを「ウッカリ間違い」、「日本語式思考による誤り」などに分類した。松井が指摘する「日本語式思考による誤り」が本稿で問題とする「既有知識（日本語の知識）が英語の学習内容に干渉を及ぼす誤り」に相当する。

近年、本邦における教育心理学の研究でも、データを示す形で同様の指摘がなされている。水品・麻柄（2007）は、日本の中学生・高校生を対象として調査を実施し、日本語話者が何を英文の主語とするかに関して日本語の知識が干渉することを示唆している。例えば、「昨日はバイトだった」という日本文に相当する英文として、“Yesterday was a part-time job.”を正解とする日本語話者が多いことが示されている。水品・麻柄は、これは「AはB」という日本語を"A is B"とする誤りであり、日本語の構文を英語の構文に無理やり当てはめたもので、日本語の構文の知識が英語の学習内容に干渉した誤りであるとしている。

このように学習者の母語が外国語学習に影響を及ぼす場合、母語である日本語は、もちろん、誤った知識ではないのであるが、水品・麻柄（2007）は、新たな学習内容に対して干渉を及ぼす可能性があるという点において、科学的概念などに対する誤概念と同じ働きをするとしている。

このように、当初、主に、自然科学の領域を対象に行なわれてきた誤概念研究は、算数（数学）、社会科、さらには、英語などの分野においても指摘されるようになってきている。

ここでは、学習者の既有知識が学習に不可欠なものであり、学習者は既有知識を何らかの形で利用して学習を行なうこと、さらには、学習者が常に正しい知識を持っているとは限らず、そのような場合には、この誤った知識が学習内容の理解に干渉を及ぼし、かつ、通り一遍の授業では正しい知識が得られない可能性が高いことを述べ、このような誤った知識の例を概観してきた。

この項を締めくくるにあたって、学習者の既有知識と知識の獲得（学習）の関連性について、若干、補足しておきたい。Chi（1992）によれば、知識の獲得の形態には、「豊富化」と「再構築化」の二つがある。前者は、既存の知識のネットワークはそのままの状態で、そのネットワークに新たな知識を組み込むことである。一方、後者は、今まで持っていた知識を一旦捨てて、新たな知識を採用し、それに伴って、新しく知識のネットワークを組み直すことである。今井・野島

(2003) によれば、この「再構築化」は、「概念変化 (conceptual change)」とも呼ばれる。このような既有知識と知識の獲得 (学習) の関連性についての指摘を考慮すると、誤概念を修正することは、すなわち、「概念変化」を必要とする作業として位置づくと考えられる。なぜならば、学習者が誤概念を持っていて、その誤概念に関連する内容を学ぶ際には、多くの場合、その誤概念を一旦捨てて、新たな知識を採用し、それに伴って、新しく知識のネットワークを組み直すことが必要不可欠になるからである。次項では、教育心理学の研究史を通じて、学習者が誤概念を持っている場合、どのような教え方が有効となることが指摘されてきたかについて言及したい。

二 誤概念を修正する方法 (教授方法) に関する理論

本項では、誤概念を修正する方法 (教授方法) に関する理論について概観したい。教育心理学においては、学習者が誤概念を持っている場合、学習者の持つ誤概念と抵触する事例を用いて、学習内容を提示することの有効性が指摘されてきた (麻柄・伏見 1982)。この理論によれば、学習者を誤概念に抵触する事実に直面させることによって、学習者に自分が持っている知識や判断基準の不適切さを意識化させることができ、その結果として、教示された学習内容の受け入れが促進される (進藤 2006)。麻柄 (2006) はこの誤概念と抵触する事例を用いた教授方法を細谷 (1983) に基づき「ル・バー対決型ストラテジー」と呼んでいるが、本稿でも、麻柄にならい当該教授方法を「ル・バー対決型ストラテジー」と記すことにする。以下では、麻柄・伏見の研究を例として、簡単に、「ル・バー対決型ストラテジー」について説明を加えておきたい。

麻柄・伏見（1982）の研究に先行する調査（伏見・麻柄 1981）によれば、大部分の子どもたちは、正三角形と正方形及びこれらと知覚的に類似している二等辺三角形、長方形に関してはそれぞれ正しく「三角形」「四角形」と認めるが、不等辺図形に関しては「三角形、四角形のどちらでもない」とか「わからない」と答えることが報告されている。伏見・麻柄は、積み木や折り紙を例に挙げ、子どもたちの身の回りにあって「三角」とか「四角」と呼ばれるものは、正三角形や二等辺三角形、正方形や長方形が多いとし、それが故に、普段見慣れている正三角形や正方形に似ている三角形、四角形については、三角形、四角形と認識するが、普段見慣れない三角形、四角形については、正確に判別できないとしている。

麻柄・伏見（1982）は、「まがり角（頂点）が三つあるのが三角で、曲がり角が四つあるのが四角だ」というルール（以下「三角・四角の正しいルール」とする）を学習することができれば、先述の誤概念は修正され、幼児はさまざまな形の三角形や四角形を「三角」「四角」と正しく分類できるようになるとしている。麻柄・伏見は、「三角・四角の正しいルール」を教える際に、二種類の焦点事例を用いて、どちらを用いる方が学習を促進するかを検討している。ちなみに、焦点事例とは、当該概念の判断基準（ルール）を学習者に教示する際に用いられる事例であり、その後に出会う事例を分類する際に参照点の機能を果たすと仮定される事例である。麻柄・伏見が用いた焦点事例の一つは、幼児や児童が正しく三角、四角と認めることができる正三角形と正方形

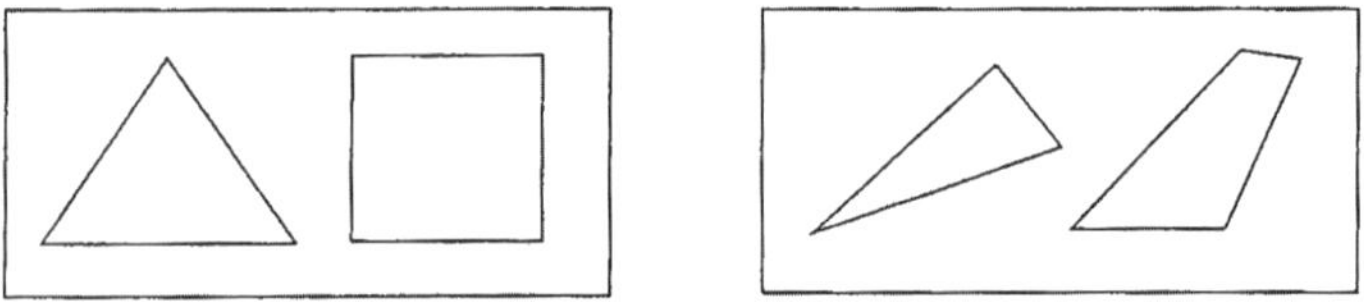

Rf 型焦点事例　　If 型焦点事例

図1　用いられた焦点事例

である。もう一つは、幼児、児童の多くが三角、四角と認めることができない不等辺三角形と不等辺四角形である。麻柄・伏見にしたがって、前者をRf型（regular figure type：等辺等角図形）焦点事例、後者をIf型（irregular figure type：不等辺不等角図形）焦点事例とする。各焦点事例を図1に示す（図1は伏見・麻柄（2006）の図を一部変えて用いた）。If型焦点事例は、学習者が三角、四角と認識しない図形であるから、学習者の持つ誤概念（三角、四角は正三角形や正方形に類似した図形であるという概念）と抵触する事例となるので、これに基づき「三角・四角の正しいルール」を教示することは、「ルール・バー対決型ストラテジー」に相当する。

実験の結果、Rf型焦点事例よりも、If型焦点事例を用いて「三角・四角の正しいルール」を教示する方が、学習者の理解を促進することが示唆された。これは、すなわち、「ルール・バー対決型ストラテジー」の有効性を示す結果である。

このように、「ルール・バー対決型ストラテジー」は学習者の誤概念を修正するのに、大きな効果があるとされている。しかしながら、麻柄・伏見（1982）の実験結果を見ると、一部の者（20名中3名の者）は低成績に留まっている。伏見・麻柄（2006）は、これらの幼児に「ル・バー対決型ストラテジー」が効果を持たなかった理由として、提示された図形（不等辺図形）が幼児たちの思っていた三角、四角とかけ離れていたために、それぞれ三角形・四角形であることが納得できなかった可能性があることを指摘している。言い換えるなら、低成績に留まった者は、自分の持つ誤概念と抵触する事例に即してルールが教示され、矛盾に直面した結果、既有知識（誤概念）を優先させてしまったと考えられる。このように「ル・バー対決型ストラテジー」は高い効果を示すが、万能とは言えない。「ル・バー対決型ストラテジー」を用いても効果のなかった学習者を保証するための教授方法も研究されているので、これについてもここで若干言及しておきたい。

伏見・麻柄（1986）は、「ル・バー対決型ストラテジー」で効果のあがらなかった学習者に対しては、「ル・バー懐柔型ストラテジー」という教授方法が有効であることを示唆している（「ル・バー懐柔型ストラテジー」という用語は細谷（1983）によって示されたものである）。「ル・バー懐柔型ストラテジー」とは、「学習者の予測と結果が一致する事例」をまず提示して同意に基づきルールを導入し、その後、そのルールの適用範囲を「学習者の予測と結果が一致しない事例」にじわじわと広げていくストラテジーである。先述の三角形、四角形の学習に即して当該ストラテジーを説明すると、これは、幼児の納得する正三角形と正方形を用いて「三角・四角の正しいルール」を教示し「三角・四角の正しいルール」の正しさを学習者に納得させた後に、少しずつ変形させた図形に「三角・四角の正しいルール」を適用させていく方法ということになる。伏見・

麻柄（1986）は「ル・バー対決型ストラテジー」では成績の向上しない学習者も「ル・バー懐柔型ストラテジー」によって成績が向上することを示唆している。

以上のように、学習者の誤概念を修正する方法として、大枠として、二つの方法があることが見て取れる。その一つは、「ル・バー対決型ストラテジー」であり、教育心理学の諸研究では、その効果が絶大であることが指摘されてきた。もう一つが「ル・バー懐柔型ストラテジー」であり、これは「ル・バー対決型ストラテジー」が効果を持たないような学習者、所謂、強固な誤概念を持った学習者に対して有効となることが示されてきた。

次項では、本項で示した誤概念修正に関する教授方法の理論を実際の教授学習場面に適用し、学習者の理解を深化させた実践的研究の詳細を紹介したい（筆者の研究（松沼 2009）を取り上げることとし、次項で示す内容は当該研究の概要となる）。これは、教育心理学の理論をどのように教育実践の場に落とし込むかについての手続きを概観する作業となり、理論と現実の教育実践を結ぶにはどうしたらよいかということについて示唆を与えようとするものである。

三　誤概念の修正を試みた実践研究の実際

英語の受動文を作るには、能動文の他動詞の目的語を主語にして、動詞を「be 動詞＋過去分詞」にし、能動文の主語を「by 〜」の形で動詞の後に置くという手順が必要となる（石黒 1999）。ここで重要なのは「受動文の主語には、必ず、能動文の目的語がなる」ということである（以下、「受動態の前提」と呼ぶ）。正しい受動文を書く際には、この受動態の前提を把握していることが不可欠になるが、日本語では自動詞と他動詞の区別が判然としない場合があり、さらには自動詞でも受け身表現を作ることができるという日本語の知識が英語の受動態の理解に影響を及ぼし、学習者は受動態の前提を理解せず、日本語の受け身表現（れる・られる）を単純に「be＋過去分詞」で表すことができると考えている可能性がある。このような指摘は、英語教育の現場でも指摘されてきたことである（松井 1979）。そこで、「be＋過去分詞」で受動態を表すことを知っていても、受動態の前提を理解していない学習者が多いとの仮説を立て、調査を実施しこの仮説を検討する。

本研究では、学習者が「受動態の前提」を理解しているか否かを評価するために、"I was stolen my suitcase." という種の誤った文（以下「標的文」とする）を学習者に提示して正誤判断を求める。標的文で主語となっているのは能動文の目的語ではない。その標的文を誤って正しいと判断するとしたら、それは「受動態の前提」を理解せず、英文に付された日本語訳の受け身表現「れる・られる」を単純に「be 動詞＋過去分詞」に対応させていると考えることができる。横田（2001）も英語の学力を測定する上で、英文が非文法的であると判断できることの重要性を指摘している。なお、標的文は「文法的に正しい受動態の文（以下「正文」とする）」と伴に提示され、学習者は提示された文が正しいか否かを○×で判定することを求められる（以下、○×で判定するこの種の問題を「正誤判断問題」とする）。問題例を表1に示す。

表1　正誤判断問題の問題例

〈問〉以下に示す日本語に相当する英文として（日本語の意味を表す英文として），英文が正しいと思えば，○を，誤っていると思えば，×を，（　　）の中に書き入れてください。なお，注）には，問題文に使われている動詞の意味及び不規則変化をする動詞の現在形，過去形，過去分詞形を記しました。

（例）彼は生徒です。　　He am a student.（ × ）

【正文】

・トムは級友のだれからも愛されている。

Tom is loved by every classmate.（　　）

注）love ～（他）～を愛している

【標的文】

①**《自動詞タイプ》**

・私は赤ん坊に一晩中泣かれた。　I was cried by the baby all night.（　　）

注）cry（自）泣く

②**《他動詞タイプ》**

・私はトムに野球のルールを説明された。

I was explained the rules of baseball by Tom.（　　）

注）explain ～（他）～を説明する

③**《使役動詞タイプ》**

・私はトムにそのお皿を壊された。　I was broken the dish by Tom.（　　）

注）break ～（他）～をこわす 現在形 break　過去形 broke　過去分詞形 broken

実験

予備調査の結果、大学生において受動態の前提の理解が不十分なことが明らかになった（標的文の成績は正文の成績を大きく下回った）。そこで高校生においても受動態の前提の理解が不十分であることを確認する。それが確認された場合には、教育心理学の理論を援用した教材文（受動態についての説明文）を作成し、それを用いて授業を実施しその効果を検討する。その際、提案する教材文と従来の説明方法に基づく教材文を高校生の別グループに実施し（以下、実験群と統制群とする）、両群を比較する。以上二つが本実験の目的である。

以下では予め、「実験群の教材文にどのような教授方針を採用するか」と「それらが受動態の学習にどのような効果を及ぼすと予想されるか」を記す。両群に用いた教材文を表2に示す。

まず、予備調査（大学生を対象とした調査）から学習者は受動態の前提を理解していないことが示されたが、その原因としては日本語の「れる・られる」を単純に「be 動詞＋過去分詞」に対応させて処理したからと考えられる。すなわち、日本語と英語が構造的に異なる言語であることを意識しない結果、既知の言語である日本語の知識が英語の学習に干渉を及ぼしていると考えられる。この点を考慮すると、学習者に受動態の前提の理解を促進するために誤概念研究の知見を援用することには理論的妥当性があろう。そこで本研究では、前項で示した「ル・バー対決型ストラテジー」の理論を用いて、「学習者が正しいと考えている英文（標的文）が誤りであることを示し、学習者の手持ちの知識では不十分であることを意識化させる」という教授方針を採用する

表2　実験群と統制群の教材文

注）下線部（ア）（イ）（ウ）はここで便宜的につけたもので，実際の教材文にはない。

【実験群】

以下の文章を読んで、途中の質問に答えてください。

（ア）日本語と英語は文の仕組みが異なります。ですから例えば，「お飲物は？」と聞かれて「私はコーヒーです」と答える場合，I am a coffee. …①　とは言えません。①の文だと「私＝（イコール）コーヒー」となって，私がコーヒーであることになってしまうからです。このように，日本語をそのまま英語に置き換えて文を作ってはいけない場合があるのです。

質問1　あなたは，日本語と英語は文の仕組みが異なるので，日本語をそのまま英語に置き換えて文を作ってはいけない場合があることが理解できましたか。

（ア．理解できた　イ．理解できない）

次の場合はどうでしょうか。

（イ）日本語では「れる・られる」を使って受け身を表現することができます。英語では「be 動詞＋過去分詞＋by ～」で受動態の文を作ることができます。では，「私は車をトムに盗まれた」という日本文を考えてみましょう。これは受け身の文です。A君はこの日本語を英訳して，I was stolen my car by Tom. …②と書きました。

質問2　②の英文は正しいでしょうか。

（ア．正しいと思う　イ．間違いだと思う　ウ．わからない）

実はI was stolen my car by Tom. …②　は間違いなのです。

なぜ間違いかなのかを考えるために，受動態と能動態について復習しましょう。

能動態　My father painted this picture. …③（父はこの絵を描いた）

この文を受動態にするには次のようにします。

(1)動詞 paint の目的語である this picture を主語にする。

This picture ～

(2)動詞 painted を「be 動詞＋過去分詞」にする。

This picture was painted ～

(3)③の文の主語である my father を by につなげる。

This picture was painted by my father. …④

能動態と受動態の書き換えは，次の原則を理解しておくことが大切です。

能動態　My father painted this picture. …③

受動態　This picture was painted by my father. …④

ここで大切なのは，受動態の文（④）の主語（This picture）は能動態の文（③）では他動詞 painted の＿＿＿＿語だったということです。…［大事な知識］英語が読める人はこの［大事な知識］を使って，I was stolen my car by Tom. …②　を誤った文だと判断しているのです。

(ウ)以下は，英語の天才高見沢君が頭の中でこの知識を使っているところです。「私は車をトムに盗まれた」をA君は I was stolen my car by Tom. と書いたわけか。おや何か変だぞ。［大事な知識］を使ってこの受動態の文（I was stolen my car by Tom. …②）を能動態に書き換えると，主語（I）が他動詞 stole（盗んだ）の目的語になるはずだから，

受動態　I was stolen my car by Tom. …②

能動態　Tom stole me my car.

となる。でもこれじゃあ目的語が　me と my car　の２つになっておかしい。steal は～を盗むという他動詞で第３文型を作る動詞だから目的語は１つしかとれない。それにそもそもトムが盗んだのは（第３文型を作る動詞「steal（他）～を盗む」の目的語は）車（my car）であって，私（me）ではないはずだ。だから，②の文はおかしいな。

質問３　あなたは，I was stolen my car by Tom. …②　が間違った英文であることが理解できましたか。

（ア．理解できた　イ．理解できない）

先に私たちは，「お飲物は？」と聞かれて「私はコーヒーです」と答える場合，I am a coffee. …①　は間違いであることを見てきました。「私は車をトムに盗まれた」を I was stolen my car by Tom. …②　とする場合もこれと同じで，日本語をそのまま英語に置き換えて文を作ってはいけない場合にあたるわけです。しかし困る必要はありません。自分で受動態の文を書いたとき，あるいは友達の受動態の文を見たとき，それを能動態に直したら，正しい文になるかどうかをチェックしてみればよいのです。そしてそのときに大事なのが，受動態の文の主語が，能動態の文の＿＿＿語 として正しいかどうかなのです。

【統制群】

以下の文章を読んで，質問に答えてください。

今日は，受動態について復習しましょう。日本語では「れる・られる」を使って受け身を表現することができます。英語では「be 動詞＋過去分詞＋by ～」で受動態の文を作ることができます。能動態の文を受動態の文に書き換えるには，次に示すような手順が必要でしたよね。思い出してみましょう。

能動態　My father painted this picture. …①　（父はこの絵を描いた）

　この文を受動態にするには次のようにします。

(1)動詞 paint の目的語である this picture を主語にする。

　This picture ～

(2)動詞 painted を「be 動詞＋過去分詞」にする。

　This picture was painted ～

(3)①の文の主語である my father を by につなげる。

　This picture was painted by my father.

能動態と受動態の書き換えは，次の原則を理解しておくことが大切です。

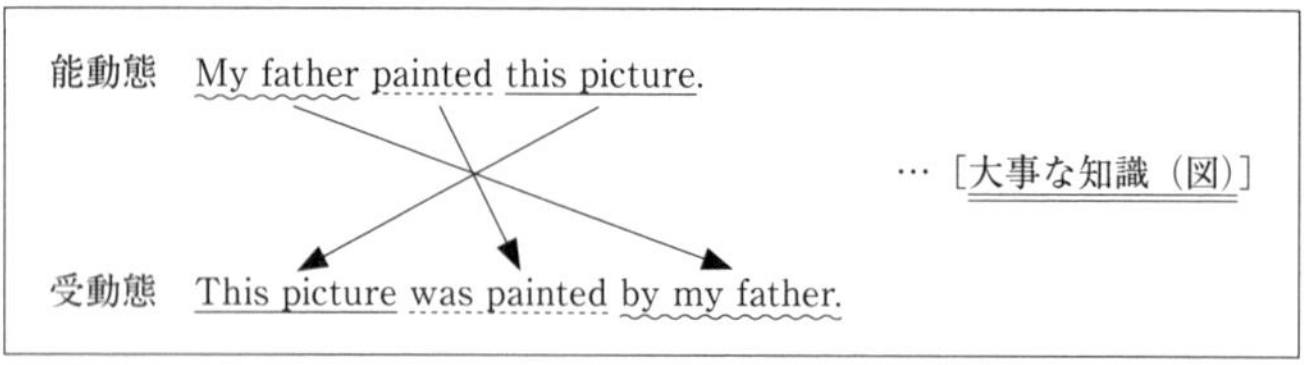

質問　あなたは以上の内容を理解できましたか。

（ア．理解できた　イ．理解できない）

（表2下線部（イ）以降を参照）。

第二に、「ル・バー対決型ストラテジー」という理論を補強する意味で、日本語と英語は構造的に異なる言語であることを意識化させるために、教材文の冒頭で学習者が納得しやすい簡単な例を用いてこの点を説明する（表2下線部（ア）参照）。これによって学習者は両言語の構造上の違いに敏感になり、受動態の説明を受け入れやすくなることが期待できよう。これには、理論的裏づけがある。進藤（1995）は、「ル・バー対決型ストラテジー」を効果的に用いるには、正しいルールを提示する前に、関連する先行課題を実施するなどして、学習者に自らの誤概念を意識化させることが大切であることを指摘している。この二番目の教授方針は、一番目に示した「学習者が正しいと考えている英文が誤りであることを示し、学習者の手持ちの知識では不十分であることを意識化させる」を補強するための方法であるという意味において、「ル・バー対決型ストラテジー」という理論を具体化した教授方針として位置づく。

第三に、標的文を非文と判断するのに必要な知識の提示方法についてである。これについては、学習方略研究に関する理論に基づき、以下に示すような教授方法を独自に考案し、教授方針とすることとした。具体的には、熟達者が英文を非文であると判断しているプロセスを外化し（熟達者が標的文に接した際に、頭の中で何をどう処理しているかを台詞の形式で表面化させ）学習者に提示する（表2下線部（ウ）参照）。この教授方針を「熟達者思考過程提示法」と名づける。この方法には以下の理論的裏づけがある。「熟達者思考過程提示法」で提示される内容には、問題解決の過程における評価やエラー修正等が含まれる。これは学習方略研究で言うところのモニタリングに該当する。Brown（1978）はモニタリングが学業成績の向上を規定するとしている。この指摘を考え合わせるならば、熟達者が内的に行っているモニタリング活動を学習者に外的に提示することは、受動態の理解を深める上で（標的文を非文と判断する上で）重要な役割を果たすことが期待できる。また、認知科学の領域における「文脈に条件づけられた知識」という概念（Simon, 1980）によれば、熟達者は豊富な知識の中から特定の問題解決に必要な知識を効率的に検索し使用している。この知見に即して考えれば、英語熟達者は標的文を見た時に、関連する知識を効率的に検索し、当該文を非文と判断しているはずであり、このプロセスを学習者に直接教えることは、受動態の理解を深める上で重要な役割を果たすと考えられる。

本研究では、以上三つの教授方針を用いた教材文を作成し、その効果を検討する。その際、理解がどのくらいの期間持続するかを調べるために、授業直後にポストテスト①を、一か月後にポストテスト②を実施することとした。

方法

［1］実験参加者

東京近郊私立男子高等学校1年生4クラスを対象とした。群分けに用いたプリテストは正誤判断問題であり（正文2問、標的文11問）、各正答に1点を与えた（得点範囲は0点～13点）。平均点を考慮し群分けをし、実験群68名、統制群67名となった。各群のプリテスト（正文と標的文の合計）の平均点（標準偏差）は実験群で5.96（3.20）、統制群で5.84（3.20）とほぼ等しくなった。問題別（正文と標的文）のプリテストの平均値（標準偏差）を見ると、正文では、実験群で1.49（0.53）、統制群で1.49（0.56）と平均値は等しく、標的文では、実験群で4.47（3.01）、統制群で4.34（3.03）とほぼ等しかった。標的文について t 検定を行なったところ有意ではなかった（$t(133) = 0.25$）。以上より2群は受動態に関してほぼ等しい学力を有していると判断した。

［2］教材文

実験群の教材文は先述の3つの教授方針に基づいて作成し、一方、統制群の教材文は通常の授業で扱われる内容を説明文の形にしたものであった（表2参照）。いずれの教材文でも、①受動態の前提、②「be 動詞＋過去分詞」、③「by ～」の3つのポイントが扱われた。

［3］介入授業

教材文を教師が読み上げた。実験群と統制群の違いは用いた教材文のみであった。

［4］テスト問題

正誤判断問題（表1参照…正文2問、標的文11問）が実施された。プリテスト、ポストテスト①、ポストテスト②では、問題順序及び単語を一部変えて出題した。

［5］手続き

「プリテスト」を実施した約一週間後に介入授業を実施し、介入授業の次の授業で「ポストテスト①」を実施し、その約一か月後に「ポストテスト②」を実施した。いずれもクラス単位で実施された。

結果と考察

[1] プリテスト

正誤判断問題の平均値及び標準偏差を表3に示す。プリテストにおける正文の正答率は実験群、統制群ともに75％と比較的高い値であった。一方、標的文（全体）の正答率は実験群41％、統制群39％であり、低い値にとどまった。両群共に、標的文の成績は正文の成績を大きく下回った。横田（2001）も指摘しているように、評価問題に非文を用いることの重要性が示唆されたことになる。この結果、高校生においても受動態の前提の理解は予想通り不十分であることがデータを伴った形で示されたと言える。

[2] ポストテスト

正文と標的文の得点について教授法（実験群、統制群）×テスト（ポスト①、ポスト②）の2要因混合モデルの分散分析を実施した（表3参照）。正文では教授法の主効果（$F(1, 133)=2.18$）、テスト時期の主効果（$F(1, 133)=1.48$）、交互作用（$F(1, 133)=0.03$）のいずれも有意ではなかった。正文では実験群の教授法の効果は認められなかった。

一方、標的文（全体）では教授法の主効果が有意であった（$F(1, 133)=42.97, p<.01$）。テスト時

期の主効果（$F(1,133)=0.40$）及び交互作用（$F(1,133)=0.16$）は有意ではなかった。以上により実験群が統制群より高得点であることが示された。正答率に着目すると、プリ⇓ポスト①⇓ポスト②の順で、実験群では41％⇓81％⇓82％、統制群では39％⇓51％⇓51％であった。統制群でも成績の改善は認められたが、実験群では授業後に80％以上の高正答率となりそれが一か月後も維持された。参考までに、表3には、標的文の問題タイプ別、すなわち《自動詞タイプ》《他動詞タイプ》《使役動詞タイプ》別の結果を示したので参考にされたい。どのタイプにおいても、標的文（全体）と同じ結果となり、教授法の主効果のみが有意で（表3参照）、実験群の成績が統制群より高いことが示された。

以上のように、当該研究では、英語の受動態の学習を取り上げ、学習者の受動態の理解が不十分であるとの仮説を立ててこれを検証した。予想通り、高校生でも受動態の前提の理解が不十分であることが示された。今まで、エピソードとして語られることのあった事柄（受動態の理解が不十分であるという指摘）をデータに基づいて示した点に第一の意義があるだろう。この結果を受けて、（1）「学習者の手持ちの知識では不十分であることを意識化させる（標的文が誤りであることを示す）」、（2）「日本語と英語が構造的に異なる言語であることを意識化させる」、（3）「熟達者思考過程提示法を用いて学習内容を提示する」という三つの教授方針に基づく教材文を作成し、高校生に対して授業を行った。その結果、実験群（三つの教授方針に基づく教材文で学習した群）の結果は、標的文において統制群（従来の教え方に基づく教材文で学習した群）を上回り、その

表３　各群のテスト成績の平均値（標準偏差）、正答率及び２要因分散分析結果

	実験群(n=68)			統制群(n=67)			分散分析		
テスト成績(満点)	プリテスト	ポスト①	ポスト②	プリテスト	ポスト①	ポスト②	教授法	テスト	交互作用
1．正文(2)	1.49 (0.53) 75%	1.74 (0.51) 87%	1.69 (0.50) 85%	1.49 (0.56) 75%	1.63 (0.49) 82%	1.57 (0.58) 79%	*ns*	*ns*	*ns*
2．標的文全体(11)	4.47 (3.01) 41%	8.91 (2.35) 81%	9.04 (2.55) 82%	4.34 (3.03) 39%	5.60 (3.57) 51%	5.63 (3.63) 51%	42.97**	*ns*	*ns*
3．自動詞タイプ(2)	1.15 (0.80) 58%	1.79 (0.51) 90%	1.85 (0.40) 93%	1.18 (0.76) 59%	1.31 (0.86) 66%	1.28 (0.87) 64%	21.74**	*ns*	*ns*
4．他動詞タイプ(5)	1.19 (1.33) 24%	3.49 (1.72) 70%	3.60 (1.77) 72%	1.12 (1.24) 22%	1.73 (1.60) 35%	1.79 (1.63) 36%	42.15**	*ns*	*ns*
5．使役動詞タイプ(4)	2.13 (1.52) 53%	3.63 (0.81) 91%	3.59 (0.92) 90%	2.04 (1.55) 51%	2.55 (1.60) 64%	2.55 (1.64) 64%	24.45**	*ns*	*ns*

**$p<.01$　（注）・％は正答率を示す

効果は一か月後も維持された。つまり、採用した教授方針は全体として有効であることが確認されたことになる。これは教育実践上意味のある結果であり、ここに第二の意義があるだろう。

おわりに

ここでは、まず、前項で紹介した松沼（2009）の研究によって得られた教育実践への示唆を述べる。この内容は学習者の躓きとその躓きを修正する方法についてのものとなる。そして、最後に、今後の課題、すなわち、教育心理学で得られた理論と教育実践をつなぐには何が大切となるかを論じて結びとしたい。

松沼（2009）の研究から導かれる現実の教育実践への示唆は、以下の四つにまとめられる。

まず、第一に、評価問題の重要性が改めて示されたと言える。学校現場では、一般に、学習内容を正確に記憶しているかを問う評価問題が用いられることが多い。一方、松沼（2009）で作成された評価問題（標的文を用いた正誤判断問題）は学習内容の本質的理解を問う問題であると言える。このような本質的理解を問う問題は、学習者に自分の知識が不十分であることを気づかせることができるが、通常学校現場で用いられることが少ないが故に、学習者にとってはある種意地悪な問題であると受け取られる可能性が高い。しかしながら、学習者が理解していない箇所が本質的、かつ、重要なポイントである場合には、学習者に手持ちの知識が不十分であることを把握させる意味において、敢えてそこを問ういわゆる意地悪な問題を作成することが必要となる。

第二に、問題を解決するのに必要十分な情報を与えても、学習者がその情報を基に、適切に問題を解決することができない可能性があることが示されたと言える。松沼（2009）の研究では、統制群（従来の教え方）においても、実験群と同様に、①受動態の前提、②「be 動詞＋過去分詞」、③「by〜」の三つのポイントが説明された。これらは（特に①は）ポストテストで標的文を誤りと判断するのに必要にして十分な情報であった。しかしこれらの情報を単に提示するだけでは（従来の教え方では）、学習者の多くは非文（標的文）を非文と判断できないことが示され、「学習者に情報をどのように提示するかということ」の重要性が浮き彫りになる形となった。以下に示す第三、第四の教育実践への示唆の内容は、いずれも、この情報提示の仕方に関するものとなる。

第三に、あらゆる分野（科目）、学習内容において、既有知識が学習に干渉を及ぼす可能性があり、学習者がどのような知識を持っていて、それが学習にどのような影響を及ぼす可能性があるかを考慮し、学習内容を提示することの重要性が改めて示されたと言える。本稿の冒頭で示したように、そもそも、誤概念に関する研究は当初自然科学の領域を対象に研究が行なわれてきた。そして、近年、誤概念は算数（数学）、社会科、英語などの分野においても指摘されるようになり、誤概念が指摘される教科は広がりを見せている。例えば、前項で示した英語における誤概念形成の場合には、英語という言語と日本語という言語の違いがあり、既知の知識である日本語が英語の学習に干渉を及ぼし、これが学習内容の理解を困難にしていると考えられる。したがって、英語（外国語）を学習する際には、学習者は英語と日本語の違いを意識して学ばなければならないし、教える側も学習する英語表現とそれに対応する日本語表現がどのように異なるかを学習者に理解させなければならないと言えよう。このように、今まで指摘されてこなかった分野（科目）、学習内容においても、誤概念に相当する事例が数多く存在する可能性があり、教師は、常に、学習者がどのような知識を持っていて、それが学習にどのような影響を及ぼしているかを念頭において、教授プランを周到に準備し、教育を実践していくことが必要となる。

第四に、学習を促進するためには、熟達者の思考過程を初心者（理解の不十分な者）に教えることが重要となることが示されたと言える。松沼（2009）は、熟達者の思考過程を初心者に伝えるために、「熟達者思考過程提示法」という新たな教授方法を考案している。この教授方法は「熟達者が問題解決をしているプロセスを外化し（熟達者が問題解決場面で、頭の中で何をどう処理しているかを台詞の形式で表面化させ）学習者に提示する」というものであり、教育心理学や認知科学における知見を基に筆者が独自に考案したものである。Bransford, Brown, and Cocking（2000 森他訳 2002）は、初心者の学習を改善するに当たって、熟達者の問題解決方法をモデルとして学ぶことの重要性を指摘している。また、「熟達者思考過程提示法」で提示される内容には、問題解決の過程における評価やエラー修正等が含まれる。これは学習方略研究で言うところのモニタリングに該当し、モニタリングは学習者の学業成績を向上させることが指摘されてきた。今後、様々な学習内容に即して、熟達者がどのように問題解決を行っているかを整理し、初心者に分かりやすい形で提示していくことが学習者の理解を促進する上で重要となる。また、研究そのものに対する評価という観点からは、松沼（2009）の研究では、教育心理学などの分野で指摘されてきた理論を具体的な教育実践場面に落とし込んで、新たな教授方法を考案した点に大きな意義があると言える。

以上のように、松沼（2009）の研究によって得られた知見は教育心理学の理論的枠組みに対してだけでなく、現実の教育実践に対しても有意義な示唆を与えるものである。

最後に、今後の課題、すなわち、教育心理学で得られた理論と教育実践をつなぐには何が大切となるかを示して、本稿を締めくくりたいと思う。

まず、現場のアイディア（考え方）を研究に取り入れるということである。実際の教育現場においては、様々な工夫が施され、授業が実践されている。その中には、研究のヒントになるものが沢山ある。教育心理学を現実の教育実践とつながりのある生きた学問にするためには、現実の教育実践で用いられているアイディアを研究に応用することが大切となる。幸いにして、日本教育心理学会の機関誌『教育心理学研究』には、「実践研究」という枠組みがある。市川（2003）によれば、これは教育心理学と現実の教育実践との結びつきを強めるために創設された論文投稿の枠組みであり、伝統的な研究方法や論文形式にのみとらわれずに、まさに日常的な教育実践の中から生まれた問題提起、データ、教育改善のアイディアなどを歓迎するという趣旨で論文が募集され、掲載されるようになっている。では、日常的な教育実践の中から生まれたアイディアなどを研究に生かすにはどうしたらよいのだろうか。私事になるが、私は、約七年間、中学校、高等学校で英語を教えていた。私は、そこでの現職教員や生徒とのやり取りを通じて得た知識を生かして、数々の英語の学業成績を題材とした論文を執筆した（前項で示した受動態に関する論文など）。このように、研究者が実際に教育現場で何が起きどのような工夫が施され教育実践が行われているかを観察することが重要となろう。また、時として、研究者と現職の教員が協同研究を行うことも有効となる。

第二に、教育心理学で得られた知見を分かり易い形で教育実践の場に伝えていくことが必要となる。第一の視点では、現場のアイディアをどう研究に取り入れるかについて述べたが、教育心理学の理論と教育実践をつなぐためには、その逆の視点も大切となろう。例えば、教員免許状更新講習会の機会を利用したり、現職の教員向けの書籍を刊行するなどして得られた研究知見を積極的に発信していくことが重要となる。その際、理論を現場の教員にも理解可能な形で示すことが必要になる。

以上のように、教育心理学の理論と教育実践をつなぐためには、「現実の教育実践から何を教育心理学に生かしていくか」また、その反対に「教育心理学の理論から何を現実の教育実践に生かしていくか」という相互補完的な研究、教育実践のあり方が求められることになる。今後、この課題を乗り越えて、「教育の改善に資する」という教育心理学の大きな目標が現実となることを深く望みたい。

注

（1）南出（2004）の「日本語表現と英語の5文型のずれ」の項を一部変えて用いた。

引用文献

Berti, A.E., & Bombi, A.S.（1981）. The development of the concept of memory and its value: A longitudinal study. *Child Development*, **52**, 1179–1182.

Bransford, J.D., Brown, A.L., & Cocking, R.R.（Eds.）（2000）. *How people learn: Brain, mind, experience, and school*（expanded ed.）. Washington, DC: National Academy Press.（ブランスフォード、J.D.・ブラ

ウン、A.L.・クッキング、R.R.（編）森敏昭・秋田喜代美（監訳）（2002）。授業を変える―認知心理学のさらなる挑戦― 北大路書房)。

Brown, A.L. (1978). Knowing when, where, and how to remember: A problem of metacognition. In R. Glaser (Eds.), *Advances in instructional psychology* Vol. 1 (pp. 376–406). Hillsdale, Erlbaum.

Chi, M.T.H. (1992). Conceptual change within and across ontological categories: Examples from learning discovery in science. In R.N. Giere (Eds.), *Minnesota studies in the philosophy of science, XV Cognitive Models of Science* (129–186). Minneapolis: University of Minnesota Press.

Clement, J. (1982). Students' preconceptions in introductory mechanics. *American journal of Physics*, **50**, 66–71.

Furio Mas, C.J., Perez, J.H., & Harris, H.H. (1987). Parallels between adoescents' conception of gases and the history of chemistry. *Journal of Chemical Education*, **64**, 616–618.

伏見陽児（1986）日本史年表の構成の違いが読み取りに及ぼす影響 茨城キリスト教短期大学紀要、**38**, 405–412.

伏見陽児・麻柄啓一（1981）幼児の学習における教材の劇化およびストーリー化の効果 教育心理学研究、**29**, 132–136.

伏見陽児・麻柄啓一（1986）図形概念の学習に及ぼす発問系列の違いの効果 東北教育心理学研究、**1**, 1–9.

伏見陽児・麻柄啓一（2006）第11章 麻柄啓一（編） 学習者の誤った知識をどう修正するか―ル・バー修正ストラテジーの研究―（pp. 191–201） 東北大学出版会

細谷 純（1970）問題解決 東洋（編） 講座心理学8 思考と言語（pp. 207–236） 東京大学出版会

細谷　純（1983）プログラミングのための諸条件　斎賀久敬・新田倫義・三浦香苗・佐伯　胖・吉田章宏・細谷　純　講座現代の心理学3　学習と環境（pp. 299-388）小学館
市川伸一（2003）第1章　教育心理学は何をするのか―その理念と目的―　日本教育心理学会（編）教育心理学ハンドブック（pp. 1-7）有斐閣
今井むつみ・野島久雄（2003）人が学ぶということ　認知学習論からの視点　北樹出版
稲垣佳世子（1995）素朴概念　岡本夏木・清水御代明・村井潤一監修　発達心理学辞典　ミネルヴァ書房
石黒昭博（監修）（1999）高校総合英語　Forest　桐原書店
北尾倫彦（1991）学習指導の心理学　有斐閣
麻柄啓一（2006）第1部解説　麻柄啓一（編）学習者の誤った知識をどう修正するか―ル・バー修正ストラテジーの研究―（pp. 91-95）東北大学出版会
麻柄啓一・伏見陽児（1982）図形概念の学習に及ぼす焦点事例の違いの効果　教育心理学研究，30, 147-151.
麻柄啓一・進藤聡彦（2008）社会科領域における学習者の不十分な認識とその修正―教育心理学からのアプローチ―　東北大学出版会
松井恵美（1979）英作文における日本人的誤り　大修館書店
松沼光泰（2009）受動態の学習における学習者の不十分な知識とその修正　教育心理学研究，57, 454-465.
南出康世（代表著者）（2004）Polestar writing course　数研出版
水品江里子・麻柄啓一（2007）英文の主語把握の誤りとその修正　―日本語「は」による干渉―　教育心理学研究，55, 573-583.
迫田久美子（1998）中間言語研究―日本語学習者による指示語コ・ソ・アの習得―　渓水社

Simon, H. A.（1980）Problem solving and education. In D.T. Tuma & R. Reif（Eds.）, *Problem solving and education: Issues in teaching and research*（pp. 81-96）. Hillsdale, NJ: Erlbaum.

進藤聡彦（1995）誤法則を明確化する先行課題が法則の修正に及ぼす効果　教育心理学研究，**43**, 266-276.

進藤聡彦（2006）3章　研究3　ル・バーを意識化させることの効果―「浮力のルール」に即して―　麻柄啓一（編）学習者の誤った知識をどう修正するか―ル・バー修正ストラテジーの研究―（pp. 45-59）東北大学出版会

進藤聡彦・麻柄啓一（2006）序章　麻柄啓一（編）学習者の誤った知識をどう修正するか―ル・バー修正ストラテジーの研究―（pp. 1-17）東北大学出版会

進藤聡彦・麻柄啓一・伏見陽児（2006）誤概念の修正に有効な反証事例の使用方略―「融合法」の効果―　教育心理学研究，**54**, 162-173.

高垣マユミ（2001）高さのプリコンセプションを変容させる教授ストラテジーの研究　教育心理学研究，**49**, 274-284.

横田秀樹（2001）英語文法性判断テスト―メタ言語知識に頼らない文法能力の測定―　*Step Bulletin*, **13**, 43-53.

脆弱性に基づく教育の原理

馬上美知

はじめに

本稿では、人間が生きる上での教育の役割や意義は何かということや、その根底にある人間観や価値意識といったことを探求する教育哲学の中でも、教育を人間の存在の観点から捉えなおそうとする教育人間学の立場で、「寄り添い」の一つのあり様について考察を試みる。

教育人間学とは、「教育領域における人間の存在と生成についてのトータルな自己理解」(1)や、出来事それ自身のうちにあるものの「より良い教育のために」という目標に縛られると見えなくなる側面を受け取りなおすことを目指す。(2)それ故に「人間形成」と言い表される出来事は、「自己が変容すること」という観点から捉えなおされる。

自己が変容するとはどういうことかと言えば、世界を見る目が変わるということであり、世界との関わり方が変わるということ、生き方が変わるということとなるだろう。世界を見る目や関わり方が変わるような出来事とは、大きく分けて三つあると思われる。一つ目は、今までできなかった事ができるようになることである。これは、いわゆる成長・発達に伴って起こることであり、学校教育が主として担ってきているものである。二つ目は、例えば、遊びに没頭して自分と世界との境界が曖昧になったり、パラダイム・シフトのように自身の常識を覆す知に触れて世界の見方ががらりと変わったりすることであり、矢野智司によって、成長・発達とは異なる非連続的な自己変容として提起されている出来事である。[3] そして、三つ目のものとして筆者が提起したいのが、今までできていた事ができなくなる、もしくは、できないことを知ることであり、衰退や喪失、無力といった人間の有限性、脆弱性に基づく経験に伴って起こることである。[4]

人間の脆弱さへの着目と再評価は、人間性の意味内容の変容に伴ってなされている。人間性とは、人間だけが持つ特質、平たく言えば人間らしさを意味するのであるが、近代以降は主として理性として理解され、脆弱性は非理性的部分として克服することが目指されてきた。それが近年では、この非理性的部分を含みこんだものとしての人間性理解が提起され、克服するべきものではなく尊重されるべきものとされてきている。しかし、今日の学校教育は、理性を育成することが中心となっており、人間の脆弱性を尊重する方法を確立しえていない。また、知識や技能を伝達する「知識の教育」に比重を置き、「できるようになる」べき事柄の明確化と、そのための教授の工夫が一層必要とされる中で、「できない」という事態は乗り越えなければならないこととして捉えられ、「できない」ということ自体の学びや自己変容は認識しにくくなっている。それは、人間として生きるということの捉え方が狭められている状況になっていると言えるだろう。それ故に、「できなくなる」「できないことを知る」という人間の脆弱性に伴う自己変容へ着目することは、生きるということをより広く捉えた上での学校教育の意義や役割を考える一助となるだろう。

右記一つ目の自己変容における教師は、その変容を支援する存在と理解される。二つ目の自己変容における教師は、それをもたらす者であり、見返りを求めない「純粋な贈与者」と見做されている。(5) それでは、三つ目の自己変容における教師はどのような役割をなすのだろうか。

本稿では、理性としての人間性とは異なる人間性理解を提案しているマーサ・ヌスバウム(Martha Nussbaum, 1947-、以下ヌスバウム)の思想に依りつつ、人間の脆弱性に基づく経験に伴う自己変容に焦点を絞り、そこでの学びと教師の役割について考察をする。

一　理性的人間性への疑義

「教育」という営みの広義の定義は、「ヒト」を「人間」にすることとされる。つまり、人間であるということには価値付けがされており、それは、主に理性を主軸にして説明されてきた。言い換えるなら、人間を人間として特徴づけるもの、人間らしさとしての人間性とは、理性を持っていることとして理解されてきている。そして理性とは、言葉であり、善悪を判断する能力であり、概念的思考であり、反省でありといった、永遠不変＝真理に触れるものと考えられてきている。

理性を中心とした人間性理解というと、抽象的で分かりにくい印象を持つかもしれないが、私たちの社会制度の基盤であり、日常生活の屋台骨となっている。

正義をめぐる政治理論は、私たちの社会を構成する構成原理を追及しようとするものであり、現実の制度の背景となっているが、それらが基盤としているのは理性的人間である。例えば、1970年代以降注目されてきている政治哲学者のジョン・ロールズ（John Rawls, 1921-2002、以下ロールズ）やユルゲン・ハーバーマス（Jürgen Habermas, 1929-）は、カント的リベラリズムの系譜に位置づくとされ、「自由、平等、自律」を原則として契約することを社会形成の前提とする。(6) それは、社会構成員となる私たちが、自分のことは自分でできる、有能で理性的な大人であるという理解に基づいている。そしてこうした人間性理解は、実際の社会制度の前提となっている。

例えば、私たちは、所得のうち何にいくら使うのかについて、行政から指示されることはないだろう。飼い犬に高級ペットフードを与えるために、自分は一日一食であったとしても、また、治療を拒んで病気を放置しても、知人友人に咎められることはあっても、社会的罰則を受けることはないだろう。何故ならば、何にどれだけの財を注ぎ込むのかといった、人生の目的や楽しみは個々人の自由であり、他人が口出ししたり指図したりしてはならない、干渉しないということを、私たちの社会が大事にしているためである。そうした社会の前提には、自身にとって何が善いかは当人が最もよく判断できる、誰にも依存しない理性的で自律的なあり様こそ、人間らしいあり様だという考えがある。そして、このような人間性を育成することが、教育というある種強制的な営みの正当性を担保してきた。

では、どのようにして人間性を育成するのかというと、大きく分けて二つの方法によってなされる。一つは数学や天文学など論理的な思考能力を高めるものを学ぶことであり、もう一つが、人間の動物的側面としての動物性を克服し、その従属から脱することである。動物的側面とは、人間が他の動物と共通して持つものであり、身体を持っていることを中心として理解されてきている。また、衝動や感情といった一貫性や普遍性に欠けると考えられているものも、動物的側面として捉えられてきている。つまり、人間だけが持つ特質としての人間らしさを「人間性」として措定すると同時に、その背景で「動物」とはどのようなものなのかが分析され、非理性的側面は、「動物性」に属するものとして捉えられてきている。

理性研究および近代教育思想の金字塔であるカントは、人間の理性性と動物性における教育の役割について、『教育学講義』で次のように述べている。

人間は教育されなければならない唯一の被造物である。言い換えれば、教育とはここでは養護（扶養、保育）と訓練（訓育）と教授ならびに陶冶との意味に解される……（中略）……訓練または訓育は、動物性を人間性へと変えてゆく。……（中略）……人間は動物のような本能をもたず、自分で自分の行動の計画を立てなければならない。しかも人間は生まれると直ぐからそうすることができるというわけではく、むしろ自然のままで世に出てくるのであるから、他の人々が代わってそれをしてやらなければならないのである。人類は、人間性のそなえる一切の素質を自己自身の努力によって自分のうちから漸次にあらわしてゆくようにすべきものである。(7)

人間性とは、動物性を訓練によって変容させることで初めて身に付くものであり、そのために教育が必要だとする、カントのこの人間性理解と教育理解は、今日に至るまで影響を与え続けている。アマラとカマラという狼に育てられたとされる少女やアヴェロンの野生児の存在は、「ヒト」が自ずからは「人間」になれない存在であること、つまり、「人間」になるためには教育が必要なのだという認識を強めさせ、教育の正当性を裏付けるものとして、教育学概論や教育原理の授業において語られてきている。(8) 上記ロールズやハーバーマスが背景にしている人間理解も、カント的な人間理解に基づいているし、私たち自身も、自身を「獣」以上の存在として位置づけようとする背景には、動物性の克服によって人間らしさを獲得してきているという意識があるのではないだろうか。

学校教育を振り返ってみれば、論理的思考としての理性的能力の育成がなされる一方で、それと同時に、例えば、授業中は席にきちんと座っていられることであるとか、先生の話は黙って聞くであるとか、時間に沿って生活をするであるとか、身体や感情をコントロールできるように訓練することが求められている。つまり、自身の動物性を、意志という理性に従わせ、制御できるようになることが目指されている。生理を理由とする水泳授業の欠席への批判や体を壊すほどの部活指導の背景には、学校教育が動物性としての身体性を劣位にあるものと捉え、身体のあり様を精神的に克服する、訓練によって身体性を否定することを目指してきたことの一つの現れと捉えることができるのではないだろうか。

しかし今日、エコロジーや多様性への関心の高まりを背景に、理性をもって人間性とすることへの疑問が呈されてきている。例えば、合理性の追求や論理的思考としての理性は、テクノロジーの発展とそれに伴う飢えや病からの解放をもたらしたが、その一方で利用形態によっては公害などの環境破壊を引き起こしもしてもいる。また、普遍性の追求をなす理性は暴力的な画一化をもたらすように、理性は人間にとって生きにくい状況をも生み出している。それ故、人間と動物の境界をどこに見出すのか、人間らしくあるということの意味について、改めて考えることが求められてきている。それは、理性的人間性の育成によって担保されてもいる学校教育の正当性を、考え直す必要があることを意味してもいる。

二 「できない」こと自体にある学びと自己変容の捉えにくさ

学校教育は、意志による身体の制御だけでなく、知識や技能の面においても「できる」「できるようになる」ことを目指している。教員を志望する学生の志望動機に、塾や家庭教師、OB・

OGとして参加している部活指導において出会った子どもが、自身の助言や指導のなかで「できるようになった」瞬間に立ち会った喜びが書き綴られることが多い。また、例えば小学校では、九九の掛け算が何段までできるようになったのかシールを貼ったり、縄跳びや水泳において技能を難易度別に設定し、難易度ごとの検定に合格することでリボンを獲得できるようにしたりと、「できるようになる」ことの可視化と励ましの工夫があちこちに施されたりもしている。

日本の学校教育は、二〇〇〇年頃から「できるようになる」べきことが、それまでよりも細かく示されるようになり、「できるようにさせる」ことへの意識も強まってきているように感じられる。例えば、一九九八年（平成一〇年）の所謂「ゆとり教育」のための学習指導要領改訂は、「あまりに多くのことを教えるのではなく、教えるべきことは徹底的に教える」という方向性を持ち、教育内容を厳選することで、基礎・基本を確実に身に付けさせることを目指して行われた[9]。それゆえ、学習指導要領の構成内容もそれに沿って大きく変わり、「2　内容」の記載事項が平成元年以降の学習指導要領に比して具体的になっている。また、二〇〇〇年頃から「確かな学力」や「指導と評価の一体化」が言われ始め、二〇〇三年頃には基礎・基本である「確かな学力」の構成要素として、八つの資質・能力が示されるようになる[10]。そして二〇〇八年（平成二〇年）の学習指導要領改訂では、「2　内容」がさらに具体的に示されるようになり、二〇一七年三月に公示された学習指導要領では、『「何ができるようになるか」を明確化』することを主軸として記載方法や内容の整理が行われている[11]。

つまり、到達するべき資質・能力が徐々に具体的に定められるようになったことで、何が「できるようになる」べき事柄なのかがより焦点化され、それをどの児童生徒も「できるようにさせる」ことへと注力するようになってきている。

児童生徒が「できるようになる」ことは、冒頭で記した学生の志望動機のように、教師にとって自身の活動を意義付け、肯定する大きな要因であるだろう。また児童生徒にとっても、うまくできなった縄跳びができるようになったことを切っ掛けに、授業へ積極的に参加するようになったり、交友関係が広がったりすることがあるように、自信を得て世界を広げていく大切な契機であることは間違いない。そして、そこでは、「できるようになる」ことをいかに促し支えるのかといった、技術が重要になってくるだろう。そもそも人間形成と訳されるビルドゥング―Bildung―という言葉が、キリスト教の世界観との関連の中で、「神の似姿」という意味を含み持ち、神を目指し、似せて形成するという技術的側面を伴っていると解釈できるように、教育実践において技術はその重要な要素である。また、宮澤康人が指摘するように、「後継者見習い機能」が成立しなくなった近代学校において、教授のための工夫と技術は学校教育の宿命である(12)。

このように、「できるようになる」べき目標が具体的に示されることは、一方で「指導と評価の一体化」に伺われるように、細やかな配慮をより一層強め、技術の精緻化を可能とする。しかしもう一方で、「できるようになる」ことへと意識が集まることで、「できない」ことそれ自体の学びや自己変容を見えにくくさせるのではないだろうか。例えば、テストの見直しで、できなかった問題は、何故できなかったのかを考えましょう、とよく言われるが、それはできるようになるためにするのであり、できない原因を、克服し、乗り越え、脱するために見出そうとするものである。「できるようになる」ためのポイントを、「できない」という出来事の中から拾い上げ見出すことが、「できない」という出来事における学びとなっている。しかし、無限でも不死でもない人間にとって、精一杯努力してもできない、できなくなっていくということは、誰しもが経験することであり、だからこそ、人間として生きるということに関する大切な学びがあるのではないだろうか。

学齢期の子どもにとって、「できなくなっていく」という衰退の経験は、なかなか経験されることではないかもしれないが、「できない」という経験は、豊富にあるだろう。それを、やがてできるようになる（であろう）が故に、否定と克服の対象としない時、どのような学びと自己変容があるのだろうか。

三　人間性の再定義

理性的で自律的なあり様をこそ人間らしいあり様とすることに対して批判的な見解を示す人物の中に、現代正義論のパイオニアの一人と目されるヌスバウムという人がいる。彼女はカント以降の、理性的人格と動物的存在とに人間を分節化し、動物性の否定として人間性を意味付けることを批判する。ヌスバウムは人間性をどのように理解しているのだろうか。

人間としての特性を概念の核とする「尊厳」に関して、ヌスバウムは、次のように述べている。

カントは人間の人間性と人間の動物性を対比している。ロールズははっきりとはそうしていないが、人格性を、人間がほかの動物と共有しているニーズのなかにではなく、（道徳的慎慮にもとづいた）合理性のなかに存在させている。それとは対照的にケイパビリティ・アプローチは、合理性と動物性を完全に統合したものとしてみる。(13)

「尊厳」というものの一般的な意味は、何か「おかしがたいもの」、「真正な価値」であり、近代以降は、人間のおかしがたさ＝尊厳の根拠を、すぐれた人間性においている。例えばカントの場合のすぐれた人間性とは、道徳判断能力を中心とした理性として捉えられ、知的・道徳的能力が他の動物よりも優れていることを、「尊厳」の根拠としている。

それに対してヌスバウムは、ある種の合理性が人間を特徴づけるものではあるが、人間は同時に死や病に晒され、生きるために様々なもの・ことを必要とする動物でもあるということもまた、人間の特質として捉えようとする。ヌスバウムにとっては「合理的なるものは動物の一つの側面にすぎず、真に人間的な機能という観念に関連性のある唯一の側面でもない(14)」。それ故、知的・道徳的能力のみを人間の尊厳の源とは見なさず、より広く身体的ニーズもまた「尊厳の一つの側面」として捉えられている。

身体的なものへの私たちの関わり全体を作り直すことが必要だろう。……（中略）……人間に共通のニーズと欲求が座するところ（身体）が根本的に受容できるものであり、喜ばしいものであることを、……（中略）……さらにその座が魂であり、個人の独自性と個人の尊厳が置かれる座であることを証明する。(15)

具体的日常の中で命をもって生きることは、資源やケアへの必要性をもって生きることである。それ故、動物としての人間の尊厳とは、永遠不変で不死の存在の尊厳とは異なり、「人間のニーズそれ自体という尊厳」(16)だとされる。人間の理性的側面と動物的側面とを分けて捉えることは、動物性が理性性からは独立してあって知性に欠けることや、人間以外の動物もまた知性に欠けることを示唆する。人間性を動物性との区別から捉えることの問題点を、ヌスバウムは次のように四つ上げている。

一つ目は、我々の尊厳というものは、ある種の動物の尊厳であるということを無視している。動物としての尊厳とは、不死身で傷つくことのない存在によっては持ち得ることのない類いの尊厳となる。二つ目は、分裂は、動物性それ自体が尊厳を持ちうることを（誤って）否定する。それ故、価値ある我々の生活の側面を軽視するようにしてしまうし、他の動物との関係性を歪める。三つ目は、我々を、幸運というギフトを必要とすることのない、自分のことは自分でできる存在と考えさせる。そう考えることで、我々は自分自身の道徳性や理性性の本質——一貫して肉体的で動物的である—を大きく歪める。我々は、病や老齢、事故が、道徳や理性的機能を他の動物的機能と同じに邪魔しうるという事実を無視することを学んでいる。四つ目は、我々を超時間的なものとして考えさせる。我々は、機能が、人生を通して精神的もしくは肉体的に障害のある人が置かれている状況と非常に近似した状態、他者に極端に依存した期間が通常の人間の人生にはあるということを忘れてしまう[17]。

このようにヌスバウムは、人間を人間として特徴づけるものを人間性とする、という従来からの人間性理解の枠組みは引き継ぎつつ、そこに新たな意味を注ぎ入れ、健康であることや政治的選択をすることといった、生の多様な領域で物資や教育、ケア、環境整備など様々なものや事を必要とするものとして、人間性を捉える。理性的であり、かつ、相互依存的で傷つきやすい、脆弱なあり様を、人間らしいあり様と捉えるのである[18]。つまり、「できなくなる」「できない」という出来事は、有限な存在という自分自身の人間性を学び、世界の見方を変える機会になる。また、誰かの助けや幸運を求めてもよい存在として自己を捉え、世界との関わり方や生き方を探ってい

写真１：廊下に設置された学習机（都内公立中学校）

く機会にもなるだろう。

人間の動物性を否定せずに人間性を捉える時、学校教育のあり様は様々な面で変化してくるであろう。例えば最近では、規律によって身体を意志に従わせることを見直し始めている学校がある。教室にいることが辛いのであれば、廊下に設置した学習机で学習しても良くなっていたり（写真1）、気持ちを落ち着けたり切り替えたりするために、バランスボールやマットのある部屋が準備されたりしている（写真2）。そうした学校の児童生徒は、他の児童生徒の学習の邪魔をすることなく席を移動し、気持ちが落ち着けば教室に戻ってきており、他の児童生徒も通常の出来事の範囲として騒ぐことなく受け止めている。

登校前に母親に叱られて気持ちが切り替えられない、音や情報が多すぎて体調によってはクラスでの学習がしにくいなど、意志によって身体をコントロールしきれないことは、誰にでもあり得る。右記学校で

写真２：気持ちを落ち着かせる部屋（アメリカ合衆国チャータースクール）

は、そういう場合には、ざわつく気持ちや過敏に反応する身体を無視できるように意志を鍛えるのではなく、それらとうまく付き合う方法を自分なりに見出させようとしている。そして、教室で落ち着いて学習できない児童生徒は努力が足りないのではなく、落ち着いて学習するための支援や理解を得て当然と考えられている。

四　脆弱性と共苦

私たちの生は、初期に成長・発達の時期があって、その後に衰退や喪失・無力の時期があると思いがちだが、実際には相対的にどちらが前面に出てくるかではないだろうか。学齢期の子どもには、分かるようになることや、できるようになることが多くあることは確かだが、衰退や喪失、無力の体験が全くないということもないだろう。一時的であるにしろ、病にかかれば、できなくなることがあるし、そもそも「できるようになる」ことも、できない今があって、やがて、できるようになる

（かもしれない）のである。40度の高熱でふうふういっている子どもは、それまでとは違う世界の見方をしているし（治ると忘れてしまうけれども、その体験はその子の中から消滅することはないだろう）、身長など身体に関することについては、望んでも敵わないもの、できないことがあることも分かり、そこから世界との向き合い方を考えている。また、友人との比較の中で、相対的にではあっても、自分ができないことを思い知る経験は沢山ある。つまり、「できなくなる」「できないことを知る」という経験によってなされる自己変容は、日常的に起こっているのではないだろうか。

動物性を含みこんだ人間性という新たな人間性理解に基づいて、望ましい社会のあり様を構想するヌスバウムは、人間の脆弱性に基づく経験において、「共苦（compassion）」の重要性を指摘し(19)、社会的に必要なものだと捉えている。

ヌスバウムにおいて「共苦」とは「他の人間や生き物たちの深刻な苦しみに対する、つらい感情（painful emotion）を意味(20)」する。感情というと、「感情的になる」であるとか「感情的な人」といった表現にあるように、個別具体的な状況に囚われ、冷静で客観的な思考を欠いたものとして理解される傾向がある。実際、人間の理性性と動物性を区別し、理性性に焦点をあてて理論を構築してきた規範理論は、感情を思考の欠如した衝動的な力と捉えてきている。なぜヌスバウムは、感情を重視するのだろうか。ヌスバウムは感情について次のように述べている。

感情というものは、価値判断と密接に関連している。そして関連性の判断とは、我々が十分に統制しえない物事の重要性に関する判断なのだ。……（中略）感情の認識要素に関する研究は、もっぱら感情と信念の関係性が探求されることが一般的であり、自らコントロールしきれない、外在的なものの重要性の認識と感情との関係性については、ほとんど探求されてきていない。……（中略）私は、ある種の倫理的な観点がどれほど深く関連しているのかを指摘したい。[21]

私たちが抱く様々な感情、怒り、恐れ、喜び、悲嘆は、思考判断とは無関係に衝動的にわき上がってくるものではない。私たちは、何かに怒り、何かを恐れ、何かを喜び、何かに悲しむのである。親しい人が亡くなれば、そのことを悲しみ、子どもが生まれたことを喜び、差別的な発言に怒りを感じる。そこには、親しい人の存在が大切なものであったこと、命が無事に生まれることは尊いことであること、人の存在を否定するようなことは慎むべきことであること、といった価値に関する思考判断が確かにあるのではないだろうか。このように、ヌスバウムにおいて感情とは、思考を含まず、衝動的に湧き上がってくるものではなく、むしろ倫理的な思考に関連付いた外部状況への判断を含むものなのである。

では、共苦の感情がどのような倫理的な思考と関連しているのかというと、四つ指摘される。一つ目は、対象が陥っている状況の重大さに関する思考であり、二つ目は、苦境に陥るような落ち度が当人にあるかどうかに関する思考、三つ目は、自分の身にも同じことが起こりうるかどうかに関する思考、四つ目は、困難に直面している人（々）が、共苦を感じている当人にとってどの程度重要な存在かに関する思考である。[22] ただし、大きな自然災害に被災した人々を見て、彼らが自身にとって重要な存在ではなくとも共苦の感情を抱くことがあるであろうし、傷ついた動物に対しても、その動物が置かれた状況と類似の状況に自身が陥ることはないと明白であっても共苦の感情を抱くことはあるであろう。そう考えると、これら四つの思考が全て働いた時に共苦を感じる訳ではないだろう。一つ目の思考を中心とし、状況や人によってその他の思考と関連するものとなるだろう。

例えば、二〇一一年三月の東日本大震災は、人間の脆弱性を露にさせる出来事であり、多くの人が共苦したと思われる。メディアを通じて伝えられた被災者の苦しい状況や、その状況を引き起こした、圧倒的で暴力的な自然の映像は、その場に自分がいたならば、同じような状況に陥ったに違いないと考えさせたであろう。それは、状況を未然に防いだり元通りに修復したりする力は私たちにはないという、自身の脆弱性が曝け出されるということでもある。二度と会えない、話せない、帰れない、戻せないといった、できなくなったこと、できないことを知った悲しさや苦しさは、誰もが同じ状況になり得たが故に伝わり、けれども、その困難を解決したり肩代わりしたりできるような手立ては互いにないという、このいたたまれない痛みは、ヌスバウムにおいて「つらい（painful）」と言い表されるものに含まれるのであろう。

さてヌスバウムは、「すべてのまともな社会は、分断と社会の階層化に対抗するために、共苦と愛を育成する必要がある」[23]とする。つまり共苦は、他人同士を人間として結びつける社会的紐帯であると同時に、人間らしさを尊重する社会を維持するものとして位置づけられている。人と人との望ましい関係性は「共苦」が土台となっているのである。

日々の日常の中で経験される脆弱性は、震災において経験されたものに比べれば深刻なものではないと思われるかもしれない。しかし、周囲に期待されていることや、当然とされていること、自分の望むことができなくなる、できないことを知る、ということは、自分自身の存在が深いところで揺さぶられるという点で、重大な状況だと言えるのではないだろうか。そして、そこでの教師は、まともな社会を維持する者として「共苦」する存在であることが求められているのである。

五　おわりに

学校教育は、身体や感情のコントロールと、知識や技能の熟達を主軸として、「できるようになる」ことを目指す。特に近年では、学習指導要領が「できるようになること」をより明確にする方向で改訂され、児童生徒の見とりの焦点を絞って「できるようにさせる」ための教授の工夫が必要になってきている。それ故に、「できなくなる」「できない」という人間の脆弱性に基づく出来事は、克服されるべきものとしてのみ理解されがちである。

しかし、理性を主軸とした人間性理解ではなく、近年提唱されてきている動物性を含みこんだ人間性理解に基づいた時、脆弱性は人間らしくあること、人間性そのものである。つまり、「できない」という出来事は、人間であるということを学ぶ大切な機会であり、誰かの助けや幸運を必要としてよいこととなる。それ故に、乗り越え、克服しなければならない弱さを持つ劣った存在として、さらなる自律と強靭さを追求しようとするのではなく、周囲の支援を自ら探したり時機を待つようにしたりして、世界との関わりを拓いていく機会にもなりうる。

また、「できなくなる」「できない」という出来事に寄り添う教師とは、「共苦」する存在であることが必要とされていた。言葉をつくし、思いつく限りの道具を持ち込み、コツをつたえ、実際にやってみせたけれども、逆上がりができない、時計の読み方が理解できないという児童生徒はいるであろう。教師も精一杯努力しているのにできないという、生徒のみならず、教師自身の脆弱性も露になるその時に、嘆息したり苦笑いしたり、ただ沈黙したりして、児童生徒に共苦する教師はいるのではないだろうか。脆弱性も含んだ人間性を尊重する社会を追及するヌスバウムにおいて、「共苦」は差別や社会の階層化に対抗し、まともな民主的社会を維持するために必須の感情と見做されている。

「できなくなる」「できない」という出来事は、人間であるということの有限性、脆弱性を学び、そこからの世界の見方や関わり方を構築していく機会であり、「共苦」によって、学校というコミュニティにおける望ましい人間関係の土台を形成する機会でもあった。

不完全で脆弱な人間として生きることを否定せず、それ故にもたらされる事態に共苦する。そういう学びの機会や教師の役割がありうるのではないだろうか。

注

（1）田中毎実（2012）「人間学と臨床性」『教育人間学』東京大学出版会、一頁。
（2）西平直（2012）「教育人間学の作法」『教育人間学』東京大学出版会、一五〇―一五一頁。
（3）矢野智司（2000）『自己変容という物語―生成・贈与・教育（自己探求）』金子書房。
（4）ここでの「できない」とは、人間の有限性に基づく「できない」であり、どんなに頑張ってもできない、という事態を指す。学齢期の「できない」という事態は、明日頑張ればできるようになるかもしれない事であり、限られた時間の出来事であることが多いかもしれないが、それでも、今現在は「できない」という事態に変わりはないだろう。
（5）矢野智司（2008）『贈与と交換の教育学』東京大学出版会。既存の社会的枠組みを突破する、もしくは崩すような存在は、場合によって狂人、変人と見做され嘲笑や侮蔑の対象とすらなる。それゆえ、ここでの教師とは、期待されているものを与える社会化の専門家としての教師とは異なり、見返りを求めることができないのであり、純粋に贈与するという関係しかとり得ない。
（6）20世紀を代表するアメリカの政治哲学者。「公正としての正義」という観点から社会構成原理を論じた『正義論』は政治哲学理論の金字塔となっている。
（7）カント、イマニュエル（1959）、（清水清訳）『人間学・教育学』玉川大学出版部、三三一―三三二頁。
（8）今日では、アマラとカマラについては、その記録の信憑性―例えば四つ足で走るなど―に疑問がなげかけられ、アヴェロンの野生児については、自閉症など何らかの障害を持っていたのではないかということが指摘され、教育の欠如が彼らの状況を生み出した原因の全てとする見方は、批判されてきている。

(9) 教育課程部会配布資料4「初等中等教育における当面の教育課程及び指導の充実・改善方策について 1新学習指導要領についての基本的な考え方」(http://www.mext.go.jp/b_menu/shingi/chukyo/chukyo3/004/siryo/attach/1388208.htm)

(10) 文部科学省「新学習指導要領のねらいの実現にむけて」(http://www.mext.go.jp/a_menu/shotou/gakuryoku/t_kaitei.pdf)

(11) 文部科学省『新学習指導要領について』(http://www.mext.go.jp/b_menu/shingi/chousa/shisetu/044/shiryo/__icsFiles/afieldfile/2018/07/09/1405957_003.pdf)

(12) 宮澤康人(2015)『〈教育関係〉の歴史人類学』学文社、二二一―二三一頁。

(13) Nussbaum, M.C.(2006). *Frontiers of Justice*. Cambridge: The Belknap Press of Harvard University Press, p. 159.(ヌスバウム、(2012)、(上島裕子訳)『正義のフロンティア』法政大学出版局、一八四頁)「ケイパビリティ・アプローチ」とは、ヌスバウムの提案している理論であるが、所得や財ではなく実質的な選択肢としての具現可能性(capability)という観点から不平等や貧困問題を捉えようとするものである。

(14) Ibid., p. 159(前掲書、一八四頁)
ヌスバウムは、私たちの生活を「本を読む」や「寝る」といった多様な「機能(function)」によって構成されているという見方をする。「真に人間的な機能」とは、人間を人間として特徴づけるような機能のことで、道徳的判断能力や思考といった理性的側面は、人間の特質の一部ではあるが、そのすべてではない、ということ。

(15) ヌスバウム（2010）（河野哲也監訳）『感情と法』慶應義塾大学出版会、一四九頁。キーワードは筆者の判断で変更している。

(16) Nussbaum（2006）, p. 160（前掲書、一八五頁）

(17) Nussbaum, M.C.（2004）'The Future of Feminist Liberalism', *Varieties of Feminist Liberalism,*（Edited by Amy R.Baehr）Rowman & Littlefield Publishers. p. 106.

(18) 人間らしくあるとはどのようなことであるのかは、時代や地域によって具体的な姿は異なるであろうし、それを定めること自体に、それに沿わない人間を非―人間的として排除したり沿うように強制するような傾向が生じうる。ヌスバウムは、リストの項目を個々人が自身の人生において実践するかどうかの自由が本人にあることを絶対条件とすることで、排斥的もしくは強制的暴力を回避しようとしつつ、継続的な議論の発端とするために下記のような十のリストを、人間らしい生を構成するものとして提示してみせている。

(1) 生命

正常な長さの人生を最後まで全うできること。

(2) 身体的健康

健康であること。適切な栄養を摂取できていること。適切な住居に住めること。

(3) 身体的保全

自由に移動できること。性的暴力、子どもに対する性的虐待、家庭内暴力を含む暴力の恐れがないこと。性的満足の機会および生殖に関する事柄の選択の機会を持つこと。

（4）感覚・想像力・思考
想像し、考え、そして判断が下せること。
（5）感情
自分自身の回りの物や人に対して愛情を持てること。
（6）実践理性
良き生活の構想を形作り、人生計画について批判的に熟考することができること。
（7）連帯
A　他の人々と一緒に、そしてそれらの人々のために生きることができること。
B　自尊心を持ち屈辱を受けることのない社会的基盤を持つこと。
（8）自然との共生
動物、植物、自然界に関心を持ち、それらと関わって生きること。
（9）遊び
笑い、遊び、レクリエーションを楽しめること。
（10）環境のコントロール
A政治的　自分の生活を左右する政治的選択に効果的に参加できること。
B物質的　形式的のみならず真の機会という意味でも、（土地と動産の双方の）資産を持つこと。

上記リストは、性別や国籍、宗教など多様な背景をもつ人々との一〇年以上におよぶ議論の中で形をなした。ヌスバウムによれば、例えば身体的保全などは「人間らしい生」において確かに必要なものだと誰しも認めるであろうが、識字能力や自然との関係などは議論の余地があり、人間の知識や判断は限界があることなどからこのリストは常に変更可能なものであるとする。またリスト内容をどう具体化していくかに関しては、それぞれの地域の信念や状況に合わせるべきであるし、いつの時代にも通じるものではなく現代を意図して構成されたものだとされている。Nussbaum, M.C.（2000）, *Women and Human Development*, Cambridge University Press, pp. 78-80.（ヌスバウム（2005）、（池本幸生他訳）、『女性と人間開発』岩波書店、九二—九五頁）

（19）ヌスバウムによれば、sympathy と compassion は、どちらも同じような意味を持つものとして18世紀の英文テキストで頻繁に使用されており、現在の著者たちもそれに倣い、この二つの言葉には殆ど概念上の区別がないという。しかし、sympathy よりも compassion の方が、その感情を寄せている相手の状況や感情自体が、より大きな苦境を示唆し、「強い感情を認めないように気をつけている人は、compassion を感じることを認めるよりも、sympathy を認めやすいであろう」（Nussbaum M.C.（2001）*Upheavals of Thought*, Cambridge University Press, 302.）との分析から、この二つの言葉に区別をつけ、compassion を重視している。また、他者の苦境に向けられる感情としては、pity（憐れみ）も類似の感情と思われる。しかしヌスバウムは、今日の pity という言葉には、「優越感」や「恩着せがましさ」が含まれてくるとの考えから、pity と compassion とは別様の感情であるとする。（Nussbaum M.C.（2013）, *Political Emotions*, The Belknap Press of Harvard University Press, p. 416.）

（20）Ibid., p. 142.

（21）Nussbaum, M.C.（1990）, *Love's Knowledge*, Oxford University Press, p. 388.

（22）Nussbaum（2013）, p. 144.

（23）Ibid., p. 3.

主要参考文献

イマニュエル・カント（1959）（清水清訳）『人間学・教育学』玉川大学出版部。

田中毎実編（2012）『教育人間学』東京大学出版会。

Nussbaum M.C.（1990）*Love's Knowledge*, Oxford University Press.

Nussbaum M.C.（2000）*Women and Human Development*, Cambridge University Press.（池本幸生他訳（2005）『女性と人間開発』岩波書店）

Nussbaum M.C.（2001）*Upheavals of Thought*, Cambridge University Press.

Nussbaum M.C.（2004）'The Future of Feminist Liberalism' *Varieties of Feminist Liberalism*,（Edited by Amy R.Baehr）Rowman & Littlefield Publishers.

Nussbaum M.C.（2006）*Frontiers of Justice*. The Belknap Press of Harvard University Press.（上島裕子訳（2012）『正義のフロンティア』法政大学出版局）

Nussbaum M.C.（2006）*Hiding from Humanity*, Princeton University Press.（河野哲也監訳（2010）『感情と法』慶應義塾大学出版会）

Nussbaum M.C.（2013）*Political Emotions*, The Belknap Press of Harvard University Press.

文部科学省『教育課程部会配布資料４　初等中等教育における当面の教育課程及び指導の充実・改善方策について　１新学習指導要領についての基本的な考え方』（http://www.mext.go.jp/b_menu/shingi/chukyo/chukyo3/004/siryo/attach/1388208.htm）

文部科学省『新学習指導要領のねらいの実現にむけて』（http://www.mext.go.jp/a_menu/shotou/gakuryoku/t_kaitei.pdf）

文部科学省『新学習指導要領について』(http://www.mext.go.jp/b_menu/shingi/chousa/shisetu/044/shiryo/__icsFiles/afieldfile/2018/07/09/1405957_003.pdf)
宮澤康人(2015)『〈教育関係〉の歴史人類学』学文社。
矢野智司(2000)『自己変容という物語―生成・贈与・教育(自己探求)』金子書房。
矢野智司(2008)『贈与と交換の教育学』東京大学出版会。

成蹊大学のノートテイク

澁谷智子

はじめに

ノートテイクとは、聴覚障がい学生のための情報保障の手段である。耳の聞こえない学生が大学の授業を受ける時には、高校までとは違った困難があると言われている。大学では、高校までのように決まった教科書に沿って授業が進むとは限らず、教員が複数の文献を使って自分の専門分野の話をすることもある。資料や映像やスライドを見ながらの授業や、大教室で大人数が受講する授業も珍しくない。基本的に目から情報を得ている聴覚障がい学生にとって、こうした状況で、教員の口元を目を凝らして見て内容を理解するのは難しい。一対一のコミュニケーションでは相手の唇を比較的読めるという人でも、教室の中で、長時間、先生の唇の形だけを見て意味を読み取っていくのは至難の業である。知らない言葉や専門的な用語が出てきた時には、そもそも読み取れない。資料やスライドを見ている時には、教員の口元を同時に見ることはできず、その間に話された情報は届かないものになってしまう。

聴覚障がい学生が大学において経験するこうした困難な状況をサポートするために行われるのが、音声情報を文字情報に変換して伝えるノートテイクという方法である。近年では、性能のよい音声認識ソフトも出てきているが、専門用語等を使う授業では機械の誤変換が多いこともあり、聴覚障がい学生の講義保障の主流となってきたのは、先生が発言した内容を人が聞いて文字を書く、またはパソコンで打ち込むという方法であった。音声で話された内容を文字に変換するこうした人々は、「ノートテイカー」と呼ばれる。

成蹊大学では、二〇〇九年に一人の聴覚障がい学生が経済学部に入学することになったのをきっかけに、その学生が授業をきちんと受けられるよう、教員や学生がサポートする体制が作られた。二〇一一年には文学部にも聴覚障がい学生が入学し、二〇一一～二〇一四年頃には、三〇人以上の学生がノートテイカーとして登録して、聴覚障がい学生が履修する授業一つにつき三人一組のノートテイカーチームがついてサポートする体制が整っていた。(1) しかし、その後、ノートテイク利用を希望する聴覚障がい学生が数年間いなかったことから、ノートテイカーの経験を持つ学生は皆卒業してしまい、そのノウハウの継承は途絶えてしまった。

筆者は、二〇一三～二〇一四年度にノートテイク支援教員という立場で成蹊大学のノートテイク制度に関わったが、ノートテイクのような技術は、それを必要とする人がいて、その必要性に応じて人が集まって体験が蓄積され、発展していくものである。そのため、ノートテイクを利用したいという学生がいない状態では、ノウハウだけを知識として伝えていくには限界がある。それはノートテイカーとなる学生だけでなく、ノートテイク制度に関わる教員や職員についても同様である。聴覚障がい学生が入学する学部の運営や履修に関する責任を負っている教員や職員、その学生が履修するゼミや授業の担当教員、障がい学生支援やボランティアをする学生支援にあたる部署の教員や職員などは、必要に迫られてノートテイクについて学び、その運用を試行錯誤しながら理解を深めていくが、その聴覚障がい学生が卒業し、教員や職員も退職したり異動したり組織の改変があったりする中では、その経験は充分に伝えられないまま、風化していってしまう。新たに聴覚障がい学生が入学したり、在籍途中でノートテイク利用の希望が出されたりしても、どこの部署の誰に情報と体験が蓄積されているのかはまとまった知識として共有されておらず、その都度、それぞれが持っている断片的な情報と経験をつなぎ合わせながら、試行錯誤が行われることになる。

この論文では、そうした現況を鑑み、成蹊大学におけるノートテイク制度の成り立ち、仕組み、運用の手順や方法などをまとめ、必要とする人が必要な時に情報を適宜参照できるようにすることを目指す。さらに、情報保障の方法や、ノートテイクが実際にどのような効用をあげているのかを、ノートテイクを利用する聴覚障がい学生（利用学生）やノートテイカー（ノートテイク支援学生）、教員等の語りから分析する。

インタビューは、ノートテイク制度創設に関わった教員二人、利用学生二人、ノートテイク支援学生二人、利用学生の指導教授二人（一人はノートテイク制度創設に関わった教員と同一人物）に実施し、それらを分析する中で見えてきたポイントに沿って論じる方法を取った。実施したインタビューの概要は表1の通りである。

各インタビューはICレコーダーに録音したが、AさんとBさんのインタビューは手話で行われたため、詳細なメモを取り、その記録を作成した。インタビューでの発言を論文で引用するにあたっては、その箇所を前後の文脈を含めて本人に提示し、必要に応じて修正するようにした。学生の立場でノートテイクに関わった人たちの表記はアルファベットにしたが、利用学生も支援学生もその経験の特質上、完全な匿名性は担保できないことをあらかじめ伝え、その了承を得た。教員三人については、本人の確認の上、実名で記述した。なお、本稿においては、「障害」の表記は、固有名詞を除いて「障がい」を用いることとする。

一　成蹊大学におけるノートテイク制度のはじまり

Aさんの入学確定

成蹊大学において初のノートテイク利用学生となったAさんは、推薦入試による入学である。Aさんの通っていた高校が成蹊大学の指定校推薦の対象校だった。Aさんの高校からは、聞こえない学生を推薦するにあたって夏頃に問い合わせがあり、成蹊大学では、当時の法学部長（西崎文子教授）と経済学部長（武藤恭彦教授）が、聞こえない学生であるという理由で推薦入試を受け

表1

インフォーマント	ノートテイクに関わった立場	概要	インタビュー実施日
Aさん	利用学生	2009年4月経済学部入学、2013年3月卒業。インタビューはBさんと合同で実施。	2019年8月25日
Bさん	利用学生	2011年4月文学部入学、2015年3月卒業。7月のインタビューは単独で、8月のインタビューはAさんと合同で実施。	2019年7月13日 8月25日
Cさん	ノートテイク支援学生	2011年4月から2014年3月まで（法学部2年生前期から卒業まで）ノートテイカーを務める。2013年9月～2014年3月にはパソコンノートテイクも行った。	2019年8月10日
Dさん	ノートテイク支援学生	2011年9月から2015年3月まで（理工学部1年生後期から卒業まで）ノートテイカーを務める。2013年9月～2015年3月にはパソコンノートテイクも行った。	2019年8月9日
武藤恭彦教授	教員	2008年度は経済学部長、2009年度は副学長。2013年3月に定年退職し、2013年4月から2016年3月までは特任教授として勤務。	2018年12月6日
中西寛子教授	教員	2009年度～2011年度（いずれも前期のみ）、Aさんの所属する演習授業の指導教授。2009年度～2012年度のノートテイク支援教員。2013年3月に退職。	2018年12月12日
見城武秀教授	教員	2011年度～2012年度はノートテイク統括教員。2013年度～2014年度はBさんのゼミの指導教授。	2019年9月3日

ることを拒まないという方針を明確にした。(2) 学長をはじめとして教員や職員もその方向で意思統一がなされ、Ａさんはその後経済学部の推薦入試を受けて合格した。

推薦入試を実施するということは、Ａさんの入学の可能性を充分に視野に入れたものであったため、入試の前後から聴覚障がい学生支援に関する情報収集が行われた。この時期、特に積極的に動いたのは、当時の経済学部長であった武藤恭彦教授である。大学などの高等教育機関で学ぶ聴覚障がい学生の支援を積極的に展開している日本聴覚障害学生高等教育支援ネットワーク（PEPNet-Japan）のウェブページでは、聴覚障がい学生支援に関する具体的な情報が紹介されており、成蹊大学では、このPEPNet-Japanが無償配布しているＤＶＤ「Access! 聴覚障害学生支援」を入手して、聴覚障がい学生を受け入れた大学はどのような準備をすればいいのかなどを学んだ。

Ａさんの入学が確定した後の二〇〇九年一二月一七日には、Ａさんと高校の先生に成蹊大学に来てもらい、実際にＡさんに、二〇〇人規模の授業と、一五〇人規模の授業を聴講してもらった。授業見学後、Ａさんと高校の先生、経済学部の教員三人、職員二人と話し合い、考えるべき点を洗い出した。

Ａさんの聴覚のレベルは「重度難聴」で、三〇センチくらいからの大声がやっと聞こえる程度である。「聞こえる」といっても、「音の有無がわかる」というレベルと、「何が話されたのか判別できる」レベルは違う。Ａさんが持参したＦＭマイクを教員につけてもらうと、教員の声を聞くことはできたが、教員が後ろ向きになって唇が見えない時には、Aさんは内容を聞きとることはできなかった。FMマイクは、教員の音声を集音して聴覚障がい学生の補聴器に送信する。教室のように、教員と学生の席が離れていたり周囲が多少騒がしかったりする場で教員がFMマイクを装着すると、マイクがない時に比べて教員の声は聞きやすくなるが、それでも、内容の理解には至らない場合もあった。この授業の中でAさんがノートを取ることができたのは、教員が板書したもののみだった。Aさんのこの授業体験を経て、成蹊大学では、ノートテイカーをつけるという支援の方向性が決まった。

授業後の話し合いにおいては、外国語や演習の授業などについても、高校の先生から、高校での試みに関する情報提供がなされた。Aさんは、CDプレイヤーやテープなどの機械音は全く聞き取ることができないので、高校では、リスニングの時には放送内容のスクリプト（文字に書いた資料）をAさんに渡して授業に参加してもらい、リスニング試験は別室で行って、評価も別基準としていた。また、演習の授業では、誰がいつしゃべるのかがはっきりしないということが、困難として経験されていた。

この話し合いでは、Aさんも自らの要望をあらかじめメモにまとめてくるなどして、自分にできることを行い、Aさんのコミュニケーション力や周囲への適応力は高いという印象を教員や職員は持った。この面談を受けて、成蹊大学におけるノートテイカーを養成すること、外国語のクラス分けは別途実施すること、履修指導を職員が行いAさんの履修希望科目をなるべく三月中に決めて担当教員に連絡すること、一年次演習担当教員が学習上の相談窓口となること、聴覚障がい学生への情報保障を行っている大学を見学することなどが決まった。

筑波技術大学の訪問視察

二〇〇九年一月九日には、日本聴覚障害学生高等教育支援ネットワーク（PEPNet-Japan）の事務局が置かれている筑波技術大学を武藤教授と職員四人で訪れ、事務局長である白澤麻弓准教授の話を聞き、実際に聴覚障がい学生が授業を受ける様子を見学した。ここでは、筑波技術大学は聴覚障がい学生のみを受け入れている大学であり、聞こえる学生の中に聞こえない学生がいる環境という意味では、近隣の筑波大学のほうが成蹊大学の状況に近いだろうとの説明があった。筑波大学においては、全学組織として障害学生支援室があり、聞こえる一般学生がノートテイカーとなって、聞こえない学生への情報保障を行っている。その際、聴覚障がい学生一人あたり二〇～三〇名程度のノートテイカーが必要になってくること、聴覚障がい学生（利用学生）とノートテイク支援学生が顔を合わせて打ち合わせをすることの重要性、ノートテイク支援学生の工夫が大学に届いている実感を支援学生たちが持てるようにすることが大切であることなどが情報として伝えられた。

こうした視察を経て、成蹊大学では、これはAさん個人に対するサポートというよりも、一般の学生にとっても関心を持つ良い機会であり、全学的課題として対応するのが重要との意見統一がなされた。ノートテイカーには謝金を支払う方向性も共有され、他大学の聴覚障がい学生支援などに照らしながら、一時間八〇〇円という基準が決まった。(3) そして、ノートテイクについての学生の関心を高めるために、全学的な「国際教養科目（二〇一〇年度からは「成蹊教養カリキュラム」）」の授業の一つとして「情報保障とボランティア」という授業が設定され、日本聴覚障害学生高等教育支援ネットワークから紹介された倉谷慶子氏が担当することになった。倉谷氏は、手話通訳士であり、高等教育における聴覚障がい学生への情報保障に長く携わってきた方である。

「情報保障とボランティア」の授業は、二〇一九年現在も水曜二限に行われており、六〇人の学生が履修している。この授業では、聴覚障がいだけでなく、さまざまな障がいのある学生が授業に「参加」できるようにするために、必要な支援方法について、体験を交えながら紹介している。二〇一九年度のシラバスでは、授業の到達目標として、「障がい学生にとって学びやすい環境は、一般学生にとっても学びやすい環境だといえる。体験を通してコミュニケーションの大切さを実感し、さらに学んだ支援方法を、授業期間を問わず、またキャンパスの内外や卒業後の地域・職業生活で活用できることを目標とする」と書かれている。成蹊大学のノートテイク制度にとって、この授業は、受講した学生がノートテイカーとなったり、ノートテイク支援をしていた学生が授業を取って理解を深めたりするなど、ノートテイク実践に伴う知識提供の場として大きな役割を果たしてきた。

ノートテイカーの募集とオリエンテーション

二〇〇九年二月には、一般学生を対象として、ノートテイカー募集の呼びかけが行われた。経済学部長の武藤教授が学内のノートテイク運営の仕組みを作ったのに対し、聴覚障がい学生をサポートして動く学生のネットワーク作りを中心的に担ったのが、経済学部の中西寛子教授である。武藤学部長の依頼を受け、中西教授は情報保障について調べ、自らが担当していた「情報分析プログラム」の学生、環境委員会「桃球」の部員に呼びかけ、さらに、学内のモニターでノートテイカー募集の掲示を行った。

二月末には、ノートテイクをしてもよいという学生を対象として、ノートテイク講習会が行われた。倉谷氏と聴覚障がい者一〜二人が講師となって、情報保障とは何か、ノートテイクの書き方などについて説明し、実際に成蹊大学の教員（日本史の大町健教授）が授業をして、学生たちがノートテイクを行った。この講習会には、Aさんも参加した。

中西：たった一回の講習会でしたけれども、彼ら、できるようになりましてね。（中略）あれはびっくりですね。若い人たちはすばらしい。（中略）所謂ノートを取るのではなくて、先生がお話されるのを（逐一）取らなくてはいけないということで、大町先生に最初の授業をして頂いた（中略）。プリントをわざわざ作って頂いて、途中で先生が何か間違えた時に、「あ、間違えた！」とかおっしゃったことも、ちゃんとみんな書いていて（笑）。で、通じたかってAさんに聞いたら、「通じました。おもしろかったです」って言ってましたね。

ノートテイク講習会を受講した学生には、新学期の自分の履修を決めた上で、何曜日の何限ならノートテイクをすることが可能かを四月上旬に出してもらうことになった。講習会に来られなかった人にも、フォローアップが行われた。

三月末のオリエンテーション期間中には、中西ゼミの学生二人がサポート要員となり、Aさんの履修の相談にのった。

中西：「「誰が仏ですか、誰が鬼ですか」というのは私には聞けないかもしれないけど、「あの、こんなの興味あるんですけど」という時にサポートして」というふうに（ゼミ生に）頼んだんですよね。（中略）（Aさんには）「オリエンテーション期間中は、何かあった時にはこの二人に連絡をして下さい」と。

図書館オリエンテーションなども、この学生二人[4]が行い、食事の場所や何がどこにあるかなど、勉強以外の学生生活に関すること全般を案内した。

教員に対しても、中西教授はAさんが前期に履修する授業の担当教員に集まってもらい、Aさんを紹介して、しゃべり方などを練習した。また、黒板の書き方や、後ろを向いてしゃべらないようにするなどの注意が促された。

二　ノートテイクの実際

ノートテイク講習会とキックオフミーティング

現在の成蹊大学では、ノートテイク利用の希望が出されている時も出されていない時も、ボランティア支援センターが中心となって年に一～二回ノートテイク講習会を実施し[(5)]、ノートテイクに関心のある学生を募集している。こうした講習会の案内は、学内の掲示板やポータルサイトに掲載されるほか、聴覚障がい学生の在籍する学部や福祉関連の授業などを通して配布される。

二時間ほどの講習会では、参加した学生は、ノートテイクは自分の授業とは重ならない時間に行うこと、ノートテイクの上限は一日二コマ週四コマまでであること、九〇分の授業のノートテイクを原則二名が交代で行うこと、緊急時の連絡方法などのルールを学ぶ。そして、教員が読み上げる授業の文言を自分なりの方法で書いてみて、自分の書いたものと、過去のノートテイカーが作成した見本とを比べながら、実際のノートテイクをするにあたっての技術を教えてもらう。たとえば、ノートは一行おきに大きな字ではっきり書く、画数の多い漢字はカタカナで書く、授業でよく出てくる言葉は略字で書く（たとえば、成蹊大学を㋝で表すなど）、繰り返し出てくる言葉は矢印を使って表すといった技術である。

講習会後には登録と活動可能時間調査が行われ、その後、誰がどの授業に入るかなどの配置が決められる。そして、授業開始日の前に学生サポートセンターによってキックオフミーティングが行われる。このキックオフミーティングでは、授業での具体的なノートテイクについての説明がなされる。ノートテイカーは授業五分前には教務部にノートテイク用具を取りに行って出勤簿にハンコを押し、利用学生と待ち合わせて席を決め、その授業でよく使われる言葉の略字を利用学生と打ち合わせる。そして、二人のノートテイカーのどちらが奇数ページを担当し、どちらが偶数ページを担当するかを決める。授業中、自分の担当ページの時には、聞いた音をなるべく読みやすい字で書くことに集中し、相手の担当ページの時には、授業を聞いて、要点をメモしたり、プリントや教科書の該当箇所を指でさしたりなどの作業を行う（次ページの資料参照）。教員や利用学生の都合でノートテイクが不要になった時には、教室を退出して教務部に報告する。こうした説明を受けて、授業でのノートテイクが始まる。

授業を聞き取るということ

それでは、実際に授業に入ったノートテイカーたちは、具体的にどのような体験をするのだろうか。ノートテイカーのDさんは、教員がレジュメ通りには話さないことを実感し、その時に、周りの学生の反応も伝えようと工夫した。

筆者：やってみて、まず一番に感じたことは？

1ページ目 表のみほん

NO. 1 ← ページ数を記入する。

アジア＝㋐　政治＝㋝
授業＝(ジ)

← 授業前にその日の略字を打合せ、右上に記入。途中で新たに作った場合は、作ったページの右上に記入。

DATE 9/27(木)・4限 アジア政治社会論IB

（月付を記入 必ず全てのページに記入すること。）（時限、できれば授業名も記入。1ページ目のみでよい。）

一行おきに書くこと。

→ えーとみなさんこんにちは。㋐㋝社会論のIBという

→ ことですね。すこし早く終わりますけども、レジュメ一枚ずつ回り

→ ますので取って下さい。えーと ＿＿＿ みなさん行きましたか！

もらってない人いたら手挙げて下さい。おくれた人がとれるよう

にしといて下さい。それでは ＿＿＿ が行きましたよね。

この(ジ)ではですね、戦後東アジアの国際環境、

ということでお話します。＿＿＿ がどう

かわってきたのか、日中関係、国境問題、詳しくは

Webのシラバスをかくにんして下さい。成績のつけ方

なんですけど、レポートの方はみなさんに読んでもらった

⇒ 方がいいというのがあった場合レポートにします。レポート

ふくんで3割。基本的には学期末の試験。＿＿＿ に

ふさわしい本がなかった場合には ＿＿＿ で100%にします。

最後の二行目に入ったらもう一人のテープも書き始める。

2ページ目裏のみほん

アジ政ⅠB

- 戦後東アジアの国際環境がどう変わってきたのか
- 日中関係
- 国境問題

〈評価〉

○レポート … 3割
（本を読んで）

○期末試験 … 7割

↳ 先生がみんなに読ませたい本がない時　期末試験 …10割

D：結構先生が勢いで話しちゃうので。レジュメを追うようにしゃべると思ったら、急に脱線してって。余談が長過ぎて。状況を伝えるためには、みたいな。

筆者：そうだね。本当におっしゃるとおり。

D：余談のときにその盛り上がった状態とかを、そのノートテイクの「（笑）」とか、ネットスラングの「ｗｗｗ」という表現書くとか、そういうのを学び。あと、ザワザワとか。

筆者：ザワザワわかるよね。（Bさんの）反応は？

D：反応は何か「うふふふ」っていう。（笑）

ユーモアを込めたDさんの表現に対し、利用学生のBさんも笑って反応している。法学部のCさんは、ノートテイクを始めたばかりの二年生の前期に、当時三年生だったAさんの経済学部の授業を先輩ノートテイカーと共に担当し、専門的な授業を聞き取るのは難しいと感じた。

筆者：聞き取れる？　専門の経済の。

C：いや、何か難しくて。しかも始めたばかりだったので、もうほんとにカタカナでいっぱい、とにかく聞こえた言葉を書いてくみたいな感じで。

（中略）

全くその分野知らないで入ると、ちょっと何の話なのかっていうのが難しかった面はあります。

ノートテイカーがどの程度内容を聞き取れて書けるかは、ノートテイカーとしての経験の長さやノートテイカー自身の学年、授業の内容などによって変わってくることがうかがえる。しかし、Cさんは、初めの半期で、だんだんと、授業の聞き方がわかってきたという。

C：その講義に立たれる先生がどういう話をどうするか、どういう速度で、大事なことをどんなふうにおっしゃるかっていう感覚とか、そういうのがだんだん、やっぱその前期の、半期の授業でわかってくるようになったり。

（中略）その微妙な言葉のニュアンスまでは追い付けなくて書けなくても、先生がどういう雰囲気で言ったとかで、聞こえてる分には、「あ、これが大事なんだな」っていうのが判断できたり。「ここはテストに出すつもりなのかな」みたいなことも。やっぱりそこをちゃんと取って、下線を引いたりとかして、そこはちゃんと聞き漏らさないように書いてかないと、みたいなのが、だんだんわかるようになってきたかと思います。

Cさんは、ノートテイクをする授業は、自分が受けた講義よりも真剣にその一言一句を聞いた。「私ともう一人が書かない限り伝わらないっていうか、その情報が入らないかもしれないので、やっぱりすごい真剣に聞きました」。Cさんのように、ノートテイクをする中で、授業を聞く力や内容をまとめる力が付いていくという実感は、割と多くのノートテイカーが持つ感覚のようである。

ノートテイク付きで授業に出るということ

では、ノートテイクを利用する聴覚障がい学生の側からは、ノートテイクのある授業はどのようなものとして受け止められるのだろうか。

授業で座る席は利用学生が決めることになるが、それでも前方中央に両脇をノートテイカーに挟まれた状態で座るのは、かなり目立つ。聴覚障がい学生の中には、このように目立つことを懸念し、もっと目立たない状態で情報保障が受けられることを望む人もいる。Bさんはこの点について、次のように語った。

B：ノートテイクは目立つ。でも、これがないと授業を受けられないから、仕方がない。わかりやすいほうがいい。ノートテイクは目立つけれど、それは、先生に対してアピールにもなる。先生は、「あ、いる」と意識して、話し方を気をつけてくれる。いると意識しているのといないと思っているのとでは、先生の授業の進め方が違う。

Bさんは、授業をわかりやすく受けるために目立つのは仕方がないと割り切っていた。さらにBさんの語りからは、聴覚障がい学生がいるということを視覚的に見える化するノートテイクがあることで、教員も意識的に配慮をしてくれたことがわかる。

毎週の授業でノートテイカーと一緒に座るということは、利用学生とノートテイク支援学生の交流も進めていた。利用学生とノートテイク支援学生は、準備のために早めに教室に行き、その日のノートを書く際の略字記号などを打ち合わせる。その後、先生が教室に来るまでのちょっとした時間におしゃべりもした。

B：ノートテイクの人達は隣に座っているから、そうしたやり取りができた。教室に先生が来るまでの時間のたわいもない話。

A：ノートテイク学生は、普通の友達よりは聞こえないことに対して理解があるので、ゆっくり話してくれる。だから、くだらない話ができる時間があるのが嬉しい。

Aさんは、ノートテイクの場では、ノートテイカー二人と自分を含めた三人で話せるというのが新鮮だったと語った。一般の友達が二人以上集まってAさんが聞こえないことを忘れて話してしまう時には、Aさんは内容についていけなくなり、少し寂しい部分があったが、ノートテイク学生は自分に合わせて話してくれる。相手に合わせるのが当然の一対一の会話ではなく、三人で話せるということ自体が、Aさんにとっては驚きだった。

三　手書きのノートテイクとパソコンノートテイク

情報保障の方法

この節では、手書きのノートテイク以外の情報保障について考えていきたい。東京大学バリアフリー支援室のホームページでは、聴覚障がいのある学生への支援メニューが以下のように紹介されている。

■パソコンテイク

二名のパソコンテイカーが、授業中の音情報をパソコンに連携入力して伝えます。パソコンテイク専用のソフトを使用します。

■ノートテイク

二名のノートテイカーが交代しながら、授業中の音情報をルーズリーフに書き取って伝えます。

■ノート作成

手話通訳を見ていたり、聞くことに集中したりしていてノートを取れない場合に、サポートスタッフが代わりにノートを作成します。

■手話通訳

授業中の音情報を手話通訳者が手話に同時通訳して伝えます。また必要に応じて、手話を読み取り、音声に同時通訳します。

■字幕挿入

授業で字幕のない映像教材を使用する場合に、映像教材を事前に入手してサポートスタッフが文字起こしと字幕挿入を行います。字幕挿入が間に合わない場合には、文字起こししたものを文字データとして提供します。(6)

このうち、「ノート作成」はノートを書くことができない学生の記録のサポート、(7)「字幕挿入」は映像教材に事前に字幕をつけるものであり、普段の授業における音声情報のリアルタイムのインプットという点で見るなら、高等教育機関において主に行われてきた手段は、①パソコンノートテイク、②(手書きの)ノートテイク、③手話通訳の三つであると言える。

成蹊大学において、一般的に行われてきたノートテイクは②の方法である。ただし、二〇一三年度後期から二〇一四年度の一年半に限っては、文学部に在籍した利用学生Bさんの卒論執筆ゼミにおいて、①のパソコンノートテイクが実施された。これは、Bさんの卒論執筆ゼミの担当が見城武秀教授であり、見城教授がそれ以前の二〇一一〜二〇一二年度にわたってノートテイク統括教員を務めて情報保障に関する知識を深めていたことが影響している。Bさんは一年生の時に見城教授の講義も取っていたため、見城教授は授業を担当する教員の立場でもノートテイクを経験し、意識的に話すスピードを落としたり、文字で伝えられることは文字にしたりするなど、試行錯誤をしていた。その中で、手書きのノートテイクはスピードの面で限界があると感じ、パソコンノートテイクというものがあると知って、「情報保障とボランティア」の授業を担当する倉谷氏に相談していたのである。

二〇一二年九月八日には、明治大学のパソコンノートテイク講座に見城教授自ら参加し、パソコンノートテイクを一通り体験して、やはり情報量はパソコンのほうが多いと認識した。二〇一二年一一月にゼミ登録の結果二〇一三年四月からBさんが見城ゼミの所属になることが決まると、見城教授は本格的にパソコンノートテイク導入に向けて動き出した。二〇一三年夏の見城ゼミの合宿は、（手書き）ノートテイカーも参加する形で行われ、二〇一三年九月二〇日には、成蹊大学において、関東聴覚障害学生サポートセンターの岡田孝和氏が講師となって、パソコンノートテイク講習会が実施された。これまで成蹊大学でノートテイカーをしてきた学生の中でパソコンノートテイクに関心のある人たちがこの講習会を受講し、後期からは見城ゼミにおいて実際にパソコンノートテイクが行われた。

パソコンノートテイクは、二人いるノートテイカーと利用学生がそれぞれにパソコンを持ち、IPtalk（アイピートーク）などの要約筆記用のソフトウェアをダウンロードして、それらのパソコンをハブもしくはWi-Fiなどでつないで行う。ノートテイカーが使うパソコンは作業者用PCと呼ばれ、それぞれのパソコンでは、ノートテイカー（1）とノートテイカー（2）が、それぞれ今どこの部分の文字を打っているのかがお互いに見えるようになっている。利用学生が使う閲覧用ＰＣでは、それらが合わさった文章がチャット画面のように映し出され、利用学生は、自分の見やすいように文字の大きさなどを調整して、その画面を見ることができる。

こうしたパソコンノートテイクの長所とされているのは、その情報量の多さである。『聴覚障害学生サポートガイドブック』では、パソコンノートテイクが伝達できる情報量を以下のように説明している。

> 入力する人のタイピング技術にもよりますが、一般的に言って、手元を見ないで入力する「タッチタイピング」を習得すると、一分間あたり、一二〇字から、速い人の場合は一八〇字ぐらいのスピードで話しことばを入力可能です。したがって、話す速度によって異なりますが、おおまかに言って話しことばの三割から七割、熟練した入力者同士が連係入力を行った場合は約八割の情報を伝達することが可能です。（斎藤・白澤・徳田 2002: 44）

ノートテイカーの入力技術に左右されるところはあるものの、一分間に七〇～八〇字書くのが普通とされる手書きのノートテイクに比べれば、伝達できる情報量が格段に上がることがわかる。学生間での議論が中心となるゼミにおいて、見城教授がパソコンノートテイクの導入に踏み切ったのは、この情報量の差によるところが大きかった。

ノートテイク支援学生から見たパソコンノートテイク

見城ゼミにおいて、手書きノートテイクとパソコンノートテイクの両方を経験したDさんは、以下のように語っている。

Ｄ：やっぱゼミになってすごく楽だなと思いました、ＰＣノートテイクは。
筆者：どうして？　間に合うから？
Ｄ：そうですね。何というか、どうしてもディスカッションになってしまうと、書き込みが追い付かなくなってしまうというのと。あと、ディスカッションって良くも悪くも思ったことを発言するので、まとまってない状態の言葉がずっと流れるわけじゃないですか。
筆者：そりゃそうだよね。
Ｄ：それを、いざノートに書き出すと、「これは何だ？」で、聞いているうちわかんないし。（中略）要約をしようとすると、ディスカッションって生の言葉が大事なので、その生の言葉を尊重するためには、どこまで要約すればいいのかわからないという混乱した結果、うまく書けなくなるという。キーボード入力だったら、まだ入力が追い付くので、ゼミの発言の再現度は高いだろうと、そのほうが。

Dさんの発言では、手書きのノートテイクでは書くペースがゼミのディスカッションに追いつかないことに加え、まとまっていない状態の言葉がずっと流れる学生同士のディスカッションを要約すること自体が難しく、何をどう要約していいかわからないこと、パソコンノートテイクでは、とりあえず入力が追い付くのでまとまっていない言葉をまとまっていないまま再現することが可能であり、結果として「すごく楽」と感じたことが示されている。さらに、発言者が複数出てくるゼミでは、誰の発言かという情報を伝えることも重要だった。

D：結構ショートカットキーを使えるので。ゼミだと誰が誰っていうのはわかるので。座席表とかでも用意していただいて。発言者とかの名前をあらかじめ決めちゃうとか。
筆者：もう登録しとくっていうこと？
D：そうですね。（中略）一応、ゼミで「こう努力してくださいね」っていうルール決めで「発言する前に名乗ってください」みたいな。それで挙手制にすれば、利用学生も目で見て、「あ、今しゃべってるな」とか「これからしゃべるな」というのが（わかる）。ゼミになるとそういう協力を得るというのは、大事かもしれないです。

Dさんは、聴覚障がい学生に内容が伝わるためには、ただノートテイクがつくというだけでなく、発言する側のそうした協力も欠かせないと感じていた。

Dさんと同様に見城ゼミのノートテイクを担当したCさんは、情報量については圧倒的にパソコンノートテイクのほうが上であることを認めながらも、パソコンでは基本的に音声情報がそのまま文字になるだけで、情報の強弱が付くわけではないという点を指摘する。

C：やっぱゼミみたいな、みんながわーっとしゃべっていって、特にそれが「ここが重要」とか「テストに出る」とかでもない場合は、パソコンのほうが圧倒的にたくさんのこと伝えられるので、リアルタイムに伝えられるのでいいのかなって思うんですけど。ただその、聞きながら「ここだな」みたいなところを書いていくという意味では、パソコン上に打っちゃうと特にそこに強弱が付くわけじゃないので。そういう意味では、手書きのほうが、講義的な授業に関しては。

Cさんは、ゼミのように生の発言をリアルタイムで伝える上ではパソコンのほうが良いが、講義的な授業に関しては、手書きのほうが「ここだな」といった密度の濃い要約をすることができ、結果として教員の言いたいことに近い内容が書かれると感じていた。さらに、Cさんは、全体の把握という面でも、手書きのノートテイクのほうが見渡せるという印象を持っていた。前節で見た通り、手書きのノートテイクでは二人のノートテイカーは奇数ページと偶数ページという担当を決めて書いていくので、担当ページを書いていない時は、全体の流れを確認して重要な点を補足的に書いたり、プリントや教科書の該当箇所を指し示す作業をすることができる。しかし、パソコンノートテイクでは、二人のノートテイカーは連係してより多くの情報を打ち込むために、どちらも聞こえた言葉を全力で入力し続けなくてはいけない。

C：（パソコンテイクは）もうほとんどお互いずっと打ち続けてるみたいになっちゃうので、全体をちょっと聞いてフォローするっていう瞬間が、最初から最後までほとんどないので。ちょっと違います。聞くという意味では一緒なんですけど。（中略）（手書きのほうは）自分のノートの番じゃないときは、全体をちょっと引いて聞きながら指し示しつつ全体の話を聞けますけど。（中略）全体を聞いて「ああ、ここが大事なんだな」とかが、こう。言葉をただひたすら書くっていうよりも。だから、逆に、休みのもう一人も結構重要な役割をしてるなと思いながら。

Cさんは、何が話されたかを全体的に聞いてポイントを理解する、という意味では、二人とも聞いた音声をただただ文字にして打ち込むパソコンノートテイクよりも、手書きのノートテイクのほうがやりやすいと感じていた。

情報保障を利用する側から見たパソコンノートテイク

利用学生として手書きとパソコンのノートテイクを両方経験したBさんも、必ずしもパソコンのほうが良いというわけでもなく、紙のほうがわかりやすい時もある、と語った。紙では、プリントの図などに線を引っ張って書き込みをしたり、要点に下線を引いたり○印をつけたりすることもできるが、パソコンは、基本的に打ち込んだ文章がすべてで、利用学生は、濃淡のない大量の情報を追っていくことになる。

それでも、もし、①パソコンノートテイク、②（手書きの）ノートテイク、③手話通訳のうちどれかを選ぶことになったら、という話になった時には、AさんもBさんも「パソコンノートテイク」と即答した。

B：三つの情報保障の方法のそれぞれに良い面と悪い面があり、一番バランスが良いのはパソコンノートテイクだと思う。

AさんとBさんが二人で話し合いながら、パソコンノートテイクのメリットとして挙げたのは、以下の五点である。

①情報の量が多い

②リアルタイムでも情報を見て整理できる。流れを確認しないと理解できないということは多く、その場でもう一度さかのぼって見られるのはありがたい。
③情報が残るので、後で見ることができる。
④情報が読みやすい。手書きのノートテイクだと、字が読めないこともある。
⑤自分でもノートを書く時間が持てる。

①は既にふれた内容であるため、以下では②から⑤を解説したい。②については、パソコンノートテイクの場合、利用学生は自分のパソコンを使って、自分のペースで必要に応じて流れをさかのぼって見直すことができる。音声のトーンがない文字情報は、流れを確認してようやく意味がわかるということも多々あり、Bさんは、画面のフォントを小さく設定することで、見やすさを犠牲にしても画面により多くの情報が残るように工夫していた。「パソコンノートテイクを見る時のモニターは、フォントを小さめに設定して、画面に見える情報量を増やしている。情報が画面上に残る時間を多くすることで、流れの確認ができる」。③は、残った情報を後から見て確認できるという利点である。④については、AさんもBさんもほとんどのノートテイカーの字はきれいだと言っていたが、それでも、手書きの場合には、文字が読みにくいということもたまにあるようだった。⑤は、自分のノートを書く間に見そびれてしまった情報を、もう一度戻って見られるということを意味している。聴覚障がい学生の場合は、聞きながら書くということができ

ず、〝見る〟と〝書く〟を両立させるのが難しい。ノートを書くために下を向いてその間に逃してしまった情報も、パソコンノートテイクなら、画面にたまっていて、ノートを書いてからそれ見ることも可能なのである。

手話通訳による情報保障については、BさんとAさんは以下のように語った。

B：手話通訳はゼミに向いていると思う。リアルタイムで会話の雰囲気を伝えられるから。三つの方法を選べるならば、ゼミには手話通訳をつけるとスムーズだと思う。ゼミでの学生の会話は、講義のように専門用語がたくさん出てくるというより、生活に近い言葉を使う。そういう意味で、ゼミには手話通訳が便利だと思う。
でも、講義を手話通訳でやると、「今の日本語何？」と混乱する。初めて学ぶことについては、もともとのその言葉も知らない。聞いたままを文字化してくれるパソコンノートテイクがいい。
あと、手話通訳は、見ながらノートを書くということができない。手話をずっと見なくてはいけないので、ノートを取ろうと下を向くと、その間に手話で表現されたことは見落としてしまう。パソコンの場合は、ノートを取っていても、後から情報を読んで追うことができる。手話通訳の場合は、手話と日本語の変換に頭が忙しすぎて、自分の考えをまとめられない。

Ａ：情報についていくことに必死で、自分の考えを持つ余裕がないよね。「質問は？」と言われると、「あ、待って…」という感じになる。パソコンノートテイクは、情報が残るし、情報を整理して認識できるし、流れを見られるのがいい。

講義のように、専門用語を使って新しい言葉を学ぶ場では、日本語を聞いたまま文字化してくれるパソコンノートテイクが便利で、それはノートを取ることや自分の考えをまとめることとも両立が可能であること、ゼミのように学生同士が普段の言葉を使って考えたことを言い合う場では会話の雰囲気をリアルに伝えられる手話通訳が良いが、ノートは取りにくいことなどが、ここでは指摘されている。

四　大学におけるノートテイクの効果

利用学生の立場から

利用学生の立場から見て、ノートテイクはどういう効果があったかという質問に対し、Ａさんは次のように語った。

Ａ：自分の力ではアクセスできない情報を得ることができた。授業についていくことができたのは、ノートテイクがいたおかげ。先生、生徒のたわいない雑談を知ることができたのは嬉しかった。

教科書を頼りに勉強していた高校の授業とは違い、大学の授業は自力では充分に情報を理解することができなかっただろうとAさんは感じており、ノートテイクがあったおかげで、その授業についていくことができたと感謝していた。Bさんは、ノートテイクがあることで、大教室の授業にも挑戦できたと語った。

B：情報保障がなければ、そもそも大教室での講義を受ける気にならない。それなら「九〇分自分の好きな本を読んだ方がいい」となる。（中略）できるだけ情報がもらえるというのは、「授業をうけてみよう」「やってみよう」という積極性につながる。

まわりの雑音も多く先生との物理的距離もある大教室での授業は聴覚障がい学生にとって敷居が高く、ノートテイクがない状態では、独学で本を読むほうを選びがちである。しかし、できるだけ情報をもらえるように大学が配慮してくれたことで、知らないことを学ぶために大教室の授業にもチャレンジしてみる気持ちが芽生えたとBさんは語った。

さらに、インタビューの中でAさんとBさんが強調したのは、ノートテイクがあることで、授業の中で教員が言っている雑談を知ることができたという点である。

Ａ：雑談は大事。この先生はこういう性格なんだというのが、雑談の中からわかる。

Ｂ：そういうのがあると、ほっこりした気持ちになるよね。

Ａ：うん、ほっこりする。それまでは、まじめに授業を受けるということしか考えていなかった。（ノートテイクがあるおかげで）みんなが笑っている理由を知ることができる。それまでの自分は、おもしろい話を全然知らないままだった。

Ａさん、Ｂさんの話からは、ノートテイクがあることで、授業で教員が教えてくれる内容だけでなく、教員の人柄やまわりの雰囲気までも知ることができ、そのこと自体に感動したこと、それが卒業して四～六年経った今でも嬉しかった経験として残っていることがうかがえる。

さらに、Ａさんは、ノートテイクは幅広い人との出会いをもたらしたと感じていた。

Ａ：他の学部や学年の違う人ともやり取りをすることができた。就活の話もちょっと聞けるとか。普通の自分の活動範囲では出会えない人たちに出会える。

このように、ノートテイクによって、学年や学部を越えたやり取りが生まれ、それが自分の活動範囲を広げたと利用学生は感じていた。

ノートテイク支援学生の立場から

他学部や他学年と交流する楽しさについては、ノートテイク支援学生からも語られた。

C：やってて楽しかったのもありますし。だんだんノートテイクの、何年生のときだったかな、三年生で（ノートテイク）代表やっていたときにか、お昼をノートテイカー全員で食べようみたいな会を隔週ぐらいでやってたんですけど。そういうつながりとかもできて楽しかったです。（中略）やっぱりこの学部とか学年を越えた友人ができるという。（中略）すごい刺激になりました。

Cさんは、三年生の終わりぐらいになると就職活動などもあって学部の友達とはゼミが一緒の子以外会わなくなってくる中で、ノートテイカーのほうは、お昼やノートテイク関連行事の時に会えて、それが大学時代のいい交流になったと感じていた。理工学部だったDさんは、文学部のBさんのノートテイクをすることを通じて、「何か女の子の接し方、わかりました」と冗談っぽく語った。

さらに、CさんとDさんが共通して挙げたのは、自分の学部とは違う授業を受けられたことである。

D：文系のゼミも受けられたというのが、すごい良かったなっていう。自分が理系だったので。いつも数字しか見てなくて。（中略）見城先生のゼミがすごい面白かったんですよね。テーマがとても自由なんですけれども。文化とかテレビとか、身近なものからアプローチしていくっていう内容がすごい好きで。自分が写真をやってるっていうのもあって、何かそういう表現、表現の方法を知るための何かヒントになったのかなっていうメリットはありました。

法学部だったCさんも、Bさんのノートテイクがきっかけで文学部の授業にふれ、自分でも文学部の授業を履修したと語る。

C：最初はもうすごい専門の話だったら全然もうわかんないだろうなと思ってたんですけど、Bさんのを聞いて、その文学部自体にちょっと心の障壁が低くなってきたので、ちょっと興味があるやつは取ってみようと思って、他学部履修で「日本語の成り立ち」みたいなやつを取ってました。

大学という場所でノートテイクをすることは、活動を続けやすく、金銭的にも知識欲的にも満たされたという意見も出た。

D：自分は四年になって卒研があって、大学に行かざるを得ないときがあって、なかなかアルバイトもできなかったので、ちょっと足しになって、すごい良かったですね。（中略）授業一本で一四〇〇、一五〇〇円ぐらいですか。月、週二本持ってれば、ざっくり一万円になるので。しかも学内にいるから。かつ知識を汲む、満たせるという。何かとてもいい話かなと思いますけどね。

C：放課後の時間とか夜の時間帯とかのそういう活動だったら、ちょっと参加難しかったかもしれないですけど。別に大学の普段コマがある時間の空いてるところって感じだったので。参加しやすかったし、続けやすかったかなって思います。

さらに、視野の広がりについても触れられた。Dさんには視覚障がいの弟がいるが、ノートテイクで聴覚障がい学生と関わったことで支援の仕方の違いを実感し、「〝障がい者〟って大枠にくくりすぎなんだな」と思うようになった。

D：最近だとこの前の選挙で、れいわ新選組みたいな重度障がい者が議席を取るという。何か時代も変わったんだなっていう。そういう社会福祉の話題に結構耳が敏感になったという気がします。（中略）今でも疑念に思うのは、何か例えば目が見えないレイ・チャールズとか音楽家は、その音に対してのセンスが優れるとか言われますけど、何か障がい者にするとちょっと美談に感じすぎなのかな。もっと一般的な普通の人はいるし。そのための支援が必要っていう。

Dさんは、障がい者を〝美談〟にしすぎず、〝もっと一般的な普通の人〟にも目を向けて、そのための支援をしていく必要性を指摘する。Cさんは、ノートテイクをすることで、コミュニケーションのあり方を意識するようになった。

C：天照大神とかそういう昔の神様がわーっと出てくる（授業の）ときに、その先生は割合ゆっくりしゃべってくださったりしたんですけど、もう初めて聞くような「何とかのミコト」みたいな神様が山ほど出てくるような授業のときに、ほんとに言ってることはわかるんだけど手が回らないみたいなことがあったので、その印象もすごく強くて。やっぱりどんなにゆっくり話しても、知らない単語を相手に伝えたいときは、ちゃんともう一個別でプリントを用意するとか、それだけ黒板に書き出す、漢字で書き出すとか、そういうの仕事上でもしないと、いくらその単語をゆっくりはっきり明瞭な発音で言ってくれても、ちょっとイメージが、イメージっていうか全くわかんないみたいなときもあるんだなっていうのは、参考になりました。

この体験を通して、Cさんは、どんなにゆっくり明瞭な発音で話しても、知らない単語は相手には残らないことがあり、それは文字情報としてプリントにしたり黒板に書き出したりするなどの工夫が必要なことを実感している。そして、聞こえる・聞こえないにかかわらず、仕事上でも、相手の知らないことを相手に伝えたいときは、そうした工夫が必要になってくると考えた。また、ノートテイカーとして入った授業のグループワークの時に、ほんのちょっとのことでコミュニケーションが劇的に伝わるのに、と思う経験もした。

C：このしゃべっている残りの四人がちょっとBさんのほうをほんのあと一五度でも向いてしゃべってくれれば、ちゃんとBさん見てわかるのに、その僅かな、僅かほんのちょっとなんだけど、この向いてくれないみたいなときに。（中略）そのちょっとがわからなかったり知らなかったりすると、全然伝わってないなとかって、そういうことが気付けたのが、ノートテイク、聴覚に障がいがある人とだけじゃなくて、社会の中でもそのほんのちょっとが自分がわからないから、わかったらもっとコミュニケーションできたりすることってあるかなっていうのが、すごい印象に残ってます。

ノートテイクをした学生にとって、ノートテイクは、交友関係や勉強する内容の広がり、新たな気付きを得る機会にもなっていたことがうかがえる。

教員の立場から

教員にとっては、ノートテイクは、自分の授業を見返す機会になっていた。ノートテイク導入にあたり教員への説明会を行った中西教授は、最初は教員たちは授業でさまざまな配慮をすることに「え」という感じだったが、最終的には逆にお礼を言われたと語った。

中西：担当されていた先生から、最初は「え」という感じだったんですが、最後は何人かの先生が非常にお礼を言ってこられて。まず、授業中、静かであると。
筆者：なるほど（笑）。
中西：彼女がノートテイカーをつけてやるよっていう話をみんなの前で最初にしなくてはならなくて。特別な席を設けなくてはいけないんですね、前のほうに。「そこは座らないでね」というような説明を学生にする。（中略）（学生は）後ろからみんなのぞくんですよね。こうやって「何をやってるんだろう？」とか言って見て。ノートテイカーがしんどそうなときには助けるとか、片付けを助けるとか。「友達になってみたい」などで。何よりも授業が静かで（笑）。
筆者：（笑）
中西：なんでこんなに静かなんだ、っていうのが一つと。それから、先生たちがゆっくり気をつけてしゃべるようになったから、自分がめちゃめちゃな日本語を使っていたということに改めて気付いたと。「こうやってまとめると、いらんことをしゃべりすぎている」とか。「ゆっくりしゃべるから情報量が減るのかなと思ったら、そうではないことに気付いた」とか。「きれいなノートが作れるようになった」とか。

教員たちは、授業において履修学生たちがノートテイクに興味を持って協力しようとし、結果的に授業が静かになったこと、自分もゆっくり気をつけて話すために講義の仕方が洗練されたことを、授業が良くなった点として感謝していた。

中西：Aさんがいた学年は、とんでもなく成績が良かったです、全体に。（中略）特に彼女と一緒だったゼミの学生たちが――いろいろなゼミありますよね、一年のゼミ、二年のゼミ――やっぱりいい経験をさせてもらったというので、中には手話を一緒に勉強し始めたりとか。（中略）ちょっと違った視点で物事を見るようになったりとか。

中西教授は、ノートテイカーまではできないけれども、日常的に何をすればいいですかと聞きに来てくれる学生も多くいたと語り、ノートテイカーをちょっとでも助けようと思うなら、同じ授業を取っている時にそばにいてほしいと伝えたと話した。「ノートテイカーも人間ですから、遅刻することもありますし、風邪をひくこともありますから、そういう時にね、同じ授業を取っているんだったら、そばにいてくれるだけでだいぶ違う」。

ノートテイク統括教員として二年、Bさんのゼミの指導教員として二年、成蹊大学のノートテイクに関わった見城教授は、「やって良かったな」と思った出来事として、ゼミの中でBさんが質問をした時のことを挙げた。「ちょっとタイムラグはあったんですけど、でも、何かな、みんな黙ったところでパッと手を挙げたのかな。とにかく、Bさんが的確な質問をして、「あぁ、ちゃんと議論になってるな〜」と思ったんですね」。パソコンノートテイクを導入したからこそ、そこまで行けた、と見城教授は感じていた。その一方で、現実問題として、ノートテイクが入る時と入らない時と形式を変えないで済む授業というのは考えにくいということも認めた。ゼミで言えば、それは、いつもは誰かが話している最中に他の人が発言を入れるところを、まず手を挙げて名前を名乗ってから発言し、ワンテンポずれる、ということであったり、ゆっくりしゃべったりする、ということであったりした。教員も、利用学生も、ゼミ学生も、ある程度の調整は全員がしていたと思う、と見城教授は語った。

見城：自分自身がノートテイクに携わったことでいろいろ考えさせられたし、そこで自分なりの結論として得たのは、ノートテイクをはじめ、そういういろんな支援を必要とする人たちに対して提供する支援は〝恩恵〟ではないということですよね。こちら（大学）としては、その人たちを受け入れているわけなんで。

見城教授は、ノートテイクは、大学が入学を認めた学生に対して学ぶ環境を整備するという〝環境整備〟として捉えるべきと語った。〝恩恵〟として捉えてしまうと、たとえば授業中に利用学生が居眠りをしてしまった時、せっかくノートテイクをしているのに居眠りなんてとんでもない、となってしまう。ただ、居眠りや遅刻は他の学生たちもすることがある。利用学生の体調が悪くてノートテイクをキャンセルすることもある。「そういうこともあるよね」とまわりの人が受け入れていく雰囲気が存在していることが大切だと思う、と見城教授は語った。しかし、組織でそうしたマインドセットを共有するためには、ある程度のゆとりがないとできないとも指摘した。

インタビューでは、成蹊大学では、ノートテイクに関わっている人と関わっていない人でかなりの温度差があることにも触れられた。見城教授は、そうした状況で、大学として何を重視するのか、根本にある考え方は何なのかを共有することが重要で、実際にかかわらなければピンと来ないのであれば、できるだけ多くの人に関わってもらうことが大切、と語った。

このように、教員にとって、ノートテイクは、自分の授業のあり方、学生同士の関わり、教育環境としての大学などについて、新たな視点から考えるきっかけをもたらしていた。

まとめ

本論文では、成蹊大学におけるノートテイクについて、制度が作られたプロセス、ノートテイクの実際、方法の違い、ノートテイクの効果を、教員と利用学生とノートテイク支援学生へのインタビューを基に論じた。利用学生にとって、ノートテイクは、授業に参加する積極性を促したり、雑談も含めて授業の楽しさを知ったりする機会になっていた。ノートテイク支援学生は、利用学生や他のノートテイカーとの学部や学年を越えた付き合いが刺激となったこと、他学部の授業を受けて知識欲が満たされたこと、ノートテイクをすることを通して福祉やコミュニケーションなどに関する新たな気付きを得て視野が広がったことを語った。教員は、ノートテイクを通して自らの授業を振り返り、それは、大学として何を重視するのかなどを考える機会にもなっていた。大学におけるノートテイクは、聴覚障がいのある個人へのサポートというだけでなく、それぞれの立場で関わった人にさまざまな影響を与えていたことが明らかになった。

おわりに

今回の論文では、二〇〇九～二〇一四年度のノートテイク制度の中心にいた人々へのインタビューを基に、成蹊大学のノートテイクについて論じた。当時は、障害者差別解消法に基づく「合理的配慮」という概念が大学運営において充分に検討される前であったが、それでも、関わった教員や職員や学生は個々に学び、試行錯誤を繰り返しながら、利用学生が多くの情報を得られる環境を作ることを目指していた。しかし、実際にノートテイクを運営する中では、これは、二人の利用学生が二学年違いという、授業数が多い時期が重ならない状態だからこそできたことであり、もし一学年に三人の利用学生がいたら、こうしたサポートはできなかっただろうとも認識されていた。大学として何がどれほどできるかは、組織としての「ゆとり」にも関わってくる点である。人のつながりを円滑にする仕組みはそれぞれの試行錯誤を弾力のあるものにし、結果として、関わった人たちの満足を上げていた。

本論文の課題として挙げられるのは、特にノートテイク支援学生について、話を聞くことのできた人が二人と限られていた点である。Bさんの卒業からは四年、Aさんの卒業からは六年経っていることもあり、当時ノートテイカーを務めた学生と連絡を取ること自体がかなり難しかった。また、現在の成蹊大学では、在籍する学生のノートテイク利用希望の申請を受けて二〇一九年度後期からノートテイク制度が復活しようとしているが、本原稿の締切はその後期の始まりであったため、再開されたノートテイクにおいて何が経験されたのかまでは充分に追うことができなかった。これについては、また稿を改めて書きたいと思う。

実際に成蹊大学で行われてきた、そして今も行われつつあるノートテイクを通して、多くの人がそれぞれに気付きや学びを経験し、それを大学生活の豊かさとして実感できるようになることを願う。

注

(1) たとえば、二〇一二年度のノートテイカーの名簿には四六人の学生が、二〇一三年度の名簿には四五人の学生がノートテイカーとしてリストアップされている。

（2）問い合わせの時点では、Aさんが法学部の試験を受けるか経済学部の試験を受けるか、まだ決まっていなかった。

（3）東京大学バリアフリー支援室では、ノートテイクなどの情報保障は「区分A-2：直接的な人的支援業務」に区分され、一時間一四〇〇円となっている。授業支援のノートテイクは、授業前後の準備や片付けなども含めて一コマ二時間として計算されている（二〇一九年九月二二日閲覧、https://ds.adm.u-tokyo.ac.jp/staff-recruitment.html）。成蹊大学でも、この時は一コマ二時間として計算された。二〇一四年度末にBさんの卒業により終了したノートテイクが二〇一九年後期に再開されるにあたっては、一コマ一五〇〇円という基準が決まった。

（4）大学の事務職員による大勢を対象としたツアー形式の説明ではAさんには聞きづらいと予想されたため、学生による少人数での案内という形が取られた。

（5）二〇一九年は八月二日にノートテイク講習会が実施された。

（6）東京大学バリアフリー支援室「サポートを受ける方　学生の方　サポートメニュー　聴覚障害のある学生への支援」より（二〇一九年九月二二日閲覧、http://ds.adm.u-tokyo.ac.jp/who-support/student03.html#hearing-support）。

（7）ノート作成は、肢体不自由の学生のように、聞くことはできるけれどもノートを取ることができない学生に対しても行われる支援である。聴覚障がい学生の場合には、手話通訳などの情報保障では情報を得るために通訳をずっと見ていることが必要になり、自分のノートを取るために下を向くことができないため、このノート作成がサポートとして提供されることがある。

参考資料

日本聴覚障害学生高等教育支援ネットワークPEPNet-Japan、「Access! 聴覚障害学生支援」①～④、筑波技術大学 障害者高等教育研究支援センター(DVD)。

日本聴覚障害学生高等教育支援ネットワークPEPNet-Japan・筑波技術大学、二〇一八、『聴覚障害学生サポートブック――18歳から学ぶ合理的配慮』筑波技術大学 障害者高等教育研究支援センター、(二〇一九年九月二二日取得、http://www.tsukuba-tech.ac.jp/repo/dspace/bitstream/10460/1853/1/355.pdf)。

斎藤佐和監修・白澤麻弓・徳田克己著、二〇〇二、『聴覚障害学生サポートガイドブック――ともに学ぶための講義保障支援の進め方』日本医療企画。

東京大学バリアフリー支援室、二〇一九、東京大学バリアフリー支援室ウェブページ(二〇一九年九月二二日閲覧、http://ds.adm.u-tokyo.ac.jp/)。

授業に参加することの困難をめぐって

岩田淳子

はじめに

教育機関に在籍する学習者が授業に参加することは、学ぶために重要な要素である。ところが、授業に参加することに困難を抱えている学習者が存在することもまた事実である（以降、本稿では「学習者」という用語は使用せず、「大学生・学生」と表記する）。本稿では、授業に参加することにさまざまな困難を抱える学生の様相を記述し、彼らにとって意味ある授業参加をするための課題について考察することが目的である。筆者は臨床心理学を専門とし大学での教職養成に携わる傍ら、学生相談カウンセラー（臨床心理士）として教育領域における心理臨床実践にかかわっている。特に発達障害のある学生への理解と臨床について実践と研究を行ってきたが、近年は「発達障害」のみならず、身体障害のある学生にかかわる機会も増えている。

本稿のタイトルとした「参加」とは、辞書的には「会や団体など目的をもつ集まりの一員になること。行動をともにすること（大辞林第四版）。」を意味し、「授業への参加」は、各教科・講義等の到達目標に向けて受講者（生徒や学生）の一員として学ぶという行動をともにする様態といえる。もう一つ「参加」の意味は「障害とは」という文脈のなかで使われる。世界保健機構（World Health Organization: WHO）が提起した国際生活機能分類（International Classification of Functioning, Disability and Health: ICF）では、障害は人間の個性の一つであると捉え、人の「生活機能」(1)を健康状態と背景因子（環境因子と個人因子）の相互作用の相対的な関係性のなかで考える「社会モデル」の起点となった。その「生活機能」の一つが「参加」である。学校教育に置き換えると、生徒や学生が授業のなかで役割を持って「学び」を果たすことを意味する。

初等・中等教育における障害のある児童・生徒への教育は、「特殊教育」から「特別支援教育」へと転換した。これは、障害のある児童生徒の自立や社会参加に向けた主体的な取組を支援するという視点に立ち、児童生徒一人一人の教育的ニーズを把握し、その持てる力を高め、生活や学習上の困難を改善又は克服するため、適切な指導及び必要な支援を行うことを意味する。人間の多様性の尊重等を強化し、障害者が精神的および身体的な能力等を最大限まで発達させ、自由な社会に効果的に参加することを可能にするという目的の下、障害のある者と障害のない者が共に学ぶ「インクルーシブ教育」が推進されてきた流れは、大学における障害のある学生への理解と支援の機運を高めた。

平成二五年六月には「障害を理由とする差別の解消の推進に関する法律」（以下、「障害者差別解消法」）が制定され、平成二八年四月一日から施行された。障害者差別解消法では、大学等高等教育機関においても、不当な差別的取扱いの禁止と合理的配慮の提供の義務が明文化されている。障害学生支援における重要な要素である「合理的配慮」とは、障害のある学生が障害のない学生と平等に「学びへの参加」ができるように、一人ひとりの特徴や場面に応じて発生する障害・困難さを取り除くための個別の調整や変更のことである。(2)

障害者差別解消法などの法整備（以下、法整備）を経て、我が国が批准に至った障害者権利条約では、障害は、「機能障害を有する者とこれらの者に対する態度および環境による社会的障壁との間の相互作用」であり、それらの社会的障壁が機能障害のある人の社会参加を妨げることで生じると定義された。多数派の学生に基準を合わせた授業や授業方法が、障害のある学生にとっては「社会的障壁」となりうると理解する「社会モデル」の考え方は、障害観にパラダイムシフトをもたらし、教育のあり方に一石を投じているといえよう。(3)

今日の学生支援は、学生の心理的発達課題に注目し内面的な苦悩に耳を傾け、援助的コミュニケーションのなかで気づきを深めていく過程を丁寧に扱う学生相談とともに、障害学生支援という枠組みで、障害のある学生の「授業参加」を促進する支援にも重点が置かれている。特に、マジョリティ（健常学生）を対象とした教育環境である大学における授業方法には適さない、視聴覚障害、肢体不自由、精神障害（発達障害を含む）等、あるいは重複した機能障害のある学生にとって、大学進学と大学で学ぶことには、当事者学生と大学双方にとって相応の困難が伴う。しかし、障害のある学生が授業に参加する機会を保障することは大学の責務であり、多様性や共生を掲げる我が国の教育の姿勢を示すためにも意義がある。

本稿では、まず、身体障害のある大学生の大学進学そして学びの場に参加することの困難について文献調査に基づき論じる。次に、発達障害や精神障害のある大学生の授業参加における困難と「合理的配慮」について事例を通して検討する。

一方、いわゆる「健常者」とされる学生のなかにも、主体的あるいは能動的な授業参加に困難を抱える学生が存在する。その背景の一つに、以下のような大学教育改革の流れがある。

中央教育審議会（以下、中教審）が平成二四年に答申した「新たな未来を築くための大学教育の質的転換に向けて～生涯学び続け、主体的に考える力を育成する大学へ～」では、大学教育において、知識の伝達・注入を中心とした授業からの脱却を図り、学生の主体的な学修を促す質の高い学士課程教育を目指し、「学生が主体的に問題を発見し解を見いだしていく能動的学修（アクティブ・ラーニング）（傍点は筆者による）」を示した。直近の平成三〇年中教審（答申）においても、「学生に幅広い知識と教養、主体的に変化に対応しつつ学んだ知識・技能を実践・応用する力、さらには自ら問題の発見・解決に取り組む力を育成する（傍点は筆者による）」という目標に引き継がれている。その主体的な学びの力を育成するための具体的方策として提言された一つが「アクティブ・ラーニング」という教育方法である。こうした大学での学び方、具体的には双方向性のある授業や能動的な学びが、大学教育の方法と学生の学修に良い意味での変化をもたらしたことを否定するものではない。しかし、そうした学び方に馴染めず困惑する学生がいることを実感している大学教員もまた少なくないと思われる。

そこで、三点目に「主体的・能動的な」授業参加が困難な、いわゆる「健常」の大学生の存在とその背景、そして大学教員として彼らにどのような授業を提供できるかを筆者の授業実践から考察する。

なお、本稿では、身体障害を身体障害者福祉法で定められている範囲(4)としてではなく、肢体不自由と視聴覚障害を指すものとして記載している。また、障害の表記については、「障がい」「障碍」とはせず、法律や医学診断基準に用いられる「障害」に統一している。

一　身体障害のある学生の授業に参加することの困難

独）日本学生支援機構が平成一七年度から悉皆調査として実施している「大学、短期大学及び高等専門学校における障害のある学生の修学支援に関する平成三〇年度実態調査結果報告書（以下、実態調査）」によると、平成三〇年五月一日現在における障害学生数は、三三、八一二人（全学生数の一・〇五％）、障害学生在籍校数は九四一校（全学校数一、一六九校の八〇・五％）である。米国の障害学生在籍比率一一％（登島、二〇一八）と比べると非常に低いとはいえ、確実に大学に進学する障害のある学生は増加し続けている。しかし、実態調査の障害種の内訳では、肢体不自由、聴覚・言語障害、視覚障害は障害学生全体の人数の増加ほどには増えていない。「目に見える障害」とされる身体障害のある生徒にとって、大学進学という「参加」そのものが高いハードルであり続けていることを示唆しているとも考えられる。

一―一　身体障害と大学進学

身体障害のある学生の授業参加にかかる困難は、学びの場に立つ、つまり大学へ進学するというスタートラインに立つことと、入学後に健常学生と平等に大学教育に参加することができるか、にある。

発達障害のある生徒の大学進学についてのガイドブックが早々に発刊されている（高橋、二〇一四・鈴木、二〇一六など）のに対して、身体障害のある生徒の大学進学についての著作物は極めて少ない。障害種が多様であることや大学への進学自体が少なかったことが理由であると考えられる。そのなかで、障害当事者かつ第一線で活躍する研究者による自身の大学進学に関する著述は、重度障害者の大学教育への参加が稀有な時代であるだけに、感慨深い。[5]

我が国の障害者施策推進の牽引者として、国連障害者権利委員会副委員長を務める石川准教授（一九五六年生まれ）は、元々弱視であったが、「高校一年生のときに目の病気で長期入院し」、全盲になった。「理系少年であった」石川は、「東京大学をめざして勉強していた」が「当時東京大学は理系の点字受験を認めていなかった」ために、「他大学の数学科を受験するか、それとも点字受験の実績のある文系に変わるかで…略…迷うことになった。」石川は「私はすでに存在証明にとらわれはじめていた。「全盲の東大合格第一号」になりたいという夢を抱く少年になっていた。この夢は家族も、盲学校の先生たちも、下宿をさせてもらっていた家のみなさんも共有する夢だった。けっきょく、私は後者をめざすことになり、翌年、全盲東大生となった」と著している（「　」内：石川、二〇〇四）。

盲ろう者として世界初の大学教授である福島智教授（一九六二年生まれ）は、その著書のなかで「私は九歳で失明し、その後は盲学校で過ごしてきた。十八歳で盲ろうとなったあと、大学進学を決意したのは、将来の可能性を広げたいという狙いと同時に、同世代の健常者と接触を持ちたいという気持ちだったからだ（福島、二〇一〇）」と著している。

文化人類学者の広瀬浩二郎准教授（一九六七年生まれ）は、京都大学を受験するにあたって、一〇月に大学で（受験前の）事前会議が行われ、二〇人の教職員に「入学後の学習環境、施設整備」について質問を受け、一浪後に最初の全盲京大生になったことをユーモアを交えて回想している（広瀬、二〇一四）。

いずれも、中高あるいは高校時代を盲学校で過ごし、最難関の大学で学び研究者として活躍する優秀な学者（の一部）である。障害学生支援もさることながら、「障害文化」「障害学」「障害学習」など、一般にはあまり知られていない、筆者の理解の範囲で極めて平易でやや乱暴な解釈をすれば、「見えない、聞こえないという機能障害に注目するのではなく、（見えないなら）触る、（聞こえないなら）手話という、独自の世界の認識の仕方は、それぞれの文化であるという主張をもつ「障害学生支援の先」を見据えている人々である。障害独自の世界の認識の仕方が、知と学びを拡げると考える発想は、筆者に「障害学生支援」という視野の狭さを自戒させる。特別支援学校からの大学進学率は現実には一・七％（令和元年度学校基本調査）に止まるが、障害者施策制度の整備と支援機器の進化は、重度障害の生徒の大学進学をさらに後押しすると考えられ、大学進学を機に、健常者とのコミュニケーションを希求する身体障害のある学生の進学は、大学教育に新たな知を創造する原動力となるのかもしれない。

ちなみに、大学入試センター試験の前身、国立大学共通一次試験（共通一次試験）の時代から受験特別措置は行われてきた。障害者に対する特別措置は、一九七八年の試行テストで検討され、一九七九年の第一回の共通一次試験から「身体障害者受験特別措置」が導入された。初期の段階では、当時の盲・聾・養護学校に在籍している身体障害のある受験生が対象であったが、一九八四年からは申請後の事故による負傷等も認められ、二〇一一年からは発達障害も特別措置の対象に追加された。名称も二〇一二年からは「受験特別措置」に変更され、二〇一六年度からは「受験上の配慮」となった（都築、二〇一八）。大学教育の基礎力として必要な力があるにも関わらず、機能障害ゆえに大学進学が阻まれることは、不当な差別的取り扱いにあたるが、例えば、二〇一八年度までのセンター試験においては、配慮を希望した障害のある生徒に対して、パソコンでの音声読み上げは実施されていない。「大学入学共通テスト」の導入にあたって、その配慮のあり方が注目される。

一―二　当事者学生の声

教育領域の心理支援に携わる筆者らは、残念なことに、身体障害に関わる機会が少ない。まずは、身体障害のある学生たちの授業参加にかかる困難を理解するために、彼らの意見を知ることが必要であろう。紙幅の都合上、肢体不自由の学生を中心に紹介する。

さまざまな障害のある児童生徒の高等教育への進学と、その後の就労への移行支援を通じて、将来の社会のリーダーとなる人材を育成する取り組みであるDO-IT（Diversity, Opportunities, Internetworking and Technology）Japanが、東京大学先端科学技術研究センターで二〇〇七年から行われている。筆者の所属大学においても、このプログラムの「スカラー」として参加する学生が複数在籍している。大学生スカラーが大学進学先の決め手や大学受験の配慮申請、大学生活について語るインタビュー記事（二〇一七年報告書）には、以下のような声が掲載されている（掲載当時の在籍先と障害を（　）内に記載した。大学選びの決め手、大学での配慮等は原文のままである。入試配慮は筆者が再構成した）。

①国立大学理工学系学部（怪我による運動障害）

・大学選びの決め手：自分の夢であり目標である人支援技術の最先端の研究開発を行っている研究室があったことです。自分もそこで人支援技術について学び、研究開発を行いたいと思ったからです。

・入試配慮：別室での時間延長と代筆受験（問題用紙のページめくりの代行や、体調維持のための酸素

吸入等を含む）

・大学での配慮：専門実験等では、実験ペアの人と相談をし、実験装置や器具を使った細かい作業はペアの人と一緒に、もしくは、代わりに行ってもらい、パソコンを使った作業やデータの記録などは自分が行うといったように、役割分担をすることで参加しています。

②国立大学文系学部（重度肢体不自由）

・入試配慮：代筆の許可、時間延長（全科目一・五倍の延長）、介助者の入室許可、メモ用紙の利用許可、問題用紙二部用意（全教科：自分用、介助者用）、必要な持ち物の持ち込み（パソコンとマウス、譜面台、布団やクッション、介助に必要なものなど）。

・大学での配慮：大学の支援室とよく話をしている。休憩などで横になる必要があるので、一つ部屋を使わせてもらっている。ノートテイカーの利用と、代筆などのサポート、介助者の利用。本などは、図書館のサービスで電子化したり、ＰＤＦで借りたりしています。レポートが多いけど、試験がある場合は、代筆や時間延長。もしくは、面接とかレポートでの代替試験もある。相談して決まっていく。

・大学生活：やっと楽しい生活がはじまった感じ。例えば、当たり前なんだけど、友達がめっちゃできる。ゼミとかが、好きな活動とか、好きな人が増える。望めばなんでも手に入ることかな。

③私立大学文系学部：教職課程履修（重度肢体不自由）

・大学選びの決め手：家から近く学びたい分野があったから。高校時代、下校時のみ介護タクシーを使っていたのですが、一週間前に下校時間を伝える必要がありました。部活を途中で抜けることもあり嫌だったので、家から徒歩で通えるところを考えました。結果、疲れてもすぐに家に帰って休息できるので、夜まで部活動や委員会活動ができ、活動の幅がグンと広がりました。

・大学での配慮：車イスでアクセス可能な教室の設定、可動式の机の配置、設備の改修等。校内での介助員の利用もしている。

筆者も、都内私立大学の重度肢体不自由の学生から簡易な聞き取りを行った。大学選択については、まずは学力の問題であるが、やりたいことをやるという大学選びをしたという。加えて、通学経路（満員電車など）を含む通学しやすい立地や、大学の建物の新しさ（バリアフリー化が進んでいる）は選択ポイントになった。特別支援学校高等部に通学していたため「大学生になりたかった。広いキャンパス、知り合い、サークルなど大学でしかできないことをしたかった」と語る。その素直な思いは共感せずにはいられない。

総務省近畿評価局は近畿地方の国公私立大学を対象に、障害のある学生等に対する大学の支援に関する調査報告書を発表（平成二九年）しており、障害学生当事者に意識調査（インタビューを含む）を行っている。対象は近畿地区の一三の国・公・私立大学に在籍する障害のある学生二二〇名のうち回答のあった三七名の学生である。以下は、学生の回答の一部である。

大学を選定するために得られればいいと思う情報については、可能な支援内容、情報保障の制度の有無、バリアフリー状況、障害のある学生数や配慮の実例の公表を望む意見が寄せられていた。大学の情報を得るための情報源にはWeb情報も含まれるが、大学HPは「深掘りしないと（障害学生支援情報は）出てこない」こともあり、身近な肢体不自由のある人からの口コミも活用している。

希望した大学が配慮が不十分あるいは就学が難しいと言われ断念した経験を尋ねた項目では、「入学試験時は対応するが、仮に入学が決定したとしてその後の対応はしかねる（前例がないため）といった話を受け、併願として受験することを諦めた。（国立大学、視覚障害のある学生）」「資格取得のための実習先を確保できないと言われ受験を諦めた。（公立・私立大学、視覚障害のある学生）」「車椅子学生が多すぎるため、教室に入ることができないと言われた私立大学に『障害者は人に助けられることが多いのに、社会福祉士を取ったところで、あなたに何ができるのですか？』と言われた（公立・私立大学、肢体不自由の学生）」などの回答があった。障害者差別解消法施行後の大学の反応としてにわかに信じ難いが、現実の事例であることを真摯に受け止めたい。

障害のある生徒が大学の障害学生支援について知るための情報開示（窓口の明示や実施されている支援内容）は大学の喫緊の課題であるとはいえ、要支援障害学生が複数になったときに、そのニーズに対して十分な対応がどこまで可能なのかという葛藤は、多くの大学で現実問題として直面している。

ともあれ、今日の大学において（その整備状況はまちまちであるとしても）、エレベーターの設置やだれでもトイレなどバリアフリー化を含む環境整備（不特定に人々のためにあらかじめ準備されている社会的障壁除去のための対応）、アクセスしやすい教室への変更や必要な動線の確保、身体や車椅子利用に適した机の用意などのハード面をはじめ、授業資料のテキスト化や実験・実技の代替評価など学修上の合理的配慮の提供についての事例は集積されつつある。そのなかで、授業への配慮についての設問では、ノートテイク（本書、澁谷を参照）についての意見が多かった。肢体不自由の学生では「健常の友人と受講するにあたって、最前列で受けることを拒まれ、一人孤独に最前列で受講せざるを得ない状況もたくさんありました。そういった意味でも障害があるから最前列という固定概念を覆し、選択の自由もできる範囲で尊重していかなければならないのではないかと感じる部分もあります。」など、友だちと（授業を）受けたいのに好きな席へ行くことができず離れることの葛藤を表明する学生がいる。

一―三　身体障害学生と心理支援

前項にある、授業参加の基盤ともなる学生たちの心、悩みについて考えてみたい。実態調査によると授業以外の支援の一つとされる「専門家によるカウンセリング」は、精神障害および発達障害、病弱・虚弱では最も多い支援であるのに対して、身体障害学生への「専門家によるカウンセリング」はとても少ない。その理由は、身体障害種別に応じた学修支援が中心となる、（身体障害学生の）実数の少なさゆえにカウンセリング事例の集積がされていないことによると考えられる。

例えば、肢体不自由の学生がカウンセリングを必要とした場合、障害の原因（先天性のもの、受傷による手足の損傷あるいは脳や脊椎等、神経に損傷を受けているなど）や障害の部位や程度（言語の障害を伴う、生活支援の必要性）、大学入学以前の教育（特別支援学校か普通学校か）、そして現に受けている支援について理解しておく必要があるだろう。そのうえで、特に授業時の細々とした介助（荷物の出し入れなど）を必要とする肢体不自由の学生の学生生活への適応には、友人関係の形成が重要な要因になり、周囲の学生に容易に声をかけることのできる学生や、部活動など学生生活への参加に積極的な学生は学生生活に適応しやすいが、それらが困難あるいは不得手な学生の場合、学生生活で孤立しがちになる可能性があることに留意したい。肢体不自由の当事者であり臨床心理士の島田（二〇一九）は、「〝頑張る障害者像〟は肢体不自由者にとっても無言の圧力となる場合」があり「自分の意思決定をどう行うか、また他者関係をどう築くのか」が「〝見える障害〟である肢体不自由者にとっての〝見えない課題〟となる」と論じている。また、特に生活支援（食事介助や物の出し入れ）が必要な学生では、自分の障害について友人にどのように説明し、どこまで友人に頼んでよいのか、課外活動への参加の制限、親への感謝と申し訳なさなどの悩みが語られる場合もある。支援学生や地域の支援者がノートテイクや生活支援を行うことにより同じ学科の友人と親しくなれないというジレンマ、普通に授業をさぼりたい、周囲にサポートを受ける経験が多い中で当事者学生自身が周囲のためにできることを考えているという当事者学生の声もある（立命館大学障害学生支援室、二〇一六）。

障害学生支援に携わる大学教職員、学生相談カウンセラーは、身体障害のある学生から心理支援が必要とされた時点で、可能な限り障害に関する知識を得るとともに、障害のある当事者学生から障害について学び、抱える悩みを率直に話し合う姿勢が求められる。身体障害学生も健常学生も、友人関係、恋愛、家族、就職、学業上の悩み、そしてアイデンティティ形成の過程における悩みを持って当然である。にもかかわらず、身体障害イコール障害学生支援で完結する風潮があるように思えてならない。身体障害のある学生には施設の整備や学修上の合理的配慮が一義的とのみ考えるのではなく、心理支援も受けられるという情報提供は必須であることを強調したい。

二　発達障害や精神障害のある学生と合理的配慮

実態調査による障害種別で要支援学生は、「病弱・虚弱」一一、一五一人が最も多く、次に「精神障害」八、七七〇人、「発達障害」六、〇四七人、「肢体不自由」二、四七八人と続く。調査対象に「精神障害」が入ったのは平成二七年度からであり、「発達障害」では「医師の診断書はないが特別な配慮を行なっている」学生についても別途回答を求めているため、発達障害の（診断書無・配慮有）の支援障害学生は三、一〇五人で発達障害（診断書有）の支援障害学生と合わせると七、四三〇人にのぼる。精神障害と発達障害は、障害学生の多くを占めている。発達障害や精神障害のある学生は、障害が外見からわからないためにしばしば「見えない障害」と称され、単なるわがままや努力不足と捉えられる傾向がある。そのため、合理的配慮の提供には、身体障害とは異なる難しさがある。

なお、精神医学的診断基準によれば、発達障害は精神障害のなかに分類されるため、本来別々に表記することは別の障害と誤解が生じ望ましくないが、発達障害は独立した障害として広く一般に認知されているため、並列して表記している。発達障害は精神障害を併存している例は珍しくない。また、どちらも精神科的診断を受けていない事例が少なからず存在するために混乱している現場が多く見られる。

本節では、発達障害や精神障害のある学生が学生相談室で語る「授業に参加することの困難」を事例として提示する。これらの事例は、すべて複数の事例から構成した創作事例である。事例では筆者をCo.（カウンセラーの略）と表記した。

二―一　自閉スペクトラム症のある学生

発達障害は、主に自閉スペクトラム症（自閉症スペクトラム障害、以下ＡＳＤ）、注意欠如多動症（ＡＤＨＤ）、限局性学習症からなる総称だが、障害種の重複は少なくない。授業の参加への困難は、読み書きに機能障害のある限局性学習症にも見られるが、本項では、大学で最も多い発達障害である自閉スペクトラム症の学生の事例を提示する。

事例1：二年生、女子A。社会科学系学部。

中学の頃、「広汎性発達障害」(6)と診断され、以降、精神科医療機関通院（薬物療法主体）を継続している。成績は優秀で、中高一貫校では家族から学校に診断名を開示した上で、相応の適応はしていた。ただし、易怒性(7)があり授業でストレスが高まると自傷する行為は、中学のときから断続的に続いていた。大学入学後に、上位クラスに配置された英語クラスでのグループディスカッションや上位成績へのこだわりなどの負担も重なり、家で壁に頭を打ち付けるなどの自傷が強くなり、症状が憎悪したことから、学生相談室への来談に繋がった。また、他の必修科目の授業中、授業担当教員の解説（Aの極端な持論と相反する内容）に激昂し、授業中にシャープペンで掌を突き刺し教室を飛び出していたこともわかった。Co.は、主治医と連絡をとり薬物治療の調整を相談するとともに、Aに詳細な聞き取りを行った。Aは、ディスカッションの前後や最中にやり取りされるグループメンバーの雑談とディスカッションテーマで話される内容との境界がわからずに混乱することや、ディスカッション内容で話されるメンバーが関心を示す内容（多数の大学生年齢の人々が好むファッションや場所、SNS上の話題など）の意味がわからず、何を話せばいいのかわからなくなると訴えた。Co.は環境調整が必要と考え、必修授業の担当者や学部と対応を協議した。例えば、英語クラスのグループディスカッションの際には順番に発表する形式をルール化し、必要に応じて授業担当教員がファシリテートすること、教室を飛び出す問題行動が起きた回の課題を再提示するなどの合理的配慮の方法を話し合った。

発達障害のなかでもＡＳＤのある学生に、発表やディスカッションが不得手な学生は少なからず存在する。Ａの英語能力は高かったが、双方向性のある対人交流の不得手、ディスカッションテーマと雑談という次元の異なるレベルの会話内容から、その会話ごとに必要な情報を取り出すことの困難、臨機応変な対応の苦手、同年齢の一般的に関心を示すことがらへの興味の持てなさ、などＡＳＤに典型的な特性があった。Ａの発達障害特性と授業方法のミスマッチにより、Ａは授業参加に強いストレスを持ったとCo.は理解した。高橋（二〇一六）は発表やディスカッションに関して合理的配慮になり得る変更の例として、教員と一対一で発表を行う、ＰＣ読み上げ機能の活用、e-Learningのシステム等を活用し、オンラインでディスカッションを行うなどを提案しているが、実践例は未だ少数である。

ＡＳＤは生来的な脳機能障害と想定されており、事例1のように授業担当教員に配慮が必要な点を記載した「合理的配慮文書」を配布することは、現在、多くの大学で行われている。合理的配慮の決定過程において論点になるのは、授業担当教員の過重負担、本事例では、授業担当教員のファシリテーションを含むディスカッションの見守りが教員の負担になるかどうか（多くの場合、通常の教育指導の範囲内と考えられる）である。また、発表の順番を決めるという方法がディスカッションといえるのか、学生年齢ではありがちな雑談を交えながらのディスカッションを統制することの可否、というあたりであろうか。

創作事例であり、合理的配慮の正解はないが、授業の到達目標がグループでディスカッションをすることではなく、与えられたテーマに対して豊かな英語表現ができるようになることにあるのか、英語によるディスカッション能力そのものの向上が到達目標であるのか、により（合理的配慮の）内容と決定は変わることになる。いずれにしても、Aのために授業内でグループディスカッションをしないという選択は、「第三者の権利利益の侵害」、他の受講生にとって授業内容の質を変えることにもなるため、ほぼあり得ない。また、グループディスカッションという授業方法が、AのASD特性にとっての社会的障壁であったとしても、グループディスカッションに「参加しない」のではなく、Aが「参加する」意思と、参加しやすい工夫を創造するための知恵が問われる。

一方、必修科目の授業担当教員の解説（Aの極端な持論と相反する内容）に激昂し、授業中にシャープペンで掌を突き刺し教室を飛び出していたことに関しては、Aの不適切な言動（授業担当教員への激昂）は減じる必要があり、Aが自分の信条に固執しても、授業担当教員が授業内でその言説の説明をしない、などという配慮はあり得ない。Aの感情コントロールの問題は、社会生活を営む上で対処が必要と考えられ、リラクセーション法やアンガーマネジメント(8)の習得を試みるなどが、学生相談（心理面接）のなかで扱われる。

つまり、事例1には、授業に参加するために、学生が責任を負わなければいけないのはどの範囲までなのか、どこから先は社会的配慮なのかの線引き、一般的には環境調整か、個人の努力か、という議論を含んでいる。二者択一問題ではないことは言うまでもない。

二―二　精神障害のある学生

一般的に、精神疾患のため精神機能の障害が生じ、日常生活や社会参加に困難をきたしている状態を精神障害という。精神障害には、統合失調症、うつ病や双極性障害などの気分障害、不安障害、また薬物依存症といった物質関連障害などさまざまな症状を呈する状態がある。本項では、比較的青年期に多く見られる「パニック障害」の学生と対人不安等(9)の症状を訴える学生の2事例を呈示する。事例を検討することが目的ではないため、いずれも発症の契機となり得る生育歴、環境因やパーソナリティ傾向などの記述はしていない。

事例2：一年生、男子B、理系学部。

高校時代にパニック障害を発症し、精神科クリニックに継続通院している。必修科目が週に三日、一限に設定されているが、一限に出席するためには必ず電車のラッシュ時間にかかる。高校までは電車の乗車時間が短く、当初は不登校状態になっていたが、薬物療法と心理支援を併用することにより電車通学ができるまでに回復していた。ところが、大学は、自宅からの通学距離が長く、始発時刻に乗車するなどの努力をするも、どうしてもラッシュ時間に重なる期間があり、症状が再発、途中下車を繰り返すために一限に間に合わない。疲労も重なり、授業を欠席がちになっている。

事例3：二年生、男子C、文系学部。

一年のときの成績は非常に優秀である。Cは焦燥しきった表情で「後ろの席の人たちのことが気になって仕方がない。悪口を言われているとは思わないけれど、どうも嫌われている気がしてならない。しっかり勉強したいし、いい成績を取りたい。だから、教室の前の方の席に必ず座っている。今日は、たまらず、途中で教室を出てきてしまった。このまま授業に出られないのは困る」と訴えた。期末試験を控えた時期で、Cは睡眠時間を惜しみ勉強しているようすだったので、まずは睡眠時間の確保と休息を提案した。Cは授業の欠席分を別課題で補えないものか授業担当教員に相談することを希望した。しかし、精神科受診と家族への相談を勧めても拒否している。

Bが罹患した「パニック障害」は、突然、動悸やめまい、発汗、窒息感、吐き気、手足の震えといった発作を起こし、そのために、また発作が起きるのではないかと不安になり、発作が起きた場所や状況、そのうちに似たような場所や状況を避けるようになり、生活に支障が出る状態となる精神疾患である。パニック発作により死んでしまうなどということはないが、その苦しさは自分ではコントロールできないと感じるため、Bはラッシュ時の電車による通学が苦痛となり、遅刻（あるいは欠席）し、授業参加が困難になっている。時間割を変えることはできないなかで、病気の治療を優先することになるとはいえ、必修授業の単位修得が進級に影響すれば、卒業時期が先に延びることになり、授業料の負担も増える。身体障害の学生の項であったように、そもそも自宅から大学の通学距離を勘案して大学選択をすればよいのに、と考えることもできるが、それも詮無い。

Cは「後ろにいる人たちが気になる」という訴えのために授業参加が困難になった事例である。座席が指定されていない大学の教室は、大抵は後方の席の方から埋まり、前方の二、三列には着席しないために空いている、という光景が一般的である。前方に座る学生は真面目な授業態度の学生が多く、授業担当教員の話にうなづいたり、熱心にノートをとる姿がしばしば見られる。Cもそのような学生の一人であり、前の方に着席しているが、当然、自分の後方に多くの学生がいるため、対人不安あるいは「嫌われているかもしれない」というやや被害的な訴えが生じたと考えられる。一般的には、気にしなければいいと思われるが、精神症状と推察され、当事者にとっては「授業途中にたまらず退席」するほど辛い。

二つの事例のように、授業の欠席が嵩み、学生が欠席についての配慮を求めてくる事例はしばしば見られる。しかし、多くの大学では学則により三分の二以上の出席が単位修得に必要であると定められており、授業欠席にかかる代替課題を求める合理的配慮は認められないと考える大学は少なくない。とはいえ、実態調査によると、精神障害学生への授業支援状況は、配慮依頼文書の配布（二七〇校）に次いで、出席に関する配慮（二〇五校）がなされている（いずれも授業支援を実施している大学五九八校中の数値）というデータもあり、現場の混乱が垣間見えるとともに、相談支援担当者を悩ませる課題となっている。

特にCは精神科受診を拒否しているため、合理的配慮の要件となる場合が多い診断書を提出できない。文部科学省が設置した「障害のある学生の修学支援に関する検討会（第二次まとめ）」（二〇一七）によれば、合理的配慮の内容の決定の手順のなかで、配慮が妥当か判断する材料として求める根拠資料は、障害者手帳や医学的診断基準に基づいた診断書のみならず、標準化された心理検査の結果や学内外の専門家の所見も認めるとしている。しかし、現実には合理的配慮の要件として「診断書」の提出が必須である大学は多い。

精神障害のある学生への相談は従前より学生相談の主要な相談内容の一つである。制度化以前は、「病気の回復」を「休学」により対応することが第一選択肢であったが（現在も「休学」は選択肢ではある）、制度化以降、個々の学生への適切なアセスメントに基づく心理支援や療学援助（生活臨床的援助）とともに、合理的配慮についての説明や意思表示支援を学生相談室や障害学生支援室が行う事例は少なからず存在する。

精神障害では、合理的配慮の妥当性を検討する際に、精神疾患が適切な医学的治療と心理支援により寛解すると考えるか（疾患の可逆性）、障害の社会モデルの観点から大学教育の制度（在学期間等）や教育方法などが精神障害学生にとって社会的障壁であると考えるか、という議論がある。それは、精神障害と精神疾患の用語の定義の曖昧さとも関連する。国際的診断分類の呼称は精神障害であるが「障害」はネガティブかつ「治らない」というイメージ（実際には既述のとおり、障害の定義は変わり、精神障害は「治らない」とは限らない）により誤解を生じやすい。精神医学的な疾患は、長期に亘り生活困難が生じる場合と比較的短期間で適切な支援や治療を経て「治る」ものがあるために「精神疾患」という用語を使っていることも多いと考えられる。

したがって、精神障害への合理的配慮は、授業の欠席や遅刻に対する猶予や発表形態の変更、代替課題の提示、試験や評価の変更など、教育の目的・内容・機能の本質的な変更に当たらないかを、学生の症状とその経過や状態を勘案しながら、授業ごとに担当教員を交えて個別に検討する事例が多い。精神障害への合理的配慮についての考え方は未だ流動的であると言わざるを得ない。

前節でも述べたとおり、「見える障害」としての重度肢体不自由の学生に対しては、入学前から動線を考慮した教室配置やＰＣの使用や別室受験、受講科目の代替科目への変更、面接による代替評価などの合理的配慮の提供が、選択肢として検討の俎上に載るが、「見えない障害」である精神障害への支援・配慮の方法として同様な支援方法を検討する、という発想は極めて乏しい。

ところで、長期に陥る不登校の大学生についての考察ではあるが、精神科医の福田（二〇一九）は彼らは「強迫的傾向が強く、柔軟な対応や社会スキルに乏しく、自ら相談に訪れることも難しいが、段階的な修学のステップを策定し、徐々に修学を進めることで不登校を脱却できる」と論じている。筆者は、この言説の「不登校」を「授業参加の困難」と読み替えることが可能であると考えている。

強迫性とは、医学的には「自分にとって無意味で不合理であると自覚しているにもかかわらずある考えが頭に浮かんだり、行動してしまうのが止められないこと」であり、一般的には、柔軟性の乏しさ、融通がきかない、律儀でなにごとも完璧にこなそうとする、秩序立ててきちんと行おうとし、それから外れることの強い抵抗を示すなどで表される様態である。精神障害のある学生のなかに「強迫傾向」は多く見られる。つまり、過度に勉強しようとすることにより、結果としては授業に参加できなくなる、なんとも不合理な状態である。

福田（二〇一七）は、日本人は強迫性と強い親和性があり、技術分野や品質管理、公共交通機関の運行まで、強迫性により発展した国であると、強迫性のメリットについて述べている。精神障害の回復に休養は大切ではある。しかし、学ぶことが生活の中心にある大学生から「授業への参加」を失くすことで、むしろ心理不調を長引かせる事態をしばしば経験する。持ち味の強迫性をメリットに変え、学びに参加する仕組みを作りたい。

検討すべきは、いかに授業に参加しやすい、学ぶことを止めないあり方を模索するかにある。たとえば、オンラインによる授業受講や課題提出、オンライン上のディスカション参加等、今日の大学で最も熱心に取り組まれている大学改革の一つであるテクノロジーの活用を、精神障害（発達障害を含む）のある学生の授業参加を促進する一つの手立てとする可能性が考えられる。

三　一般の学生と主体的・能動的な授業参加

筆者は一般教養の「心理学」科目や教職課程の「教育相談」などを担当している。一般教養の「心理学」は心理学に興味をもつ大勢の学生が受講するため、受講学生数が一五〇名から二五〇名となる。特に「臨床心理学」を講ずる授業内容は、精神疾患や発達を自分の体験から考えさせる構成にしているため、授業終了時に記述を求めるコメントペーパーには、悩み相談が数多く見られる。心理的不調を訴えるコメントに対して「臨床心理士として心配になる」学生をピックアップ（実際に呼び出しているわけではない）するが、その割合は優に一割を超える。ほとんどが、学生相談室を利用していない学生である。抑うつや不安・強迫等に関するテーマを扱う授業コメントにも「発表の緊張や赤面」、「過度な成績へのこだわり」、「ゼミの雰囲気と合わない」「グループ作業におけるメンバーの関与度に対する不公平感」などについて記述する学生が一定数いる。授業に参加することの困難「予備軍」が含まれている可能性がある。

本項では、大学生の授業への参加の仕方、特に講義形式ではない、発表やディスカッションを含む、能動的学修（アクティブ・ラーニング）、双方向性のある授業における学生の「主体的・能動的」な授業参加の困難に注目する。

まず、筆者の授業実践を例に、大学生の授業参加の困難が垣間見られる授業風景（学生参加型の授業）を紹介したうえで、文部科学省が指摘する大学教育の質的変換の必要性のなかで求められている学生の「主体性」を育てるために推奨されている双方向性のある授業が、一般の学生の一部にとっては悩ましく難しいという現状の背景と授業者側の工夫について考察する。なお、授業実践で示す学生のコメントは、学生が書いたコメントペーパーをそのまま記述したものではなく、筆者がその内容を文意を損ねない範囲で要約している。

三―一　教職課程「教育相談」の授業風景

教職課程「教育相談（二年次配当科目）」では、教員養成を目的とする授業であることを踏まえ、筆者の講義とともに、受講学生同士のディスカッションや事例検討、カウンセリングロールプレイなど、学生が自分自身の意見や考えを表明する機会の多い構成としている。

授業方法を説明する初回のコメントペーパーには、勉学に対する意識が概ね高い傾向にある教職課程を受講する学生でありながら、毎年のように「人見知りなので心配」、「知らない人とディスカッションをするのは苦手」、「知っている人が少なくて緊張した」、「前に立って発言するのは苦手で不安」、「グループワークは正直、憂うつ」と書く学生が約七割を占める。

能動的な授業参加を促すために筆者は幾つかの工夫をしている。その一つは、初回にアイスブレーキング(10)を取り入れることである。受講者メンバー同士のコミュニケーションを円滑にする流れを作るため、コメントペーパーでは「緊張がほぐれた」「仲良くなれるといいなと思った」「苦手なグループワークでも、積極的に話すようにこれから頑張ろうと思う」という感想が多い。

二回目以降の授業の大半で、四名構成のグループワークを行なう。メンバーを六名にすると、話し合いに関与しない学生（例えば、話さない学生、関係のないおしゃべりを始める学生、話し合いに抵抗を示すかのような態度をとる学生など）が生じる。能動的な授業参加を促すためのもう一つの工夫は、四名で話し合う前に二名のペアで話しの聴きあいをする（当該授業の到達目標であるカウンセリングの基礎を学ぶための練習）活動の設定である。この活動が、学生同士で話しあうことのウォーミングアップとなり緊張を解く。

四名のグループワーク（ディスカッションや事例検討、ロールプレイのふりかえりなど）は、少なくとも表面的には順調に進む。ただし、しばしば、コメントペーパーに、「グループ（の話し合い）では言えなかったが、自分は違う考えだった」と書いてくる学生がいる。その場で直接、考えを表明すれば良いものを、わずか四名のグループのなかでも他者と異なる考えを発言できないのである。

その後、グループの代表者が、受講者全体に向けて、話しあいの結果を発表し、全体で討議する。しかし、全体討議となると、ここでも学生は発言ができない。年度、クラスによって差はあるものの、沈黙の時間が流れる場面は少なくない。学生にとっては、四名から二〇～三〇名への集団人数の差が大きいようだ。筆者が授業のなかで学生に対して「なぜ、発言できないのか」と問い、指名をすると、「間違ったことを言うのが嫌だ」、「周囲の学生にどう思われるかが不安」、そして「発言をしないことが普通だから」という学生の反応が返ってくる。

教師を目指す学生の授業であるにもかかわらず、学生にとって自らの意見を表明することは、それほど困難である。周囲の空気を読み、周囲と同調し、周囲から浮かないように心を砕く。一般の学生に多く見られる授業風景である。

三―二　主体的・能動的に授業に参加することの困難

二一世紀に入り急激に変化する社会のなかで、文部科学省は大学教育に転換を求める答申を次々と発表している。大学審議会による「二一世紀の大学像と今後の改革方策について―競争的環境の中で個性が輝く大学（答申）―」（一九九八）では、「主体的に変化に対応し、自ら将来の課題を探求し、その課題に対して幅広い視野から柔軟かつ総合的な判断を下すことのできる力」（課題探求能力）の育成が重要であるという観点に立ち、「様々な角度から物事を見ることができる能力」「自主的・総合的に考え、的確に判断する能力」「豊かな人間性を養い、自分の知識や人生を社会との関係で位置付ける」などの文言が並ぶ。この答申から、学生が社会の変化に対応し、主体的に学び、課題を探求し総合的な判断をすることができるような授業が求められていることが明らかになる。大学は従来の講義形式の詰め込み授業から、学生が主体的に考える力を育むことができるような授業のあり方を求められるようになった（永田、二〇一九）。

さらに、中教審より提出された「新たな未来を築くための大学教育の質的転換に向けて―生涯学び続け、主体的に考える力を育成する大学へ（答申）―（前出）」では、予測困難な時代において高等教育段階で培うことが求められる学生の能力を、⑴答えのない問題に解を見出していくための批判的、合理的な思考力等の認知的能力、⑵チームワークやリーダーシップを発揮して社会的責任を担う、倫理的、社会的能力、⑶総合的かつ持続的な学修経験に基づく創造力と構想力、⑷想定外の困難に際して的確な判断ができるための基盤となる教養、知識、経験など、とした。

直近の二〇一八年中教審（答申）「二〇四〇年に向けた高等教育のグランドデザイン（答申）」においても、二〇四〇年に必要とされる人材を「思考力、判断力、俯瞰力、表現力の基盤の上に、幅広い教養を身に付け、高い公共性・倫理性を保持しつつ、時代の変化に合わせて積極的に社会を支え、論理的思考力を持って社会を改善していく資質を有する人材が多く誕生し、変化を受容し、ジレンマを克服しつつ、更に新しい価値を創造しながら、様々な分野で多様性を持って活躍していること」としている。

社会からの要請を受け求められている学生像と、四名のグループでも自分の意見が主張しにくく、二〇～三〇名のクラスのなかでは発言ができない（指名すれば発言する）大学生との間には乖離があると感じずにはいられない。あるいは大教室での講義でさえ、三～四つの選択肢を提示し該当する事柄に挙手するように促しても、挙手する学生は僅かであり、大方の学生はどの選択肢についても挙手をしない。それほどに自分の意見を表明しない（できない）大学生は中学・高等学校で、どのような学び方を経験してきたのかという疑問が湧く。

スクールカウンセラー経験が豊富な教育臨床心理学者の今宮（二〇一八）は、中高生が当たり前に使っている「イツメン（いつものメンバー、いつもの面子の意味）」と「ぼっち（ひとりぼっちという意味）」という言葉から、学校（中学・高等学校）が抱えている現代的問題について考察している。今宮によると「学校で「ふつうに」過ごすためには、どこかのグループに属しているという結界が以前にもまして重要」となり、イツメンは、居心地のよく仲のよい友だちとは限らず「本当はまったく気が合わず、気を許すこともできない人たちと、ものすごく気を遣いながらイツメン状態を維持している子がかなりいる」。それでも「彼らの価値観のなかでは、イツメンがおらず「ぼっち」になっているというのは、誰からも選ばれていない「最も残念な人」」であり、イツメングループからはみ出て一人になる、「ひとりでいるところを見られたくない」「周囲から残念で痛い人だと思われる」ことに恐怖する「ぼっち恐怖」とも呼びたくなる症状が蔓延しているという。子どもの仲間関係の発達については、ギャンググループ（親からの自立のための仲間関係を必要としはじめる時期に現れる徒党集団）、チャムグループ（互いの共通点・類似性を、ことばで確かめあうのを基本とする同性・同輩集団）、ピアグループ（共通性・類似性のみならず、互いの異質性をぶつけあうことによって、他者との違いを明らかにしつつ自分の中のものを築き上げ確認していく対等な友人関係）と変化するとの論（保坂・岡村、一九八六）が有名だが、チャムグループが大学生にまで及び遷延化していることが指摘されるようになってから久しい。今やSNS上での〝確かめ合い〟〝承認しあい〟である。

そうした中高生の心性により、さらに今宮は「（中高の）学校現場では、班での話し合いが成立しないことが問題となっている。学習のための枠組という前提があっても、イツメン同士でなければ授業テーマに沿った話をすることもできない子がいる」という事態は「子どもたちの人間関係の関心の範囲を学びの枠組の強制的な設定によって広げるという意図もアクティブラーニングという学び方にはあるのかもしれない」が「実際のところ、それがうまく機能していないという嘆きを耳にすることが多い」と指摘している。

つまりは、大学での主体的・能動的学びの困難は今に始まったものではないという、ありきたりな結論に行き着く。そして、子どもたちの人間関係（インターネット環境が生活の一部になった社会におけるSNS上の複雑なそれも含め）のあり方が、子どもたちと大学生の主体的・能動的な学びの困難の源になっている可能性を推測せざるを得ない。

学生相談と子育て論を中心に実践・研究を行なっている高石（二〇一八）は、なぜ今高等教育で主体性が問題になるのか、大学は学生が生涯自分を支えるに足る主体性をどのように育んでいけるのか、という視点から、社会の変化がもたらす学生のこころの変化を、「多元的自己」「多元的アイデンティティ」といった概念で説明している。こうした視点については、さまざまな実証的研究や論考が蓄積されている。[11]木谷・岡本（二〇一八）は、大学生を対象とした質問紙および面接調査により、現代青年たちにおいては自己の多面性を認識した上で葛藤・不安を抱かず精神的健康やアイデンティティの感覚を保った青年たち（多元的自己群）が数多くいること、それとは異なり、自己の多面性に葛藤・不安を抱く青年たち（自己拡散群）、自己の一貫性を認識して精神的健康やアイデンティティの感覚を保った青年たち（一元的自己群）がいることを示した。大学生たちには、サークル、アルバイト、ネットゲーム、趣味など複数の活動の場があり、それぞれにおいて自ら役割を果たそうとしたり、あるいは周囲から役割を期待されており、これら複数の役割とそれらに対する各人の向き合い方があるという論である。学生たちは、主体的・能動的な参加が求められる授業において如何なる役割を果たそうとし、また、期待されていると考えているのだろうか。学生の主体的・能動的な授業参加を促すためには、そもそも、学生の「自己」のありようを知る視点を持つ必要性が浮かび上がる。一見、適応的に見える多元的自己群の青年たちは、多くの場において自分を出すことができない、もしくは出すことができる自分がないといった状態である場合はないのだろうか。

そして「主体的・能動的に授業に参加することの困難」への手立ての一つは、「多様な他者との「語り合い」という共同の活動を経て、あるいは教員の側も学生からのフィードバックをふまえた枠組みの修正を行うことにより、自己内の対話は矛盾となり他者との間に開かれていく」（田中、二〇一五）という体験に結びつくことを目指すことにあるように思う。

三―一で述べた「教育相談」の授業には「続き」がある。筆者は、教職課程における四年次の必修科目である「教職実践演習」で二年ぶりに彼らと再会するのだが、この科目で行われる演習は緊張感のある異なる意見のやりとりをとおした豊かな議論が展開される。授業における主体性・能動性は客観的な評価に基づくものではなく、彼らの変化（あるいは成長と感じられるもの）

がどのようにもたらされたのかも定かではない。専門科目の学びやゼミ、教育実習、部活動やアルバイト経験、日々の人間関係、卒業論文、就職活動など、その要因は多岐に亘り、実証するのは困難ではあるものの、二年間の大学生活のなかで多様な他者との語り合いがあったことが要因の一つである可能性もある。

一般の学生の「主体的・能動的」な授業参加の困難は、青年期のアイデンティティ形成のあり方に通底する課題であることが推考できる。

おわりに

授業に参加することの困難を多様な学生の様相から考察してきた。授業参加を社会的障壁と対峙しつつ切実に希求する身体障害学生、合理的配慮の狭間で授業参加を求めようとする発達障害学生や精神障害学生、ＳＮＳが席巻する時代の友だち関係の混沌のなかで能動的な授業参加を躊躇する学生。障害の有無を超えて個々の学生に、授業参加を阻害する要因がある。

学生にとって心身の「違い」や侵襲性の高い「否定」には、授業者である教員の授業におけるメッセージに相応の工夫と丁寧さが必要になるだろう。合理性や能率には欠けるが、結局は、そのような手をかけた「寄り添う教育」のありように辿り着く。カウンセラーという職業にもアイデンティティを持つ筆者は授業であっても（一五〇～二〇〇名の受講者を前にしていても）、気持ちはカウンセリングと同様な、目の前にいる一人の学生に話しかけているような気持ちになる。受講生のうち何名かの学生に必ず「カウンセリングを受けているような気になる授業」と評されることは筆者の糧である。生身の人同士の関係性が学生たちに届く感覚は、授業参加の意味でもあると筆者は考えている。この拙い論考が、中学や高校の教師とも共有でき得る議論の端緒となれば喜びである。

注

（1）人の生活を生物学的な基礎としての身体の機能・構造、日常生活・コミュニケーション・学習・仕事などの活動、集団や社会への参加の三つの側面からとらえる。

（2）国公立大学では法的義務、私立大学は努力義務。しかし、例えば東京都の場合は私立大学も条例により法的義務となった。

（3）障害のある者にとって、日常生活や社会生活を送る上で障壁となるような、社会における事物（通行、利用しにくい施設、設備など）、制度（利用しにくい制度など）、慣行（障害のある方の存在を意識していない慣習、文化など）、観念（障害のある方への偏見など）その他一切のものをさす。

（4）視覚障害、聴覚または平衡機能の障害、音声機能、言語機能又はそしゃく機能の障害、肢体不自由、心臓、じん臓又は呼吸器の機能の障害その他政令で定める障害

（5）障害者権利条約の実施に関する進捗状況を検討するために設置された委員会

（6）国際的診断基準には世界保健機構が作成している「疾病及び関連保健問題の国際統計分類：International Statistical Classification of Diseases and Related Health Problems（ICD）とアメリカ精神医学会が作成している「精神疾患の診断・統計マニュアル：（Diagnostic and Statistical Manual of Mental Disorders（DSM）」があるが、どちらも改訂された最新版では「自閉スペクトラム障害（自閉スペクトラム症：ＡＳＤ）」である。したがって「広汎性発達障害」は改訂以前の診断名であり、ＡＳＤと同一である。

（7）些細なことですぐに不機嫌になる精神症状を意味する。

（8）怒りの感情と上手に付き合うための心理教育、心理トレーニング。一九七〇年頃、米国で始まったとされる。

（9）不安を主症状とする疾患群を不安障害と呼ぶが、そのうち対人関係における不安を持つもの（一般的な名称）

（10）一般的には、初対面の者どうしが打ち解けやすくするために行うレクリエーションを意味する。臨床心理学では構成的エンカウンターグループやグループワークに多くのエクササイズ（と呼ばれるゲーム）が考案されており、そのなかに、集団の初期段階で使うエクササイズのことを指す。

（11）高石（二〇〇九）、溝上（二〇一〇）、広沢（二〇一五）など

文献

大辞林第四版　二〇一九　三省堂

DO-IT Japan 2019　DO-IT Japan 2017 REPORT https://doit-japan.org/wp-content/uploads/2019/03/DO-IT_Japan_2017_Report.［二〇一九年九月一〇日閲覧］

福田真也　二〇一七　大学生のこころのケア・ガイドブック　金剛出版

福田真也　二〇一九　大学生の不登校・ひきこもりへの精神医学的支援：キャンパス内の精神科医の働き

精神科治療学三四(四)、三九一―三九五頁
福島　智　二〇一〇　生きるって人とつながることだ！：全盲ろうの東大教授福島智の手触り人生　素朴社
広沢正孝　二〇一五　学生相談室からみた「こころの構造」―〈格子型／放射型人間〉と二一世紀の精神病理　岩崎学術出版社
広瀬浩二郎　二〇一四　障害学生から始まる「知のバリアフリー」　嶺重慎・広瀬浩二郎　知のバリアフリー「障害」で学びを拡げる　京都大学学術出版会
保坂亨・岡本達也　一九八六　キャンパス・エンカウンター・グループの発達的・治療的意義の検討　心理臨床学研究四(二)、一七―二六頁
石川　准　二〇〇四　見えないものと見えるもの　医学書院
今宮恵子　二〇一八　学校が抱える現代的課題　桑原知子編「教育相談と学校臨床」一八五―二〇三頁　協同出版
近畿管区行政評価局　二〇一七　障害のある学生等に対する大学の支援に関する調査　結果報告書 https://www.soumu.go.jp/main_content/000519202.pdf［二〇一九年九月一〇日閲覧］
木谷智子・岡本祐子　二〇一八　自己の多面性とアイデンティティの関連―多元的アイデンティティに注目して―　青年心理学研究二九、九一―一〇五頁
溝上慎一　二〇一〇　現代青年期の心理学　適応から自己形成の時代へ　有斐閣選書
文部科学省　学校基本調査　令和元年度（速報）卒業後の状況調査：特別支援学校（中等部・高等部）https://www.e-stat.go.jp/stat-search/files?page=1&layout=datalist&toukei=00400001&tstat=000001011528&cycle=0&tclass1=000001131823&tclass2=000001131824&tclass3=000001131840&

tclass4＝000001131848&result_page=1〔二〇一九年九月五日閲覧〕
文部科学省　二〇一七　障害のある学生の修学支援に関する検討会報告（第二次まとめ）https://www.mext.go.jp/component/b_menu/shingi/toushin/__icsFiles/afieldfile/2017/04/26/1384405_02.pdf〔二〇一九年九月五日閲覧〕
文部科学省大学審議会　一九九八　二一世紀の大学像と今後の改革方策について―競争的環境の中で個性が輝く大学（答申）―
文部科学省中央教育審議会　二〇一二　新たな未来を築くための大学教育の質的転換に向けて―生涯学び続け、主体的に考える力を育成する大学へ（答申）―
文部科学省中央教育審議会　二〇一八　二〇四〇年に向けた高等教育のグランドデザイン（答申）
永田祥子　二〇一九　PBLにおける学生の主体的な学び：グローバル人材育成を目指した授業実践　関西大学高等教育研究一〇、四七―五四頁
日本学生支援機構　二〇一八　大学等における学生支援の取組状況に関する調査（平成二九年度）https://www.jasso.go.jp/about/statistics/torikumi_chosa/2017.html〔二〇一九年九月一〇日閲覧〕
日本学生支援機構　二〇一九　平成三〇年度（二〇一八年度）大学、短期大学及び高等専門学校における障害のある学生の修学支援に関する実態調査結果報告書 https://www.jasso.go.jp/gakusei/tokubetsu_shien/chosa_kenkyu/chosa/__icsFiles/afieldfile/2019/07/22/report2018_2.pdf〔二〇一九年九月一〇日閲覧〕
立命館大学障害学生支援室　二〇一六　大学と障害学生　立命館大学障害学生支援室
島田乃梨子　二〇一九　肢体不自由における自立への〝みえる課題〟と〝みえない課題〟教育と医学七八

九、四二―四八頁
鈴木慶太　二〇一六　親子で理解する発達障害進学・就労準備の進め方　河出書房新社
高橋知音　二〇一四　発達障害のある人の大学進学　金子書房
高橋知音　二〇一六　発達障害のある大学生への支援　金子書房
高石恭子　二〇〇九　現代大学生のこころの育ちと高等教育に求められるこれからの学生支援　京都大学高等教育研究一五、七九―八八頁
高石恭子　二〇一五　主体をかたちづくる　窪内節子監修「学生の主体性を育む学生相談から切り拓く大学教育実践」八三―一〇四頁　学苑社
田中健夫　二〇一五　否定をくぐり、経験する自分をつくる　窪内節子監修「学生の主体性を育む学生相談から切り拓く大学教育実践」六五―八二頁　学苑社
都築繁幸　二〇一八　障害学生の大学入試の合理的配慮に関する考察　障害者教育・福祉学研究一四、一九～二七頁
登島弘基　二〇一八　【国際協力員レポート・アメリカ】米国大学における障害のある学生への修学支援　日本学術振興会　https://www-overseas-news.jsps.go.jp/wp/wp-content/uploads/2018/04/2017kenshu_03was_toshima.pdf［二〇一九年一二月二一日閲覧］

おわりに──成蹊大学教職課程センター開設にあたって

本書は、成蹊大学の教員養成課程の担当教員を中心にして、学習者に寄り添う教育をめざした論文を綴ったものです。学習者に寄り添うことは、教育の大前提ではありますが、今日改めてそのことを確認しなければならない状況が教育現場にあるのではないでしょうか。「学校」とネット検索に入れると、「学校行きたくない」が上位に出てきます。「学校で息がつまる」「学校で生きづらい」という声が散見されます。不登校の児童、生徒の数が過去最多を更新し一六万人を越えたとされています。

新学習指導要領では、主体的・対話的で深い学び（アクティブラーニング）が強調されています。一見すると、積極的で能動的な学力を生んでいく様にみえます。しかし、全ての子供たちがそのまま主体的・対話的になれるわけではないと思います。それが困難な子供たちが、ただ主体的・対話的なアクティブラーニングを強制されるなら、「学校で息がつまる」子供たちが増えることは必定で、ますます、不登校の児童・生徒を増やすことになります。大学生にも同じことが起こるでしょう。小学校の英語必修化は、大量の英語嫌いを生むだろうと予測する向きもあります。学習者に寄り添う丁寧な指導が、求められていると思います。

ただし、従来「低学力」「無気力」「努力不足」など、一方的に学習者に帰せられてきた学習の躓きを、教育する側の問題として捉える視点が提起されてきていることも確かです。躓きのあり方を分析することによって、躓きを克服する教授法を明らかにしようとしています。また「障害」を持った学習者への支援も求められています。そのためには、まず学習者に寄り添うことが求められるでしょう。本書に寄せられている論文は、そうした視点から書かれたものです。

成蹊大学における教員養成を全学的に強化していくために、教職課程センターを開設しました。そこで求めている教員像は、成蹊学園創立以来の、学習者に寄り添い丁寧に指導・支援を行う教員です。本書は成蹊大学のそうした教員養成のあり方を反映したものです。本書が教員を目指す学生諸君、教育者のみならず、学習者、保護者をはじめ多くの皆さんに読まれ、私どもが考えている、学習者に寄り添う教育を目指す意義についてご理解いただき、今後の日本の教育の改善に役立てていただくことを願います。

成蹊大学教職課程センター所長　大町　健

執筆者紹介（掲載順）

小野　尚美（おの　なおみ）＊責任編集
成蹊大学文学部教授。英語教育、第二言語習得論。
共著『英語教材を活かす―理論から実践へ―』朝日出版社、2018。共著『小学校英語から中学校英語への架け橋　文字教育を取り入れた指導法モデルと教材モデルの開発研究』朝日出版社、2017。

宮下　敦（みやした　あつし）
成蹊大学理工学部教授・教職課程センター所属。理科教育学、地球科学。
著書『ゼミナール地球科学入門―よくわかるプレート・テクトニクス』横山一己監修、日本評論社、2006。共著『宇宙をみせて　天体観望ガイドブック』天文教育普及研究会編、恒星社厚生閣、2013（天体観望会計画、天体観望会プランの一部を担当）。

稲葉　佳奈子（いなば　かなこ）
成蹊大学文学部准教授。スポーツ社会学。
『ダイナミズムとしてのジェンダー―歴史から現在を見るこころみ―』（分担執筆、風間書房、2016）。『日本代表論――スポーツのグローバル化とナショナルな身体』（分担執筆、せりか書房、2020）。

喜岡　淳治（きおか　じゅんじ）
成蹊大学文学部教授・教職課程センター所属。学校教育学、国語教育。
論文「国語教育におけるレトリックの世界」成蹊大学人文叢書２『レトリック連環』風間書房、2004。論文「オーストラリア連邦における教育」成蹊大学人文叢書９『音と映像』風間書房、2012。論文「教育実習における協同学習の広がり」成蹊大学文学部紀要第49号　成蹊大学文学部学会、2014。

松沼　光泰（まつぬま　みつやす）
成蹊大学文学部教授・教職課程センター所属。教育心理学。
論文「受動態の学習における学習者の不十分な知識とその修正」日本教育心理学会『教育心理学研究』、57、454-465（2009）収録。論文「英語の定期テスト高成績者が実力テストで成績が振るわないのはなぜか？」日本心理学会『心理学研究』、80、9-16（2009）収録。

馬上　美知（まがみ　みち）
成蹊大学法学部准教授・教職課程センター所属。教育思想・教育哲学。
共著『子どもと教育の未来を考えるⅡ』北樹出版、2017〔担当「子どもの貧困と学校の役割—平等な自由のために—」〕。論文「民主的社会を維持する教育の原理— M・ヌスバウムにおける道徳的感情としての compassion —」『教職課程年報』28号　2019。

澁谷　智子（しぶや　ともこ）
成蹊大学文学部准教授。福祉社会学、比較文化論。
著書『ヤングケアラー—介護を担う子ども・若者の現実—』中公新書、2018。著書『コーダの世界—手話の文化と声の文化—』医学書院、2009。

岩田　淳子（いわた　あつこ）＊責任編集
成蹊大学文学部教授・教職課程センター所属。臨床心理学、学生相談。
編著『新編生徒指導・理解と教育相談』学文社、2018。分担執筆『発達障害のある大学生への支援』金子書房、2016〔担当「発達障害のある学生へのカウンセリング」〕。編著『学生相談と発達障害』学苑社、2012。

大町　健（おおまち　けん）
成蹊大学経済学部特別任用教授・教職課程センター所長。日本古代史、歴史教育論。
共著『日本古代の国家と王権・社会』塙書房、2014。論文「社会科の学力観と授業主体」『成蹊大学教職課程年報』28　2018。

成蹊大学人文叢書17

学習者に寄り添う教育を目指す

二〇二〇年三月三一日　初版第一刷発行

編　　者　成蹊大学文学部学会
責任編集　岩　田　淳　子
　　　　　小　野　尚　美
発　行　者　風　間　敬　子
発行所　株式会社　風　間　書　房
101-0051　東京都千代田区神田神保町一―三四
電　話　〇三―三二九一―五七二九
ＦＡＸ　〇三―三二九一―五七五七
振　替　〇〇一一〇―五―一八五三

印刷・製本　太平印刷社

 NDC 分類：370
ISBN 978-4-7599-2320-9　Printed in Japan